无 偿

共享经济时代如何重新定义工作？

[美] 克雷格·兰伯特（Craig Lambert） ◎著
孟 波 李 琳 ◎译

SPM
南方出版传媒
广东人民出版社
·广州·

图书在版编目（CIP）数据

无偿：共享经济时代如何重新定义工作？ /（美）克雷格·兰伯特著；孟波，李琳译 .—广州：广东人民出版社，2016.8

ISBN 978-7-218-10923-7

Ⅰ.①无… Ⅱ.①克… ②孟… ③李… Ⅲ.①工作－研究 Ⅳ.① F243.2

中国版本图书馆 CIP 数据核字 (2016) 第 135269 号

WuChang
无 偿
共享经济时代如何重新定义工作？
[美] 克雷格·兰伯特（Craig Lambert） 著 孟 波 李 琳 译 **版权所有 翻印必究**

出 版 人：曾 莹

策 划：中资海派
执行策划：黄 河 桂 林
责任编辑：肖风华 古海阳 张 静
特约编辑：梁桂芳 易 娜
版式设计：王 雪
封面设计：WONDERLAND Book design 恺璐 QQ:344581934

出版发行：广东人民出版社
地 址：广州市大沙头四马路 10 号（邮政编码：510102）
电 话：(020) 83798714（总编室）
传 真：(020) 83780199
网 址：http：//www.gdpph.com
印 刷：深圳市彩美印刷有限公司
开 本：787mm × 1092mm 1/16
印 张：18.5 **字 数**：213 千
版 次：2016 年 8 月第 1 版 2016 年 8 月第 1 次印刷
定 价：45.00 元

如发现印装质量问题，影响阅读，请与出版社（020-83795749）联系调换。
售书热线：(020) 83795240

致中国读者信

For all my readers in China —
with thanks for letting me
share these ideas, and hoping
that they prove valuable
for you —

Craig Lambert

致所有的中国读者：

谢谢你们让我分享这些观点，希望能给你们带来一些帮助。

克雷格·兰伯特

《纽约时报书评》

兰伯特研究了企业和新技术给我们带来的大量影子工作，每项工作似乎都微不足道，但累计起来却会耗费好几个小时。

《经济学人》

兰伯特列举了众多人工服务被自助服务所取代的实例，这些无疑是正确的。为自己做一两件事情会让你感到自在，但每件事都必须亲自动手则会让你感觉自己成了机器的奴隶。

《科克斯书评》

基于人类正在做的事以及翔实的统计学数据，本书以全新的视角重新审视了众多职业。

《出版商周刊》

通过揭露影子工作这一现象，兰伯特或许可以帮助读者更加了解自己的选择和机会。他的观点既具有启发性，也令人感到不安，非常值得我们进行深入思考。

《大西洋月刊》

就算你很忙，你也一定要把阅读这本书列入你的“待办事项清单”。即使只是简单地浏览一下书中的内容，你也会用一种全新的眼光看待自己缺少空闲时间这件事……在重新管理时间之前，你最好先理解自己是如何对它们进行分配的。

《波士顿环球报》

兰伯特用简明扼要、通俗易懂的文字阐明了一种社会现象：影子工作正在悄无声息地侵入我们日常生活的许多方面……这部历史性的著作让我们深刻地意识到了影子工作的存在。

《图书馆杂志》

兰伯特这部介绍影子工作的著作，解释了为什么现代美国人每天的活动都如何之多。作者从独特的视角解读了无处不在的影子工作，指出其延长了人们的工作时间，并悄悄潜入了人们的闲暇生活。

《小企业趋势》

兰伯特介绍了很多日常生活中的典型事例。随着阅读的深入，你将能清楚地知道自己是如何分配时间的，并重新考虑自己是继续采用原来的时间分配方法，还是做些别的事情。总的来说，我觉得《无偿》是一部非常棒的作品，那些感觉时间在悄悄溜走，希望可以更充分地利用时间的人一定会喜欢上它。

《不正派的波士顿人》

需要我们盯着屏幕进行操作的影子工作，减少了人与人之间的联系，兰伯特用诙谐、机智的语言以及一些有趣的故事，表达了对这种现状的惋惜。大量影子工作导致时间被浪费，专家地位不保，影子工作者劳而无获。

《麦克林》

动人的作品……本书的亮点在于能把当代众多问题集中到一起讨论……这是一本珍贵的当代生活指导手册。

美国前财政部部长、哈佛大学名誉校长兼教授　劳伦斯·H. 萨默斯

我们越来越强烈地感觉到，时间就是我们最稀缺的资源。克雷格·兰伯特的这本书极具现实意义，它会改变你对生活的看法。影子工作是我们认识新经济的一种十分重要的概念。每个关注经济未来发展趋势的人都应该重视兰伯特的观点。

中国社会科学院信息化研究中心秘书长、《互联网周刊》主编　姜奇平

阅读《无偿》是一趟神奇的“发现之旅”。这本书为我们开启了全新的视角，让我们发现了诸多自己从事的无偿劳动：通勤、做家务、自助点餐、自助结账、删除垃圾邮件和填写调查问卷等。这是一本不落俗套的好书，非常值得一读。

中商国际管理研究院院长　杨思卓

重新界定事物不仅可以改变我们的认知，更可以改变世界。《无偿》引导我们重新定义工作，揭示了导致目前部分岗位消失、人们面临失业的重要因素，预测了各行各业的发展方向。任何关心当下生活品质和未来发展趋势的人都应该读一读这本书。

美国国家图书奖（非小说类）获得者、哈佛大学社会学教授
奥兰多·帕特森

我们到底是为了生活而工作，还是为了工作而生活？我们创造财富究竟是为了追求更有意义的生活，还是生活为积累财富提供了价值？时间到底是金钱，还是生命？这些深层次的问题就是这本貌似浅显、实则深刻的作品所要探究的内容。本书以缜密的逻辑和宽广的视野，对工作的本质、闲暇时光的丢失以及当代社会时间过度商品化等问题进行了探讨。通俗易懂、酣畅淋漓的语言风格贯穿全书的字里行间。

《辛普森一家》编剧、艾美奖最佳编剧奖获得者　迈克·莱斯

几十年以来，克雷格·兰伯特在《哈佛杂志》上发表的作品一直是我的最爱。在他笔下，任何话题都会变得清晰易懂、妙趣横生。在这本书里，他再次为我们阐述了一个至关重要的问题：在现代社会，我们正承担着大量且无休无止的影子工作。从本书的第一页开始，他就会让你以一种全新的视角去认识你自己的生活和你所处的世界。

普利策音乐奖获得者　约翰·亚当

克雷格以生动形象的语言解释了一个我们一直心存疑虑，但始终没有得出结论的问题：进入自动化时代，我们不再自由和独立，相反，我们在无休止、形形色色的任务面前变成了奴隶。我们自己预定航班，自助加油，甚至承担超市收银员的工作。这些工作正在侵占我们有限的闲暇时间。兰伯特的写作目的相当明确，即“让无意识之事变成有意识的事情”。如此一来，这种觉悟就能帮助我们合理利用有限的宝贵时间。

360演播室（*Studio 360*）电视节目主持人、《真正的信仰者》（*True Believers*）作者　科特·安德森

毋庸置疑且别无选择的是，在过去的几十年里，技术彻底改变了我们日常生活与工作的前提和本质。对此，我们也许或多或少都了解一点，但阅读《无偿》仍会让我们大惊失色：“天啊，怎么会这样？”克雷格·罗伯特通过深邃的思考、充满睿智的文字以及一针见血的笔触，揭示了这场意义深远、无处不在，并且正在进行中的社会与经济变革。

哈佛大学医学院精神病学教授、《经验的胜利》（*Triumphs of Experience*）作者　乔治·E. 维兰特

《无偿》是一本改变社会游戏规则的杰作。克雷格·兰伯特让我们充分认识到：我们是如何受到诱惑并承担起几年前还是由别人完成的工作的？这些工作又是如何将我们与社会隔离开来？兰伯特引导我们从另一种角度重新审视很多社会现象，比如我们的孩子之所以不再玩沙地游戏，是因为他们的沙地被“足球妈咪”占据了。成年人的休闲变成了纸上谈兵的事情，他们深信自己的生活已经有条不紊。兰伯特一次次用生动的事实告诉我们：生活根本就不是这样。这本书必将迎来一大批拥护者，因为新的一代人正在努力找回老一代人失去的自由。

前美国公民自由联盟主席、纽约法学院法学教授　纳迪安·斯特罗森

《无偿》是一部让我们大开眼界的佳作。它揭示出公司及其他大型机构与阻止如何使用各种隐蔽的手段，让每个人无偿贡献出自己的时间和劳动，以帮助它们实现经济及其他目标，而且这一切不仅没有得到我们的允许，甚至没让我们知道。作者将这个严肃的话题公诸于世，这本意义非凡的图书必将帮助我们找到摆脱影子工作的对策。

《纽约客》专栏作家、《别再那么愚蠢了》（*Let's Be Less Stupid*）作者　帕特里西娅·马克思

克雷格·兰伯特为我们奉上了一部精彩绝伦的著作，本书以深邃的思考揭示了人类无偿劳作的根源。我觉得，克雷格应该为我写的这条评论付费，因为我在为他做影子工作。

《纽约客》专栏作家　亨德里克·赫兹伯格

销售助理、银行柜员和旅行代理人都去哪里了？随着时间的流逝，一同消失的还有秘书、接待员、售票员等许许多多的职业。尽管这些职业依然存在，但身为顾客和消费者的你已经渐渐取代他们，承担着他们的工作，花费自己的时间却没有得到任何报酬。在这本语言犀利、略带幽默的书中，克雷格·兰伯特为我们揭示了一种新的社会现象：我们当前面临的无服务型职业的经济模式赋予了“自由市场”新的含义。

《纽约客》专栏作家　安迪·博罗维茨

试想一下，你知道自己是如何度过每一天的吗？实际情况真是你想象的那样吗？《无偿》是一部富有真知灼见和预见性的著作，不仅会改变我们看待事物的方式，还会让我们重新审视一切事物。

哈佛大学哲学和组织行为学博士、《幸福的故事》(*Happier*) 作者
泰勒·本·沙哈尔

你可能正忙于影子工作，但抽空阅读这本书仍然很有必要。克雷格·兰伯特正在敲响人类的警钟：如果再不觉醒，人类就将成为无数任务和琐事的奴隶。毫无疑问,《无偿》可以帮助我们逃离这个现代“奴隶社会”，让我们开始一种更从容、更丰富多彩、更自由的生活。

《群体性孤独》(*Why We Expect More from Technology and Less from Each Other*) 作者　雪莉·特克尔

影子工作就是我们所从事的全部无偿工作，包括组装家具、预定旅游线路等。如今，影子工作变成了一种新常态。和所有成为新常态的事物一样，影子工作也是不可见的。兰伯特野心勃勃，将不可见的影子工作公之于众。他希望人们在看清自己当下的处境后，能够自由选择未来的方向。毫无疑问，克雷格·兰伯特是一位落笔生辉的作家，他笔下的案例更令人震撼。

《情感智能》(*Emotional Intelligence*) 作者　丹尼尔·戈尔曼

克雷格·兰伯特将他作为社会学家和侦探的天赋融为一体，为我们揭开了一个长久不衰的谜团：我们的时间去哪儿了？在《无偿》一书中，他让我们认识到，我们如何浑然不觉地做了那么多以前由公司承担的工作，以及公司是怎样将这些工作转嫁给我们的。阅读这本书吧！它会让你恍然大悟。这是一本充满快乐、诙谐、惊奇和智慧的上佳之作。

《西比利亚的旅行者》（*Travels in Siberia*）**作者　伊恩·弗雷泽尔**

这是一部视角新颖、独树一帜的作品，让我们看到了生活中从未被点亮的黑暗一角。“影子工作”是兰伯特的重大发现，他让我们突然意识到：曾经拥有的休闲时间到底去哪里了？为什么这些休闲时间会凭空消失呢？

《神奇与迷茫》（*Magic and Loss*）**作者　弗吉尼亚·赫夫南**

凭借其精准、诙谐的语言和渊博的学识，克雷格·兰伯特发现了我们在所谓的休闲时间里承担的重负，当然，一起失去的还有我们所谓的精神与情感自由。我们并没有因为这种额外的工作而获得报酬。该如何才能摆脱影子工作呢？本书深入剖析了这个问题的经济与社会根源，同时也为我们找到了一条出路。

《当柏拉图和鸭嘴兽一起走进酒吧》（*Plato and a Platypus Walk into a Bar*）**作者　丹尼尔·克雷恩**

这本书必将彻底颠覆我们对时间分配的看法，我们将不计其数的时间无偿献给了其他人。与畅销书作家马尔科姆·格拉德威尔一样，克雷格·兰伯特精辟入里地揭示了现代生活中被隐藏的真相。

《字母果汁》（*Alphabet Juice*）**作者　小罗伊·布隆特**

谁会想到，窃贼会隐藏在我们经济体的心脏地带？恐怕只有兰伯特才知道。

《贝娄传》（*Bellow*）作者　詹姆斯·阿特拉斯

克雷格·兰伯特以生动、睿智和通俗易懂的语言，为我们讲述了“当下的工作方式”。在这个一切皆靠自己的世界里，我们逐渐习惯了把一切杂活都揽到自己身上；外包时代正在终结。我们为什么忘却了“休闲”是什么？到底是什么让我们愿意把星巴克的咖啡杯放在柜台上？《无偿》将会给我们作出解答。

目 录
SHADOW WORK

直至无所不包？恭喜你，已经成为晋升为直升机式家长。家庭生活延伸出大量的无偿工作，最重要的是，没人知道这些无偿工作到底带来何种影响。

互联网时代，万物互联，信息浪潮汹涌，专业知识大幅度平民化。由此引发一系列失业浪潮，不仅体现在专业含金量相对低的岗位上，即使是律师、医生这些曾经神秘而权威的职业也不免被拉下神坛。这种时代下，哪些职业永远不会失业？信息浪潮又是否对人类只产生积极作用？

你是否意识到这些事实？在自行自助终端自行点餐、取餐等于接管了餐厅侍应生的工作？在苹果论坛热心地给“果粉”们传授经验，其实是替苹果公司做售后服务？数字技术的革命掀起了商业领域内的去中介化浪潮。机器人技术的日渐渗透，不停地重塑我们的习惯，向人类灌输异于本性的行为模式。当下，人类该如何自处？

上淘宝购物老老实实地填写商品评价？免费办理超市会员卡后邮箱里躺着N封很合你口味的商品推介？微博凭什么免费为你提供社交娱乐功能？答案就是用户在使用期间免费为平台和商家提供了各种数据。在互联网时代，你免费提供的内容在悄然间完成了商业化转换，成为商家创收的来源。

被科技绑架的生活与未来

中国银联战略研究员、著名财经专栏作家　江瀚

在拿到《无偿》一书之前，我一直对共享经济时代充满期待，因为高科技降低了我们的生活成本，让我们享受到极大的方便与快捷。但当我看完《无偿》一书后，最大的感受竟是一种来自灵魂深处的震撼——恍然大悟，同时又浑身冒冷汗，也许这才是一本真正的好书带来的冲击。

曾几何时，每天下班之后和家人共享晚餐，边吃饭边聊聊工作和生活的琐事，那就是我们一天最大的享受了。然而，不知道从什么时候开始，这份享受正在逐步被侵袭。当智能手机和可穿戴设备成为我们生活的必需品，当互联网和 Wi-Fi 覆盖了家里的每个角落，当微信和 QQ 把我们原本沟壑分明的生活与工作变得随时在线的时候，我猛然间发现，当代人的生活已经发生了翻天覆地的变化。我们生活的平静开始被随意地打破：不知道你是否有正在和家人吃饭的时候接

到老板的电话？是否有和爱人看电影的时候收到上司的微信？是否有正在玩游戏的时候弹出了公司的邮件？科技正在侵蚀我们生活的方方面面，休闲与工作之间的界线正在变得越来越模糊。在不知不觉中，我们被科技拖入了无止境的工作洪流中。当有同事在感叹：每天与同事相处的时间远多于陪伴家人的时候，你会不会意识到自己已经被科技和工作给绑架了？

当然，现实并不仅止于此。除了我们的工作，还有我们当下的生活，这个社会已经完完全全被科技与“影子工作”所占据。“影子工作”是兰伯特先生在《无偿》一书中反复提及的概念。所谓“影子工作”，是那些聪明的商家将原来很多应由雇员来完成的工作，借助巧妙的设计和高科技手段，从而转嫁到消费者身上，让后者自以为享受了自动化便利并乐在其中，却不知道自己在不知不觉中沦为商家的免费劳力。但我认为，“影子工作”一词的内涵绝不止于此，更为恰当的解释应是，商家通过科技化的手段，一步步地蚕食我们的时间，也就是将商家本身的经营成本转化为消费者的机会成本。而当下，对于物质生活已经足够丰富的我们来说，最稀缺的资源就是时间。

比如，你是否已经习惯于打开手机或电脑用百度去寻找问题的答案？你是否已经养成用携程网去安排旅游的线路？你是否为用淘宝购买了一件便宜货而沾沾自喜？如果答案是肯定的，那么非常抱歉地告诉你，你已经在不知不觉中沦为影子工作者，免费为商家贡献着自己的劳动。大量的劳动岗位正在被这种无处不在的“影子工作者”侵蚀掉，如果说卓别林的《摩登时代》讲述的是工厂主如何用机械工业化取代掉生产线上的工人的话，那么兰伯特的《无偿》则讲述的是商家如何利用“影子工作”取代销售性的工作乃至侵占我们的整个生活。

如今，越来越多的银行开始使用ATM机、网上银行、手机银行提供金融服务，越来越多餐饮店主开始使用自助餐厅、自助火锅、自助取餐等方式经营餐厅，越来越多的商户开始采用超级市场、仓储式商店、工厂商店等形式销售商品，这些现象背后隐藏着一个可怕的事实：一个又一个工作岗位在渐渐消失！而原本这些工作岗位从事的工作，现在都转到了每个消费者头上，也就是你我的头上。也许这增加的一点工作只会占用我们几秒或几分钟，少到令人难以察觉，同时它也为你带来更便宜的商品，享受更低廉的手续费。然而，无可否认的是，我们原本的休闲时间也在不知不觉地被挤占殆尽了，我们正在成为被迫承担“影子工作”的奴隶，但我们对此却一无所知——这就是我们当下的生活。你有没有感觉到自己陪伴家人的时间越来越少了？自我娱乐的时光也在被压缩？这一切的罪魁祸首就是已经普遍存在于我们生活方方面面的“影子工作”。

随着互联网时代、移动互联网时代的到来，被科技赋予特权的“影子工作”变得更加肆无忌惮，线下的“影子工作”正在通过互联网大数据化，逐渐形成时下人们的“数字人格”，进一步侵占我们本就不多的休闲时间。具体的表现则是我们早已习以为常的互联网生活方式：

一是社交平台正在免费获取我们的私人信息并用其牟利。每天有成千上万的人在使用微信、微博提供的社交服务，在我们享受这种互联网社交带来便利的同时，大量宝贵的私人信息也随之免费提供给微信、微博之类的社交运营商，后者随即凭借这些庞大的用户数据，有针对性地给我们投放广告，有意识地引导我们使用运营商的软件，有目的地诱惑我们玩运营商的游戏，然后再从中牟利。换句话说，我们正在自发为微信等社交平台创造有价值的内容（这就是“影子工作”），然后再换取所谓免费的社交娱乐。

二是各大平台、商户正在通过用户评价来免费做营销。无论是以淘宝、天猫为代表的互联网电商，还是以滴滴、优步为代表的移动打车，乃至以大众点评、美团为代表的O2O（Online To Offline，意即“线上到线下”）平台，它们都在巧妙地使用用户点评、评价这种方式来打广告。这就是为什么任何一个平台都愿意评选所谓“最佳点评人”的原因，正是我们所有人的点评，让平台可以尽快分辨出商户的好坏。优质的点评当然也是在不知不觉中为商户打了广告，所有发表评论的人在自以为获得观点、表达快感的同时，却不知道自己在为平台从事“影子工作”，而且他们的免费劳动发挥的效果一点都不逊色于那些专业评论员。

三是被互联网企业强行灌输的用户忠诚度。除了主动利用“影子工作”榨取用户的价值之外，互联网企业还在用其他手段攫取用户的时间，来发展对自身产品的忠诚度。几乎所有的智能终端使用者面临着一个头痛又不得不接受的情况，那就是软件升级，互联网企业通过软件升级来挤占用户的时间。升级软件意味着你必须去重新学习很多原来已经掌握的知识和技能，需要你默默地把升级前的一系列设置再重新做一遍，互联网企业正在用升级这种方式将用户行为变成“艾宾浩斯记忆曲线”，让用户在不自觉中承担“影子工作”，并逐渐养成习惯。

可以说，所有的互联网企业都在争夺用户的数据，抢占用户的时间。从某种意义来说，互联网已经是我们生活中最大的剥削者，因为每天我们花费在社交媒体上的时间也许远远多于我们全身心工作的时间，而正是我们不断贡献的数据让我们在互联网上形成了一个完全由数据构成的“信息身体”，这个“信息身体”正在强迫我们不断为企业贡献着“影子工作”。

更可怕的是，这种“影子工作”正在让我们的社交方式瘫痪，微信、QQ、邮件已经成为现代人沟通的主要形式，面对面交流正在成为一种奢侈品。随着自动售货与服务的方式的增多，我们不知不觉地承担了超市收银员、旅行社业务销售员等服务性工作，让我们逐渐习惯于享受自我创造的满足感。而且，在互联网、移动互联网应用广泛的环境下，这种行为将继续强化。越来越多的人正在成为“御宅族”，他们习惯于在淘宝购物，在“饿了么”点外卖，在微信、QQ 上交流，在互联网平台上娱乐，可以说他们和社会的联系除了那一根网线以外就只有快递了。而在餐桌上，一群人坐着什么话都不说，各自低头玩手机也已成为一种常态，更别提无论走路，还是上班都在盯着手机和电脑屏幕看的人了。在不知不觉中，我们已经连自己的邻居叫什么都不知道了，甚至连家中的亲人也都渐渐成了熟悉的陌生人。这时候，我们难道不该感到恐慌吗？人类沟通的纽带正在被断裂成一个个“原子”，我们被科技绑架成为孤独的个体，失去了共同生存的前提和价值观，而这些所谓“新生的原子化人类”无可避免地渐渐养成“人不为己，天诛地灭”的极端个人主义思想，这也许就是导致越来越多的校园凶杀案、恐怖袭击、校园欺凌等极端事件发生的原因之一。

一本《无偿》带来了太多的反思，也为我们敲醒了警钟，希望“我很忙”不会成为你的口头禅，也希望低头看手机不要成为你每日的必修课。放下手机看看蓝天白云，关上电脑陪陪家人，或许这才是更美好的生活，这也是《无偿》一书带给我们对生活的启迪。

前 言

SHADOW WORK

第三次工业革命副产品——影子工作

我们的生活变得越来越忙碌。虽然每天确实有 24 个小时，但我们每天的时间似乎都在莫名其妙地减少。实际上，时间并未消失，只是我们的自由时间越来越少。怎么会这样呢？如今是人类历史长河中最为繁荣昌盛的时代，生活在其中的我们应该拥有更多的休闲时间。然而，接连不断的新工作悄悄地甚至是偷偷地渗入我们的生活，侵蚀着我们的闲暇时间，正如海水不断侵蚀海滩上的沙子一样。我们发现，自己正从事着一大堆情非得已的工作，琐事正在不知不觉地占据我们的生活。这就是如海啸般涌来的“影子工作”。

海啸般涌来的“影子工作”

影子工作包括我们为商业机构及组织所完成的未得到报酬的所

有活动。然而，我们中的大多数人从未意识到影子工作的存在，或者根本就不清楚自己到底做了多少影子工作，比如自助加油、检查并打包自己的杂物、独立进行股票交易以及自己装配宜家家具。大量影子任务充斥在我们的日常生活中，并成为我们生活中固有的习惯动作，就像我们开车送孩子去上学或是在沙拉台上自制午餐一样稀松平常。虽然我们不是古希腊社会的奴隶或欧洲中世纪的农奴，但我们仍在徒劳无功地忙活着。影子工作在现代生活方式中引入了一个新元素，即中产阶级的农奴境遇。

影子工作并非是占用空闲时间的日常琐事，而是像一条全天候掌管着工业化世界的喷火巨龙。此刻就有数百万人正从事着影子工作。影子工作就像交通信号灯、脸书(脸书)或减肥咨询一样司空见惯。无处不在的计算机偷偷带来了不计其数的影子工作，我们不得不删除大量垃圾邮件、安排旅游行程以及管理众多用户名和密码。礼品卡使你陷入为自己选择并购买礼物的影子工作中。而当你按照没完没了的清单拨打电话时，你免不了需要等待录音通知，而且你将不可避免地听到 :“请仔细听好，我们的菜单已经变更。”随后，你还不得不回复 :“不，你的菜单已经两年未曾更改了，因此我不打算‘仔细听’机器人的声音。”总之，正如你填报纳税申报单一样，这些也是影子工作的表现形式。

资源再利用？尽管这确实是一项明智之举，但同样也会带来更多的影子工作。就资源再利用而言，我们中的许多人都会在某些时候自愿选择承担影子工作，但在多数时间里，似乎大量原本由公司与组织处理的工作，现在却推到了消费者身上。

为慈善组织或非营利组织提供志愿活动不属于影子工作，而是一种赠与行为，比如为塞拉俱乐部[①]或美国残废退伍军人组织提供的服务。志愿者代表组织工作，但不会得到任何报酬，他们贡献了时间，正如其他人可能提供资金支持一样。影子工作可能有各种各样的形式，但它终究是某种交易，而不是自愿奉献的礼物。志愿者从事的公益事业，或许能从中得到满足感，就像所有真正的礼物带给他们的那样，但由于没有得到相关酬劳，所以缺少交易的要素。

本书旨在提供影子工作的专业指南：什么是影子工作？它来自何方？它是如何影响你的生活以及你所处的世界？人们该如何处理影子工作？本书提供双筒望远镜一样的开阔视野，帮助你查找自然状态下的影子工作。影子工作带来了多种多样的影响：有些对你帮助很大，有些会让你困扰，有些极具破坏性，还有些令你怒火中烧。影子工作经常会占用你的闲暇时间，这就像一种不公平的负担。然而，影子工作也可以帮你控制节奏并完成某些工作，比如在加油站加油、在卡雅网（Kayak.com）预定去布拉格的旅行。华盛顿特区的公共关系专员查尔斯曾说："我喜欢预定自己的行程，直接查看可选航班菜单，并选择我想乘坐的航班，这让我感觉自己享有充分的主动权。我们公司雇用一家大型旅行社时，他们经常会出错。"在超市自己扫描和打包商品等影子工作可以节省你的时间，而在线卖出股票等影子工作可以为你节省一大笔经纪人佣金。此外，某些影子工作对社会大有裨益，比如资源的循环利用不仅节约了自然资源，还减少了垃圾填埋量。

毫无疑问，影子工作让我们变得越来越忙碌。一些无关紧要的琐事变成了我们的工作，比如归还超市购物车、填写星巴克菜单。

① 塞拉俱乐部是美国的一个环保组织。

来自马萨诸塞州西部的哲学教授丹尼尔在将空购物车推向集中区时感慨道："我为什么要做这种事？过去收集购物车的那些青少年去哪里了？我喜欢看着他们推着嵌套在一起的20台购物车穿过停车场。"此外，日常影子工作也占用了大量时间，比如人们取代校车司机免费接送自己的孩子上下学，或者在申请医疗或人寿保险时无数次填写冗长的病史。尽管人们的日常工作表早已排满，但影子工作仍一直在加长人们的待办事项清单。现在，影子工作进入了错综复杂的21世纪，这个时代的人们获得了更多的自主权，却更多地放弃了对生活的控制权。

"影子工作"这一术语改编自奥地利哲学家与社会评论家伊凡·伊里奇在1981年出版的专著《影子工作》(*Shadow Work*)。他认为，影子工作包括以工资为基础的经济体制下所有未付报酬的劳动，比如家务。在仅能维持生存的经济条件下，工作能直接满足我们的生活需要，包括筹集食物、种植庄稼、建造住所和生火。但只要金钱与工资开始发挥作用，我们就会经历一系列不仅仅是满足基本需求的任务。这类工作使我们赚到足够的钱，不仅可以购买必需品，可能的情况下，还可以购买奢侈品。

这就是有偿工作，但它并非本书的主题。本书将识别并描写工业经济带给人们的副产品，即无报酬工作，比如通勤。此类工作通常会被人忽视，因为它们发生在剧院的舞台两边，而我们正沉浸在生活的舞台剧之中。尽管影子工作存在于阴影当中，但它们也同样真实地存在着，正如聚光灯下真实存在的事物一样。

日渐模糊的作息界线

影子工作不仅延伸到了我们的工作范畴之内，而且已经占到了相当大的比重。我们亟需直面影子工作：尽管我们最为重视爱情，但我们花费时间最多的却是工作。除睡觉外，相较于其他活动，人类生命中更多的时间都奉献给了工作。几乎没有人会每周花费 40、50 或 60 个小时用于吃饭、健身、性生活或者网上冲浪。至少，理智的人不会这样做。管理着两家位于密歇根郊区的健身俱乐部的安德鲁说道："我与同事相处的时间超过与家人相处的时间，因此，在某种程度上，这两家俱乐部是我的第二家庭。"

众所周知，工作是我们的主要活动。它在经济与社会生活中至关重要，不仅使家庭生活成为可能，而且支撑着我们的财政和生活目标。鉴于工作重于一切，因此我们迫切需要认识深奥而意义深远的影子工作的变化，并重新调整我们的工作方式。我们将在日常生活追寻影子工作的踪迹，例如在家中、办公室内、购物过程中、饭店里、旅行途中以及计算机与互联网的数字世界里。

迄今为止，影子工作已经颠覆了许多历史悠久的基本模式。比如，传统的市场将生产商与消费者聚集在一起，由生产商提供商品与服务，将其交付给消费者换取现金。影子工作改变了这样的交易场景。如今，消费者不仅需要为其购物行为付款，还积极参与到卖方团队辅助他们进行销售。比如，在全食食品超市的散装食物区，消费者自行处理打包事宜：舀起樱桃杏仁燕麦片放入塑料袋中，打结后在袋子上贴上库存量单位[①]的数字，以便收银员确认其包装。

① 库存量单位即库存进出计量的单位，可以是以件、盒和托盘等为单位。

影子工作正在消除工作与闲暇之间的界限。最近，某些组织的分析师认为女性杂志的主要产品——“兼顾工作与生活”的论调已经过时，因为区分“工作”与“生活”已经不再具有意义。智能手机接收办公室打来的电话或发送的短信无疑又增加了我们的工作时间。住在芝加哥郊区的财务分析师罗恩说道：“当我的老板发短信要求我详细说明我撰写的报告时，已经是晚上 8 点左右，我与儿子正在俱乐部打网球。这样的场景时常发生。尽管这让我产生被打扰的感觉，但事实上我并未因此烦心。”现代工业化国家的生活水准轻而易举地超过了任何历史时期，虽然带给我们空前的财富，但令人难以置信的是，纯粹的闲暇时间却成了稀缺资源，其中一部分原因就在于影子工作时常不期而至，正如野餐会上大煞风景的那些人一样。

这在充斥着影子工作的社会中产生了社会与心理的双重效应。由于影子工作使人们开始独自完成那些曾经需要人际交往与合作的任务，以致人与人之间变得越来越疏远。当我们在智游网预定欧洲度假的行程时，我们无法再与旅行代办人开玩笑，询问她位于阿尔萨斯山或阿马尔菲海岸的什么位置，或询问去安达卢西亚的建议。多伦多麻醉医生希拉曾说：“我的旅行代办人妮娜，过去常帮我预定小小的乡村客栈，她了解这些店主，因此不仅能告诉我他们的名字，还会让我捎去问候。遗憾的是，现在妮娜退休了，类似的经历再也不会发生了。”而当我们在超市自助扫描商品时，我们也没有机会询问收银员自她毕业后所获得的就业机会。冷酷无情的机器人技术不仅弱化了人际交往，而且把那些没有受过教育的人、老人、穷人以及不擅长高新技术的人们拒之门外。

在技术先进与企业遍布的当今世界中，我之所以采用“筒仓”[①]这个农场用语，是因为各单位间彼此隔绝。影子工作虽然产生了一种推动人们自给自足的力量，但也将自己封闭在筒仓之内。与机器人打交道和与活生生的人打交道的感觉截然不同，影子工作将个体锁定在筒仓之内，对社会生活结构产生了持续而深远的影响。

本书将以全新的视角审视你的活动，以便识别出你在日常工作中的影子工作实例，并在你忽视的地方加以标注。这些识别工作将赋予你选择的权利，或者退一步说，至少在你有权选择的时候，让你可以自由取舍。

在此，我们以通勤为例。通勤是指从家中往返工作地点的过程，是一项为雇主提供的未获报酬的活动。通勤在美国人的生活中渗透如此之深，以至于几乎没有人认识其本质。但实际上，通勤的确是一项非常昂贵而又耗时的影子工作。通勤者要么必须勇敢面对拥挤的公共交通，要么必须拥有一辆汽车，自己为车子交保险、维护保养和加油，并且要开车往返于家与工作地点之间。据 2015 年美国广播公司的新闻报道，在美国，每位通勤者平均行程单程为 16 英里。按照目前的美国汽车里程油价计算，每英里需耗费 55 美分。如果设定双程为 32 英里，那么每天需要花费 17.6 美元，每周将耗费 88 美元，每年则需要用去 4 400 美元。通勤者平均每天耗费 52 分钟的时间上下班，每年大约耗费 217 小时。这就意味着，通勤者每年需要浪费 5 周[②]以上的时间在未获报酬的行程上。显然，在家工作的雇员不仅每年可以节约数千美元的通勤费，而且能节省出数不清的花费在路上的时间，而

① 筒仓是指贮存散装物料的仓库。

② 按照 8 小时工作制，每周需工作 40 小时。

这些时间可以很好地用于生产性工作。

鉴于上述代价的存在，某些人可以尝试每周至少一两天的远程办公；其他人则可以设置弹性工作进度表，以便他们的通勤时间能错开交通高峰期，这样既省油又省时间。因此，削减通勤的影子工作可以提高生活质量。

虽然很少有人乘飞机通勤，但机场却到处都是商务旅行者，影子工作无孔不入地侵入到乘机过程中。比如，由于“9·11”事件，美国机场极大地提高了安检等级。2001年秋，美国建立了等同于第二个国防部的美国运输安全局（TSA）。此机构负责处理包括机场在内的所有运输场所的安检工作。这类安检工作明显延长了旅行时间，当乘客通过全部安检围栏时，同样增加了他们的影子工作。这不仅包括使用X射线检查行李与手提物品，还包括基于安全目的要求乘客脱鞋、脱去外套和解下腰带，或拿出手提电脑通过金属探测器扫描，甚至配合“裸检”。

最近，美国运输安全局启动了一项TSA预先安检项目，对无不良记录的美国公民或军人等“低风险旅客”加快安检进程，允许这类VIP旅客穿着外套、系着腰带、穿着鞋子从预先检查通道进行安检。VIP会员享有特权，无需进行“裸检”。为了获得每趟航班的TSA预先安检资格（如今有些幸运儿也会碰巧被选中），旅客必须支付85美元不可退还的申请费，而且必须亲自到TSA的驻地采集指纹，然后才能获得一个已知旅客编号(KTN)。KTN有效期为5年。预先检查的存续期尚不足5年，但是否有人认为政府在KTN续期时会免费吗？

可以理解，在“9·11”事件之后，全世界的旅客都非常愿意配合安检工作以提高旅行的安全性。然而，在这场恐怖袭击之前，每个人都可以穿着外套、系着腰带、穿着鞋进行安检，因此，当时的登记手续十分便利，也无需花费 85 美元申请预先安检的特权。由此可知，不断变化的规范增加了旅客日常活动中的影子工作，或者增加了避免影子工作的费用。

有些时候，影子工作或许无关紧要。在其他情形下，你甚至可能发现备选方案：即使需要付出一定代价，也不过是多花一点钱。或许与机场行李搬运工友好地聊天，慷慨地付出小费，愉快地结束谈话。与在机场服务终端检查包裹相比，这将是一种更为愉快的体验。也许你可以授权纳税申报员填写 1040 表格 。或者让你的女儿乘坐校车与同龄人一起上学，而不是自己开车送她去。另一方面，你也可以选择影子工作，自己卖房子以节省付给经纪人的佣金，并学习有关房地产市场的知识。影子工作既可能增加新任务，也可能打开新的希望之门。

无偿劳动的幕后推手

总体来说，4 种主要力量是影子工作如潮水般涌来的基础。

第一种力量是技术与机器人。比如，旅游网站使消费者能够替代旅行社的工作预定自己的航班，完成影子工作。

第二种力量是公共信息的大幅扩散带来了专业知识的“民主化”。如今，普通人都可以检索原本由专家垄断的知识，由此从事影子工作，比如从互联网上下载法律模板，填写一份合同，而无需律师的参与。

第三，数据的价值飞涨，导致信息网的产生，而很多机构不断以任何可能的方式搜集资料。各类搜索网站强加给消费者一系列影子工作，包括提供个人信息与管理信息经济时代涌入消费者电脑与智能手机的大量信息。

第四，始终不断进化的社会规范影响着人们的行为。新出现的规范，比如父母过度参与孩子的生活，可能为影子工作的出现提供从未有过的肥沃土壤。

逆潮流而动显然不切实际，因此我们无法摆脱影子工作。即使政府法规也无法阻止经济体继续获得回报的社会潮流。但影子工作也在不断地进化发展，并与所有进化趋势一样，其发展有许多可能路径。了解什么是影子工作，它现在是什么样子，在哪里可以发现它，以及它会产生怎样的结果，这是掌控影子工作的第一步。一旦我们认识了这种现象，我们就能让它朝着富有成效的理想方向发展。

尽管影子工作有其破坏性的一面，但我们一定不要仅仅将其看作是“问题”，因为“解决问题”是一种智慧型陷阱，使我们的思维被限定在自身所感知“问题”的参数上。相反，我们应该将影子工作的出现视为“机遇”。因为机器人和消费者从事的工作虽然减少了就业机会，但同时也解放了剩余劳动力，并促使他们专注于无法轻易被机械化代替的创造性任务。不可否认，这些宝贵的工作需要人类的智慧投入。

我写作此书的目的在某一点上与西格蒙德·弗洛伊德[①]进行精神

① 西格蒙德·弗洛伊德是精神分析学的创始人，20世纪最伟大的心理学家之一，被世人誉为“精神分析之父”。

分析的目标类似：让无意识之事变成有意识的事情。本书提供了审视我们日常生活中熟悉事实的全新视角，就像普通望远镜、双筒望远镜或放大镜一样，可能让你眼前的事物呈现出令人惊奇的一面。书中将探讨散布在鲜为人知的影子工作中的奖励、幸运与陷阱。我们别无选择，只能勇往直前，而我撰写本书旨在至少为旅客提供一张引路的地图。

第1章

劳而无获

高科技时代的悖论

想看电影，你的第一选择是网购、自取电影票。到超市购物，你会自行称重、结账；在加油站，你自己给爱车加油……那么，超市收银员、加油站工人、影院售票员都到哪去了？新技术为我们带来方便的同时，也悄然淘汰了许多工种。被强迫接管这些额外工作的我们，却得不到任何报酬。

SHADOW WORK

The Unpaid, Unseen Jobs That Fill Your Da

影子工作是缩减就业市场规模的主要而隐蔽的力量，尤其是影子工作消灭了开启无数人职业生涯的初始职位。

如果他是一位伟大而明智的哲学家，正如本书的作者一样，他现在就会理解工作令人不得不做，而游戏却不是……在夏季，英国富有的绅士每天都会驾着四轮马拉客车沿同样的路线走上二三十英里，因为他们为这种特权花了很多钱。但如果为他们的服务提供工资，这将转化为工作，他们随后就会辞职。

——马克·吐温，《汤姆·索亚历险记》

（*The Adventures of Tom Sawyer*）

在其1876年出版的小说《汤姆·索亚历险记》中，马克·吐温塑造了一个影子工作先驱的形象。书中有一段极为著名的情节：监护人波莉姨妈让小男孩汤姆·索亚在星期六粉刷一道“90英尺[①]长、9英尺高的篱笆”；而更令人郁闷的是，星期六是一个美丽的夏日，“阳光明媚，空气清新，一切都显得生机勃勃。每个人的心中都荡漾着一首歌，有些年轻人甚至情不自禁地哼唱出来”。在这

① 1英尺等于0.3048米。

样美丽的日子里，汤姆只想和朋友们玩耍。因此，他在粉刷的时候闷闷不乐，直到想出一个好主意。他的朋友本·罗杰斯碰巧经过，宣称要去游泳，并嘲笑索亚说："相比游泳，你更愿意工作，不是吗？"

索亚承认自己喜欢粉砂，他问罗杰斯，工作是什么，还问了一个让罗杰斯大为吃惊的问题："一个男孩有机会每天都粉刷篱笆吗？"吐温在书中用索亚的口吻回答了这个问题："这是以一个全新视角看待事物的好机会。"然后，罗杰斯停止啃苹果。索亚继续粉刷，并故意展现出一种艺术家的风范："索亚优雅地来回挥动着刷子，回头检查粉刷的效果，这里触摸一下，那里触摸一下。"罗杰斯越来越被索亚的工作所吸引。不久之后，他直接代替了索亚，接手粉刷工作，甚至用苹果来交换粉刷篱笆的特权。

在这一天剩下的时间里，索亚执行了"绞杀更多无辜者的行动"，他说服更多男孩相信粉刷篱笆是一份值得去做的工作，而且还应该为争夺这份工作付出报酬。到了下午 3 点左右，不仅粉刷篱笆的工作完成了，"索亚还变得非常富有"，拥有 1 只风筝、12 颗弹球、1 只小锡士兵、6 个鞭炮和 1 只单眼小猫，这些都是其他小朋友梦寐以求的"财富"。吐温在书中写道："如果索亚还有更多的粉刷工作，那么他无疑会让村里的每个男孩都破产。"

汤姆·索亚只是简单重新定义了工作，就取得了惊人的成功。他让男孩们相信粉刷篱笆是一份非常有趣的工作，富有艺术气质，而不是单调而繁琐的杂事。因此，工作变成了游戏，热爱游戏的男孩们自然很热切地接受了这份工作。

重新界定事物可以改变我们的认知。影子工作的概念可以重新界定我们所做的许多事务，这些事务可能永远都不会被我们归类为

“工作”，即使很多人因从事此类事务而获得报酬。在最近的 20 年里，我们周围迅速出现了大量的影子工作。为了理解影子工作的重要性，我们可以用一块试金石说明影子工作到来之前我们的生活状态。

加油站工人、餐厅服务员、超市收银员……他们都到哪去了?

爸爸和我在周六早上为我们家的汽车加油，太阳石油公司的加油站坐落于新泽西州丹维尔市高速公路一段缓坡路的顶端。年近 70 岁的拉尔夫是我们的加油员，他时常身穿连体服，微胖的脸上洋溢着笑容，手指上总是粘着发动机的润滑油。此时，你可以告诉拉尔夫他是一位优秀的技师。

拉尔夫不仅给年轻人提供建议，有时还自己操作棘轮扳手，因此他是一位经验丰富、可能已经退休的汽车维修技师。他加油的技巧看似很随意：先掀起我们 1949 年产的普利茅斯汽车的引擎盖，然后拉动量油计，检查油量，再用刮板清洁挡风玻璃与后车窗。1955 年，那年我 7 岁，当时汽油的价格是每加仑[①] 29 美分，当时我们还是使用现金支付油钱。我喜欢汽油的味道，那种味道于我而言是甜蜜的记忆，但现代的油气回收系统让我们再也无法在加油站闻到这种芬芳了。

如今，我自己做着拉尔夫所从事的工作。我自己给车加油，拉出油尺，检查油量；然后自己清洁车窗。尽管我是一位博士，还是一名作家，但我还是得自己加油。而与拉尔夫不同的是，加油站不会给

① 美制 1 加仑约等于 3.79 升。

我支付报酬。我以外行人的身份给自己加油，除此以外似乎别无选择，因为我所居住的马萨诸塞州几乎没有任何加油员了。

不错，自 20 世纪 50 年代以来，很多事情已经发生变化。许多工种不复存在，加油这类琐事成了我们自己的“工作”。让我们简单回顾一下 20 世纪中期的美国社会，比较一下从那以后我们工作的世界发生了怎样的变化。

1955 年，正如我母亲一样，多数妈妈都待在家里做家务和照顾孩子，这是女性习惯从事的工作。她们从未因从事家务而获得工资，除非是在其他人家里做家务。自工业革命以来，“女性工作”一直在为家庭生活奠定坚实的基础，使得男人从家庭解放出来，外出工作赚钱。尽管家务劳动未获报酬，但如果没有它，婚姻体系、家庭、甚至经济可能都无法存在。我们所从事的最为重要的工作可能并非为了金钱。家务劳动是影子工作最原始、最基本的形式。

20 世纪 50 年代，父亲们一般是家庭收入的主要来源。他们外出工作。那时候，除牙医或医生在自己家里增设办公室之外，几乎没有任何家庭办公室。没人能够远程办公：人们乘坐汽车和火车通勤，而不是通过光纤电缆远程办公。办公室中，秘书、打字员、办公室主任、信使和门卫等后勤人员从事日常工作，帮助其他人从事生产性作业。在如今的家庭办公室中，所有的工作都由你自己完成，并且市中心办公室中的后勤人员数量也越来越少了。

20 世纪 50 年代的购物需要你走进被称为“商店”的地方。那时候，人们没有必要称其为“传统”商店，因为除此之外也没有别的购物场所了。那时的确有邮购商品目录，但电子商务却是人们做梦也想不到的。上门推销的销售员，比如雅芳的女推销员、富勒刷子公司的销售员、《大英百科全书》的推销人员，以及特百惠公司的销售大军，都采取面对面的家庭购物模式。这些挨家挨户推销商品的售货员与商店里的几乎一致，他们都受过全面培训，对所推销的商品了如指掌。他们可以回答你的任何问题，因为答疑就是他们的工作内容之一。如今，你在网上或大型商场购物时，这样的工作都由你自己完成，找到一位销售员就像在城市公园里发现一只猩红比蓝雀[①]一样困难。而在当年，超级市场的收银员会为你结账，而且你不需要支付小费。当时，自助式结账台也未出现。

在日常生活中，我们会制造出大量垃圾。处理垃圾时，我们习惯于将其扔到堆满废物的填埋场。那时候，还没有资源再回收这回事。

20世纪50年代，我们并不经常外出用餐。除富裕阶层之外，去餐馆用餐是一种特殊体验。为数不多的快餐连锁店都是本地或区域性的，还没有全国连锁店。外出用餐时，你几乎不必自己动手。餐馆中的男女侍者会将食物端到餐桌，其中包括沙拉，因为那时候没有自助沙拉台。用餐后，你仅需付账，就可以起身离开，侍者随后会自行清理餐桌。

在没有网购的情况下，你不得不去当地的药店或报摊购买令人尴尬的商品，比如避孕套、子宫帽、痔疮涂剂、低俗的平装书或淫秽期刊。在家进行的妊娠测试也无法赋予女性首先知道是否怀孕的特权。那时候，住在小镇加剧了隐私问题，因为柜台后的人们可能了解你及你的家人，甚至可能准确知晓你为何要购买那些令人尴尬的商品。

当时，人们要办理银行业务必须亲自到银行。你在服务窗口的银行职员那里存款或购买储蓄债券，如果银行业务繁忙，你还得排队等候，因为那时没有自动取款机（ATM）。与ATM不同的是，银行

① 猩红比蓝雀为一种极品红色鸟类，除翅膀和尾羽外通体猩红，不常见。

职员可以为你兑付支票，开具 20 美元以上的账单，甚至给你提供打电话用的 10 分硬币。电话亭中有公用电话，在手机替代有线电话之前，公用电话无处不在。在没有 ATM 的时代，我父亲任主席的多佛信托公司也处于鼎盛时期。圣诞节期间，甚至还会有退休的音乐教师在银行大堂用小风琴演奏圣诞歌曲。

如今，许多客户根本不会步入银行：他们在网络上处理银行业务。他们担任着自己的银行职员、记账员与信贷员，平板显示器代替了银行大堂。如果银行大堂在假期有音乐响起，那么它一定来自苹果音乐播放器，而不可能是一位音乐家根据你的要求演奏的《铃儿响叮当》。人们看不见的虚拟银行总是在营业，这与我父亲任职的信托公司花岗岩构筑的大楼不同。

那时的商店不会一天 24 小时营业，它们一般到了晚上都会关门，你不可能随时都能买到止咳药、脆谷乐[①]、杂志或彩票。当然，那时候还没有州乐透彩票。你必须调整自己的习惯以适应商店的作息时间，这使你无法随心所欲。诚然，这也是一种解脱，因为你可以藉此避开消费经济时代永不间断的冲击。现在，那个“闭店开关”已经不复存在，这会让你感觉总是以某种方式置身于市场之中。日以继夜，你要么在工作，要么在消费。即使你不是这样，但你仍然可以选择这样做，因为如今的工作与消费无休无止。

全球经济如无休无止的背景噪音般迅猛发展：华尔街的交易商早在太阳升起之前就已起床，查看柏林的德国证券交易所或东京证券交易所的股票价格。虽然这些股票交易所还没开始营业，但个人投资者可以在凌晨两点搜索到医药股票，然后点击史考特证券公司的在线

---

① 脆谷乐是一种全谷物食品。

经纪业务，在开市时购买400股该公司股票。当然，他是在做影子工作。以前是他的股票经纪做上述工作，现在由他自行完成。

史考特证券公司与其他在线经纪公司使得投资者能够以7美元的低廉交易费买卖股票，这笔费用仅相当于全面服务经纪人收费的一小部分。但当你从事这类影子工作时，投资的全部责任就全都由你自己承担了。但幸运的是，在线投资并不复杂。这种自主模式中消失的最主要事物是与搭档一起工作的感觉以及与经纪人讨论操作的机会。

与任何一位聪明的成年人讨论投资决策都可能是个好主意，特别是与你的结婚对象商量。但与股票经纪人的对话可能不会提高你的投资组合的收益。股票经纪人这一职业的“专门技能”在很大程度上就是一件皇帝的新装。统计研究数据反复说明，从长期看绝大多数职业选股人与资金经理的投资回报率低于投入的指数型基金。换言之，不假他人之手管理你的资金通常比雇用华尔街的枪手获得更好的回报。《货币》等期刊每年都会发布“五强基金经理”名单，实际上，他们的投资回报率确实超过大盘指数。但问题是，明年出现在这份榜单上的名字完全不同了。

的确，这世界上存在着伟大的投资者。他们中的一些人已经成为传奇人物，比如伯克希尔·哈撒韦公司的沃伦·巴菲特与富达投资集团的彼得·林奇；但华尔街的数据显示业绩始终战胜市场指数的专业资金经理不超过20%。我们现在之所以熟知投资天才巴菲特和林奇，是因为他们的投资记录树立起天才的形象。但在专业资金经理投资生涯开始时，人们几乎不可能确定谁是天才投资者，因为这有太多的不确定性。从统计数据看，你只有五分之一的机会选对人，但你为此下了大赌注。

未来我们的生活、娱乐、居住等方方面面都会被彻底颠覆，绝对不能用过去的方法去想未来。

——李开复

因此，你有可能选择影子工作，担任自己的经纪人。比如，你选择美国先锋集团等低成本的基金公司帮自己理财，这不仅能省下一大笔费用，还可能让你以最少的投入时间，换取尽量多的收益。对大多数人而言，这类影子工作就是明智的选择。

与现在相比，20 世纪 50 年代的孩子与同龄人待在一起的时间更多，与父母相处的则较少。上下学时，我与邻居家同龄的小孩乘坐同一辆车。在 45 分钟的路途中，这辆车接送超过 24 名孩子，这是一条悠长而值得期待的社交之旅。年复一年，这些孩子每天乘坐校车上下学，男女孩之间变得非常熟悉。每天放学后，我们就在社区里一起玩。

在那些美好的日子里，你可以尽情享受自己的假期和周末。工作时，就全力工作；游戏时，就尽情玩耍；二者互不相干。没有办公室发来的短信打断一场傍晚进行的垒球比赛或周末湖边的野餐。白天你在工厂或办公室辛苦工作；晚上和周末是你自己的时间，这段在后花园休息的时间神圣不可侵犯。1955 年，我们享有更悠闲的生活。

20 世纪 50 年代，加油、打印信件、产品调研、结账、做沙拉、处理易拉罐和瓶子、处理银行存款、送孩子上学的任务分别由加油站工人、秘书、销售人员、收银员、女侍应、清洁工、银行职员和公车司机完成。如今，你接管了这些影子工作。

7 天 24 小时经济模式

实际上，我们工作之外所做的很多事情都是影子工作。对于那些工作可能受新加坡股市暴跌影响的人而言，24 小时经济已经将他们的工作场所搬回家中。对那些工作总是第一要务的人而言，智能手机将人们与同事拴在一起。当你晚上 8 点与丈夫刚坐下准备用餐时，却收到了老板的工作通知，这时，你是马上工作还是继续吃饭？在许多领域，预计这样的打扰将成为常态。新的规则为更多的工作打开了方便之门，这意味着人们要承担更多的影子工作。

与所有的侵蚀一样，对闲暇时间的侵蚀也在不断发生。每次侵蚀一粒沙子，日复一日，沙粒不断消失，逐渐离开你寿命的沙漏。

同样，影子工作的海洋永不停息。**这些额外工作如果同时出现，就会引起人们的高声抗议。但它只是蚕食时间，未引起人们几秒钟的注意，自然不会引发任何怨言。**

这有点像约翰·福斯特的讽刺歌曲《进入马里恩》(*Entering Marion*)中的网络窃贼硅利康·斯利姆：

> 你听说过杰西·詹姆斯，你也听说过罗宾汉，
> 这是一首关于一个既是好人又是坏男人的歌谣。
> 这个家伙独自徒手打劫了大通曼哈顿银行，
> 只用一台可靠的连接到电话上的家用计算机。
> 夜深人静之时，他进入每位储户的账户，
> 从每个账户盗取一点点钱，
> 因此没有人注意到他的偷盗罪行。
> 一次 1 美分，他偷盗了 4 000 万美元。

人类的嗅觉系统在坚持一会儿之后，就会适应异味。即使对于令人讨厌的新臭味，鼻子与大脑也会很快适应，并不再感知它的存在，就像我们不再关注餐厅的壁纸一样。同样，我们使自己适应每天出现

的影子工作，让它们成为我们的日常工作。比如，我们逐渐习惯于拔出喷嘴分发我们的冻酸奶，或者配备一支喷嘴加油。

为使数百万人从事影子工作，必须确保新工作永远无需投票表决，以避免消费者有选择的余地。解决的办法就是“意识”，或者说至少在某些时候让你自己决定。有时你可能希望从事影子工作。例如，在家进行妊娠测试就有诸多好处：成本低廉，更为便利，与在医学实验室测试相比更具私密性。相比之下，删除垃圾邮件的影子工作，既不会带来任何益处，也不会有任何易于进行的方法。

工作之于美国人，正如葡萄酒之于法国人，二者皆被认为具有毋庸置疑的好处，工作可以为我们积累丰厚的物质基础。美国员工的工作时间长于绝大多数工业化国家员工的。与其他多数发达国家的同龄人相比，美国人得到并享有的假期更少。美国人崇拜工作。

在其出版的《工作过度的美国人》(*The Overworked American*)一书中，经济学家朱丽叶·索尔描述了美国人的工作时间在1850 ~ 1950年里不断下降之后，在战后不断增加的场景。作者在书中回顾了相对悠闲的中世纪，13世纪的农民每年工作1 620个小时。在农耕时节，农民每天工作12个小时，但每年的农耕日只有135天，平均到一周的工作时间只有30个小时。或者，我们可以计算一下他们的工作时间，每年工作7个月（其余5个月休息)，每周工作5天，每天工作12个小时。

机械使人们的工作时间大大延长，部分原因在于室内工厂可以忽视季节的自然循环。1850年，工业革命使美国人年平均的劳动时间达到了历史最高纪录，即3 650个小时，计算的基数是每年工作52周，每周工作70小时。工作永无止境。到了20世纪，由于工会的出现以及其他因素的共同作用，美国人开始在周末休息，享受带薪休假。但索尔的计算结果表明，20 世纪后期，美国人的年工作时间从 1969 年的 1 876 小时提高到 1987 年的 1 949 小时，增加了 163 个，几乎等同于每人每年全职额外多工作一个月。索尔引用了哈里斯民意调查公司 1988 年的数据，自 1973 年以来的 15 年中，美国人的闲暇时间从每周 26 个小时减少到 17 个小时，几乎下降 40%。

《纽约时报》记者史蒂文·格林豪斯在其 2008 年出版的《大压榨》（*The Big Squeeze*）一书中描述了美国工人的困境：2006 年美国人的工作时间降低到 1 804 个小时，相比于 1969 年略有下降。即便如此，美国人每年的工作时间仍比英国工人平均多 3 周，比法国工人多 6 周，比德国工人多 9 周。他在书中写道："美国是发达国家中唯一没有通过立法规定最少假期天数的国家，这个国家每年平均假期为 12 天，其中 36% 的美国人没有完全享有他们的假期。"

仅仅是经济需求，还不足以始终促使人们强烈崇拜工作。比如，住在南加州海岸拉古娜海滩的太平洋投资管理有限公司的掌门人威廉·格罗斯每年能赚取 2 亿美元，我们可能认为这位 68 岁老人应该有时间休息；但事实并非如此。根据《纽约时报》2012 年的报道，格罗斯早晨 5 点 30 分就到公司开始工作。过去，格罗斯有时会在下午悄悄溜出去打一小会儿高尔夫球，然后回到办公室。如今，这样的情景已不复存在。他对《时代》周刊说："某种程度上，我希望能够回到过去，像以前那样在下午 3 点 30 分打高尔夫球，但我已经有 3 年半的时间没有打高尔夫了。"

就个人财富与对工作的奉献而言，格罗斯都是非凡的，但他根深蒂固的职业道德符合主流的民族精神。许多年轻的投资银行家、企业家和律师每天工作 14 个小时，有时甚至干脆不休假以积累他们根本没有时间享受的财富。这本身远远超出了经济学的研究范畴：深刻的社会与文化力量构成了我们对工作近乎宗教般的信念。

当然，这些数字不包括没有统计数据的影子工作。虽然我们只能推测影子工作增加了多少额外的劳动，但有一点非常清楚：从门卫到职业运动员这些有报酬的员工都可以组织起来保护他们的共同利益，协商劳资协议，限制并控制他们工作的时间和种类。脑力劳动者较少加入工会，只是在一系列通常由贸易与专业协会制定的标准框架内进行操作。在政治上和社会上他们是无组织人群，彼此不了解，没有交往，缺少协同行动的工具。他们的一个强大工具是共同抵制，但即使是共同抵制也需要有组织的领导。因此，大多数情况下，没有人代表影子工作者们的利益或推动反击不断引进新的影子工作。

在《心理科学》杂志 2013 年发表的一系列实验报告中，研究人员调查工作与闲暇之间的平衡。他们将被测者安排在配备耳机的电脑终端。被测者可以选择令人愉悦的音乐（“闲暇”）或者选择刺耳的噪音（“工作”）打断音乐。其中一组（高收入者）收听 20 次刺耳噪音可以赢得一块巧克力，而另外一组被测者（低收入者）必须听 120 次噪音才能赢得一块巧克力，这类似于较低的小时工资。

在进入下一阶段之前，被测者既不能吃他们的巧克力，也不能将之带回家。回顾为加拿大在线杂志《赫兹利特》所做的研究，尼古拉斯·胡内·布朗注意到研究人员说他们的研究“模拟了特定人群的日常生活。你首先在工作与闲暇之间做出选择，然后用赚到的钱消费。就像在现实生活中，你去世时不可能把钱带走一样”。

在竞技体育中，“非常敬业”是电视节目主持人对运动员最高的赞美。尽管专业运动员具有良好的职业道德观念，但业余人士只是为了娱乐而运动。运动天赋可能是与生俱来的，职业道德却是后天培养的。选择努力工作是美德的象征：道义上，我们把工作等同于坚毅。在美国，具有讽刺意味的是，抵制社会规范和工作懈怠同样需要某种坚强性格。

我们钦佩那些打两三份工养家的父母，因为他们愿意为供养他人牺牲自己的自由时间和快乐。通常情况下，我们不会去分析人们工作的动力，但这种行为不总是源自利他主义或令人钦佩的个性特点。比如，有些人就是希望离开家，远离配偶和孩子。就像有人坦言："我接受这项工作，就可以减少与家人在一起的时间。"某些同时兼两份工的人只是希望达到更高的生活水准，为此他们全然不顾个人义务；或许他们的孩子宁愿少看电视和少玩电子玩具，只盼望能有更多的时间与父母在一起。此外，"终极悍将"精神仍支配着某些业务领域，比如电影制作业。该行业鼓励员工长时间工作，或者至少比他们的同事工作更长时间，只为表明他们工作十分努力。不论动机如何，这已经脱离我们工作的初衷。

现实生活中，真正的工作狂并不常见。人们之所以崇拜工作，是因为工作本身得到了普遍的尊重。我们对工作的敬畏为我们不假思索地接受影子工作创造了条件。我们不仅仅是羡慕工作，我们还崇拜它，受到崇拜的事物神圣不可侵犯，因此我们接受工作带来的任何影响。几个世纪以来，宗教信仰与工作错综复杂地交织在一起。美国人对工作的崇拜源自"五月花"号上的清教徒，他们对工作的尊重远高于对快乐的尊崇。回顾一下托马斯·麦考利的评论：清教徒反对逗熊游戏不是因为他们不忍看到熊遭受折磨，而是因为这种游戏娱乐观众。马克斯·韦伯的社会学经典著作《新教伦理与资本主义精神》(*Protestant Ethic and the Spirit of Capitalism*)是一系列写于1904及1905年的短文，书中将努力工作的道德观和世间的成功与新教神学的某些方面联系起来，比如加尔文派认为长期繁荣意味着一个人注定得到拯救而不是诅咒，努力工作让神感到荣耀。各种新教学说劝阻或限制向教堂捐赠（由于不赞同偶像人物和可能的盲目崇拜）或向穷人施舍（鼓励行乞和懒惰)，并告诫人们不要购买奢侈品作为赎罪券。韦伯认为其要点是鼓励财富投资，促进资本主义发展。

与所有的新教徒以及大部分基督徒一样，清教徒把快乐等同于罪孽。他们接受经典的“七宗罪”，这份清单可追溯到隐修士埃瓦格里乌斯[1]。现在的七宗罪包括愤怒、贪婪、懒惰、傲慢、淫欲、嫉妒与贪食。然而,这仍是人类的本性。从语义上分析,除愤怒与嫉妒之外，人们可以将其他五宗“罪行”解释为“乐事”，而不是罪恶。甚至嫉妒也可以被视为一种快乐，如果其中包括观看《直通好莱坞》[2]的话。一旦将贪婪、懒惰、傲慢、淫欲和贪食分别解释为野心、消遣、自信、性欲和食欲，这些罪行突然之间就变成了人活着的标志。显然，活着的人不可避免地要触犯七宗罪。

或许这只是程度的问题：适度快乐是好事，但过分行乐则是罪过。这种观点听起来很有道理，但它有意忽视了我们的文化观念。任何程度的消遣与休息，都不会赢得行业与工作的尊重。自爱与谦卑一样，在哪里都不会得到尊重。通常，苗条的成年人比丰满的人赢得更

①埃瓦格里乌斯，早期神学家、隐修士。他定义出8种损害个人灵性的罪行，即贪食、色欲、贪婪、悲叹、暴怒、懒惰、自负和骄傲。

②《直通好莱坞》是创维针对健康云电视推出的一项影视增值服务，以好莱坞等国内外30余家全球顶级影视公司为内容平台，提供大量正版高清大片，让用户足不出户，尊享好莱坞盛宴。

多的羡慕，因为人们感觉后者放纵了自己的食欲。罪恶并非平衡或适度的问题，而是道德指向的问题。罪恶与所有的道德信念一样，黑白分明，不存在度的区别。

正如罪恶永远不会取得任何美德地位一样，享乐从未像工作那样得到高度重视。工作是我们谋生的手段：赚钱，养家。工作不仅可以构建人格，让你远离那些街头混混，还能帮助你摆脱贫困。工作促进经济发展，换言之，生产率提高使国家强大。我们工作不仅仅是为了自己获得回报，也是为了造福他人。团队工作让人们紧密团结在一起，教导人们要大公无私。工作保持并强化社会关系，因此人们构建社区。简言之，工作让生命富有意义。

我们可以列举工作带给人类的更多益处，它几乎体现了西方文化看重的全部美德。为此，我们从本性上就积极地倾向于喜欢任何被界定为工作的事物。尽管某些工作赚钱，家务劳动等工作不赚钱，但所有的工作都是光荣的。哲学家约翰·洛克甚至认为工作是财富的根基：耕种一块地，你就可以将它占为己有。

我们的文化不仅质疑享乐，还珍视痛苦的价值。某些时候，痛苦甚至成为励志的至理名言："没有耕耘，就没有收获。"罗马天主教会赞同殉难，有时甚至将殉难者封为圣徒。在基督教文化中，爱的主要象征就是活人献祭：将一个无辜的人折磨致死。十字架不仅征服了圣坛，还有更为抽象的表现形式，十字架作为吊坠悬挂在数百万人的脖子上。西方社会歌颂痛苦，经常将其等同于美德。

或许，我们敬畏工作的一个原因是它经常使人们在情感上、精神上和心灵上遭受痛苦。数据表明，美国工人是世界上生产效率最高的，但也是工作中最不快乐的。美国大型企业联合会 2011 年的一项调查发现，只有 45% 的美国人对工作感到“满意”，这是此项调查自 1987 年开始以来的最低值，与 1987 年记载的 61% 相比，有大幅度的下降。

对于幸运的少数人而言，工作是一种享受。2011 年秋，美国国家橄榄球联盟网播放了一部纪录片《比尔·贝利奇克：橄榄球人生》，影片跟随这位著名的新英格兰爱国者队教练走到了幕后。这部影片的结尾处，贝利奇克在夜色中开车前往吉列体育馆的路上对他开始于早上 5 点的工作进行了评述。他提及总是忙于工作的几个弊端，比如几乎没有时间与家人在一起，但最后他耸耸肩说：“我不知道……但我很确定打橄榄球远比工作强。”他如此享受指导橄榄球队的过程，对他而言，这并不是工作。

对职业扑克玩家阿马里洛·斯利姆或喜欢赌马并成为《赛马新闻日报》出版商的哈佛大学毕业生史蒂文·克里斯特而言，工作可以让人十分愉快，游戏可能成为一生的工作。有人因为喜欢狗，结果自己成为养狗场老板、饲养员或兽医。因此，你无法通过对活动进行简单的分类来区分工作和玩乐。你可能发现职业的飞碟运动员和喜欢管理余额账簿的会计师即使没有报酬也愿意从事此项工作。将一项活动界定为玩乐还是工作，不是取决于你做了什么，而是取决于你与此项活动之间的关系。

我们做自己喜欢做的事情，或者说，当行动本身即是其回报时，实践的过程就是玩乐。当我们在夏日与家人去野餐或与女儿一起玩传球时，我们是在玩乐：我们是因为有趣而为之。相比之下，工作是达到目的的手段：我们不会为了工作而工作。如果我们为了工作而工作，我们就是工作狂。像许多艺术家与运动员一样，我们可能非常享受我们的工作，但毕加索绘画是为了创作一幅画，弗雷德·阿斯泰尔①跳舞是为了制作一部舞蹈电影，汤姆·布兰迪②投出橄榄球是为了赢得一场比赛。多数情况下，他们也是为了赚钱而完成工作。我们工作是为了有所成就。或许，在此过程中我们会玩得开心或表现出内心的自我,但这不是我们从事此项活动的目的。工作有着确切的目标。

诚然，尽管我们热爱工作，并且需要工作维持个人生活与社会生产，但在某种程度上，工作岗位似乎会逐渐减少。许多年来，世界人口一直在增长，但生产效率越来越高，使得许多行业的劳动密集程度降低，需要的劳动力越来越少。**公司急于削减工资，以致影子工作成为结构性失业的新因素。**

无偿工作或失业，你的选择是？

23 岁的贾斯丁娜·法里斯来自法国里尔市，该市位于比利时边境附近。她不仅拥有健康管理硕士学位，还当过两年学徒，但仍需依靠国家补助和担任酒吧招待与临时保姆挣得的酬劳勉强度日。此外，她照顾一条狗每天还能获得 6.5 美元的收入。尽管法里斯选修了一门就业指导课，面见了 10 位招聘专员，发出了 200 封求职信，但她仍在失业。她在空闲时间画水彩画，只是“为了防止自己疯掉”。

史蒂文·厄兰格 2012 年在《纽约时报》上发表了一篇小说，该小说中人物的特征为：“年轻、受过良好教育、失业的法国人。”法里斯便具备这样的特征。厄兰格在小说中指出，法国青年人失业率为

① 弗雷德·阿斯泰尔是美国著名电影演员、舞蹈家、舞台剧演员、编舞和歌手，其在舞台与大银幕上的演出生涯长达 76 年。1950 年，他获颁奥斯卡终身成就奖。

② 汤姆·布兰迪是美国国家橄榄球联盟中新英格兰爱国者队的四分卫，被称为“美国小贝”。

22%，意大利为36%，西班牙为51%。欧洲人称这群人为“漂泊的一代”，因为他们从实习生工变成合约工或临时工，再回到学校读书，没有得到任何全职工作的机会。

年轻人试图开始职业生涯的困难凸显出严重的经济困境。工作方式的结构性变化，包括影子工作现象，可能减少可提供的有偿工作机会。普遍存在的失业可能成为固有的社会现象。现代经济中，工资和员工福利是各类企业和组织面临的最大问题，而影子工作使这种问题变得更为严重。对绝大多数企业、学校与非营利组织而言，包括工资和福利在内的人力资源成本是其最大的预算项目。福利曾经被称为“附带福利”，但当它的价值超出“附带”可以形容的范围时，这个修饰词也就自动消失了。招聘、培训和指导员工增加了人力资源成本；当工人退休时，各类企业和组织要为退休员工支付退休金，而且某些雇主甚至需要支付巨额的医疗费用。从退休开始直到生命结束，由于人的寿命可以延伸至八九十岁，因此各类企业和组织需要支付较长时间。

近年来，多数劳动者的实际工资保持不变或逐渐降低，但统计数据表明福利是工资的40%，急速增长的福利开支给雇主带来了持续的压力，尤其是医疗费用推动福利开支持续上涨。在美国，持续增长的医疗保健费已经成为巨大并且似乎无法控制的开支，其增速远高于其他经济因素。它就像癌细胞一样疯长，与临近细胞无任何关系。

由于缺乏巨大变革，比如普遍的单人支付医疗保险对药物与医疗程序的价格进行控制，雇员福利压力将会继续上升。其结果就是，雇主产生了强烈的动机，以采用无福利费的兼职、外包、海外雇员或合同工替代全职员工。当然，这比简单地解雇员工或将有偿工作转换成影子工作外包给客户要合适一些。

政客与专家对顽固、居高不下的失业率束手无策，因此他们选择对其视而不见。美国的经济与政治制度一如既往地鼓励企业解雇员工，而不是雇用他们。

综合来看，削减工资有三种主要策略，其中两种是众所周知的。首先，裁员无疑是经典策略：解雇员工，他们的工作由留下的人完成，以此削减员工数量。不久前，一家非营利性教育通讯机构雇用1名全职雇员和1名兼职助理替代了3名全职员工，并希望该机构在人员缩减一半的情况下还能继续经营。留下的员工别无选择，只能承担更多的工作，甚至他们还可能因保住了工作而心存感激。裁员削减了资深员工与后勤人员的数量，无疑会让企业和组织内部产生不少影子工作。

第二种策略是用机器替代人的劳动，实现自动化。这一策略至少自工业革命（或许更早）就开始实施，至今已持续了几个世纪。如今，自动化技术普遍应用于制造业与服务业。机器人不领工资，不参加工会，也不收取任何附加福利。它们需要维护保养，但无需休假、请病假和产假，最大的优点是它们还无需购买医疗保险。机器人没有个人日程安排，是无可挑剔的“善于团队合作的人”。它们不仅能夜以继日地工作，而且在周末也能照常工作。因此，只要财务上可行，企业就会采用机器人替代人。

第三种策略较少有人能认识到：将有偿工作转换成影子工作外包出去。使用自助登记服务机等高科技产品，顾客与机器人能够亲密合作，并顺利完成交易。比如，酒店大堂新设一台自动登记服务机，就意味着柜台后面可以少一个服务人员。这种由技术而不是商业周期引发的失业可能是永久性的。历史上，自动化消灭了大量生产性工作，工厂减少就是一个明显例证。而影子工作也消灭了众多销售性工作，比如药店结账台的消失。影子工作尚无统计数据，因此我们难以估计它导致的失业数量。但我们可以肯定一点：如今销售人员的数量远远超过生产人员。

影子工作是缩减就业市场规模的主要而隐蔽的力量，尤其是影子工作消灭了开启无数人职业生涯的初始职位。这些位于经济金字塔底层的工作虽然只能提供很少的酬劳，但对任何结构而言，底层都是其上一切事物的基础：一旦基础崩溃，上层结构就可能坍塌。入门级工作不仅仅是“薪水”之源，还是工作场所的人行道，是人们能够进入所有企业主干道的平台。

以我的父亲为例。1937 年，他开始在新泽西一家小镇银行做最基层的信息员工作。1963 年，他在历任银行柜员、记账员、信贷员、执行副总裁后升职为银行行长、董事局主席和首席执行官。因此，当开始处理多佛信托公司业务时，他便对银行业了如指掌。但现在许多银行高管在处理银行业务前必须做很多准备工作：攻读金融方向的工商管理硕士（MBA）学位，研究金融衍生品的风险。如果这些银行家像我父亲一样，评估过成百上千件抵押品，实地考察过他们发放贷款的抵押房，并与真正的借款人见面，那么 2008 年的银行危机又怎么会发生？

初始职位包括暑期兼职，是年轻人学习如何把握实际工作的开端。当然，这里的临时工作是指有偿工作，不包括志愿工作、无报酬的实习工作以及发展中国家的非政府组织项目。初始职位既是年轻人学习准时上班、穿着打扮得体和专业态度的地方，也是他们养成合作、打卡上下班和微笑服务等良好工作习惯的地方。但 ATM 的出现使得客户代替银行服务窗口职工完成了工作，试问一位有抱负的银行家又怎么可能从银行服务窗口职工做起？如果影子工作消灭了后勤人员，秘书岗位自然就不复存在了，那么一名秘书又如何能够逐步升职为办公室主任，再进一步成长为中高级管理人员呢？

初始职位往往适合那些低学历、没有技能的人。如果这类工作消失了，大量失业的年轻人就会发现自己几乎没有余钱，却有太多的空闲时间。对任何社会而言，这都是十分危险的信号。遍及阿拉伯世界的动荡与暴力的始作俑者就是街道上那些失业的年轻人，这些愤怒的青少年通过社交媒体聚集在网上，他们极有可能成为不守规矩的人。2003 年，伊拉克解散军队，40 万年轻军人失去工作，导致持续至今的血腥暴乱。在如今的地球村中，公民们通过互联网聚集在一起，形成政治上的快闪族，我们不能再冒险制造由大量无所事事的年轻人构成的社会底层了。

但如今，这正是我们在做的事。**根据全球经济论坛的数据，15 ~ 24 岁的年轻人在全球人口中占 17%，但其中 40% 的人没有工作。** 2013 年，年轻人的失业率为 12.6%，几乎是世界成人失业率 4.5% 的 3 倍。其中，北美年轻人的失业率高达 17.1%，欧盟为 21.4%，拉丁美洲与加勒比海地区为 14.3%，北非为 27.9%，中东为 26.5%，东亚为 9%。

在某些国家中，受过良好教育的人可能也会灰心丧气，因为就算他们被告知教育能保证其在职业生涯中飞黄腾达，仍然有许多持有学士和研究生学位甚至掌握计算机技术等硬技能的人不得不搬回去与父母同住。在美国，学生们同样也是在实习工作和学位课程之间漂泊不定，因为有价值的受薪工作仍是稀缺的。艾米丽在 28 岁时不得不搬到波士顿市区与父母同住。在佛吉尼亚大学获得心理学学士学位后，她在广告行业和市场营销领域的实习生岗位之间不断跳槽。目前，她即将完成一门执业医师助理的学习课程，希望这个公认的硬技能最终能为她开启职业生涯之门。

不幸的是，影子工作可能成为这一代人经济上无法独立的一个障碍。他们可能多年都摆脱不了实习生的身份，并发现自己只是在从事着简单重复的影子工作，而不是在构筑自己的职业生涯。

但我们仍有一线生机。尽管影子工作消灭了一些工作岗位，但也创造了一些工作机会。机器人加油泵虽然取代了低技术含量的青少年加油员，但自助加油站的出现也创造了设计、制造、安装和维护自动加油泵等工作机会。另外，汽油销售的签帐卡数据需要通过卫星上传到金融机构，这一过程中的技术与业务监督都需要员工去完成。与此类似，尽管旅程网与卡雅网将影子工作转移给客户，减少了旅行社的业务，但这些网站同样为网站设计师、软件工程师、在线营销商和广告代理商提供了就业机会。

这些需要技能的工作要求人们接受教育与技术培训。值得一提的是，技工的工资明显高于操作工的工资。为了把握这些就业机会，我们必须改革我们的教育体制，使之适合新兴工作所需的专业技能。但传统教育既没有跟上信息时代的步伐，也没有考虑蜂拥而来的影子工作的影响。在线学习与教学创新有助于学生充分利用互联网资源。当然，学生们有时需要通过从事影子工作来完成学习任务。

自助加油如何颠覆加油站传统经营模式？

20 世纪 40 年代末，有位名叫比尔·汉德森的加油站老板，住在加拿大马尼托巴省的省会与最大城市温尼伯市，做事情常常特立独行。汉德森出生于1900年，作为3个女孩的父亲的他不安于现状，富有创造性思维。尽管只接受了9年教育，但他的柜子里却塞满了专利产品；他总是在寻找更好的灭鼠器。他父亲几十年前创办了汉德森石油公司，汉德森子承父业进入了石油行业。汉德森尽可能多地寻求降低油价的方法，以吸引更多客户到他的加油站加油。

与许多发明者类似，汉德森是一名个体创业者，是一位控制运营权的小企业家。与美国德士古公司、美国埃索石油公司、荷兰皇家壳牌或帝国石油公司不同，汉德森平价石油公司的名字源自其姓氏。实际上，汉德森脱离了石油行业，总是与那些控制产品市场流向的石油巨头发生冲突。

1949年，美国汽油的价格是每加仑26美分，加拿大汽油甚至更便宜，每英制加仑仅售16加拿大分，而且英制1加仑比美制1加仑多20%[①]。汉德森千方百计地寻找降低油价的方法，比如在可能的情况下绕过中间商直接与炼油厂交易。汉德森拥有自己的油罐车，他先后从北达科他州和位于加拿大边界南面华盛顿州的布莱恩市采购石油。此外，他还设计了一台带有手柄和触发器的分液器，能够从散装油桶中抽出一夸脱[②]汽油，从而省去了发动机油罐。汉德森的一个想法改变了全世界购买汽油的方式。

汉德森认为新的送货方式能够降低汽油价格，吸引更多的消费者。在1946～1948年里，他与电子工程师合作设计了一套系统，该系统能够自动将汽油价格与油泵出油量传送给塔楼里的员工。架设在

---

① 英制1加仑约等于4.55升，美制1加仑约等于3.79升。

② 美制1夸脱等于0.946升。

空中通向塔楼的一条气动管可以迅速带走顾客支付的现金并找回零钱。自助式汽油泵就这样诞生了。

汉德森平价石油公司每加仑汽油的价格比其他石油巨头低 3 美分，因此该公司很快开始夺走石油巨头的客户。按照 1949 年的石油价格，3 美分几乎比其他公司的价格低 20%。与其共事的阿尔·乔克力（汉德森的女婿）说："我岳父成功销售了大量汽油，他的汽油比其他公司便宜很多。"汉德森的七泵加油站一天营业 24 小时，一周营业 7 天，还附设有一间出售薯条和其他快餐小商店。比尔·汉德森远远超越了他所处的时代。

司机们在汉德森平价石油公司加油不仅因为其价格低廉，还因为这里能享受到其他加油站所没有的独特体验。汉德森为他的发明申请了专利。后来，他又将汉德森电子控制系统推向市场，这是一套完全电子化的控制台，能够同时授权并监管 2 ～ 12 台油泵，并与信用卡打印机和内部控制系统连接。

尽管加油技术有些粗糙，但自己给自己加油无疑是一件趣事。手动喷嘴上的触发器用来控制流量；由于不具备自动断流功能，因此需要适时释放触发器，停止泵油。虽然普通人很难判断何时油箱完全加满或几乎加满，但经验丰富的加油员能够识别出油箱快满时汽车进气管发出的独特声响，然后释放触发器，停止泵油。未经培训的消费者并不知道这一技巧，因此他们在加油时汽油可能溢出油箱，从汽车侧面流到地上，有时甚至会喷洒到他们的鞋与衣服上。

消防部门发现了让人们自己加油的安全隐患，坚持要在喷油嘴上安装传感器，以便当汽油快要装满油箱时，油泵能停止泵油，防止汽油溢出。这些要求并非设计难题，上述改进建议很快成为现实。此后，加油无需技巧，因此对于未经训练的司机而言，自己加油就更加简单了。

自助加油取得了成功。由于竞争对手试图与汉德森公司的低油价进行较量，汽油价格大战随之爆发。1957 年，汉德森在温哥华开设了另一家加油站，再次从竞争对手那里抢走大量生意。与温伯尼市一样，温哥华的其他石油公司迅速模仿汉德森的自助加油模式，大肆侵犯他的专利权。

石油巨头们在汉德森位于温哥华的加油站出口对面建立了 3 座加油站，而且不惜降低价格，亏本出售。帝国石油公司等石油巨头显然有能力在有限的时间里在几座加油站实行亏本销售，其目的当然是赶走汉德森石油公司的加油站，然后无所顾忌地提高油价。尽管对于卖方而言，自助式加油站能节约成本，但石油巨头们与汉德森不同，他们不会将节约的成本反馈给消费者。

汉德森甚至收到了匿名的死亡威胁信。正如乔克力暗示的那样，没有人知道这是他的竞争者发起的威胁还是“工会想把他吓跑”。由于自助加油减少了工作岗位，因此这种创新容易引发工会的抗议。

另外，当汉德森起诉帝国石油公司和荷兰皇家壳牌石油公司侵犯专利权或违反反垄断法时，他们有自己的律师进行辩护。汉德森财力有限，无法与石油巨头相对抗。尽管他在市场中打败了石油巨头，但无法在法庭上与他们抗衡。20 世纪 60 年代中期，汉德森关闭了他的加油站。

在其职业生涯中，汉德森曾经赢得了财富，但又失去了财富。乔克力说 :“汉德森曾两次或三次成为百万富翁。”20 世纪 50 年代，兜里总是揣着一卷支票的汉德森开着一辆黄色的雷鸟汽车。他在温尼伯市退休，从他家正好俯瞰红河。他是个令人愉快且易于相处的人；朋友众多，在 1976 去世前其住所总是灯光闪烁，聚会不断。

在美国，弗兰克·尤里希在加利福尼亚的洛杉矶开设了第一座自助加油站，与汉德森 1947 开始创建自助加油站的时间几乎相同。一种想法在时机成熟、技术可行时，可以在多个地方同时实现。

提供全方位服务的加油站在 20 世纪 70 年代以前一直主导着美国市场，但自此之后，自助式加油站得到广泛传播，并成为美国和欧洲加油站的主导模式。

这种转变是循序渐进的。起初，由服务站的加油员控制油泵。20 世纪七八十年代，消费者通常必须在加油之前预付油费给加油员。那些希望加满油箱的消费者可以留一张信用卡在加油站，回头再来在消费清单上签字。

与坐在车里加油然后在车窗前处理账单相比，自助加油有诸多不便之处。为了补偿消费者，许多加油站提供双重定价，对自助加油的消费者收取较低的油价。这意味着，自己加油的消费者间接得到了回报。

自助加油的消费者必须走进加油站，这种加油方式最终改变了加油站零售业务。在加油站提供全面服务的阶段，消费者在加油时通常是待在车里，最多出来做做伸展运动，呼吸一下新鲜空气。但自助加油需要他们进入加油站支付油费，一些加油站老板发现了商机：加油站可以向消费者出售的不仅仅是汽油。过去，加油站的办公室里差不多只有一张桌子、一台收银机，或许还有一部投币电话和一台可口可乐售卖机。但在自助加油过程中，消费者为加油站售卖更多的商品提供了条件，并最终改变了加油站的架构。如今，许多加油站已经发展成为成熟的便利店，不仅出售饮料、三明治、咖啡和甜甜圈等多种食品，还出售机油和挡风玻璃洗涤器等汽车用品。尽管饮食作家迈克尔·波伦警告“不要在加油站填饱肚子”，但许多司机仍一意孤行。

从社会观点来看，笨拙地从车里走出来操作加油泵，有损于一个人的形象。自助加油替代接受加油服务，这意味着每个人都必须从事加油这种低级的工作。不同社会阶层与性别的人在自助加油过程中一律平等。显然，自助加油剥夺了消费者的特权，尤其对于女性而言，失去特权让她们相当困扰。这种新的影子工作违背了备受推崇的文化规范——“女人不做肮脏的体力劳动”，或者说，至少女性不在公共场合从事上述工作。在传统观念中，女性不在加油站工作，加油是男性的工作。

1982 年，女演员和多家报纸的专栏作家乔伊斯·吉尔森出版了《真正的女人不加油》（*Real Women Don't Pump Gas*）一书。与布鲁斯·费尔斯坦出版的畅销书《真正的男人不吃乳蛋饼》（*Real Men Don't Eat Quiche*）相呼应，吉尔森轻松的语调似乎在反对女权主义，试图重建“真女人”的特权，她以性别对立导致的损失为例，反对性别平等。但吉尔森不信奉女性卑微论。比如，她在一开始就宣称：

> 感谢琳达·伊文思、凯特·赫伯恩和珮格小姐。她们都是真正的女人。不加油的女人，不必总是去证明男女平等，实际上她们知道自己高人一等。

在同一章中，吉尔森描写了两位女性在加油站的对话。主人公詹妮弗将其“流线型的黑色奥迪 5 000”开到埃克森美孚石油公司加油站的自助加油机旁。詹妮弗被公认为是个女强人，她是华尔街最大律师事务所的高级合伙人，筹划了美国电话电报公司（AT&T）的解体，使她的丈夫完成了医学院的学业，而且能烘焙“巴黎以西最好的乳蛋饼”。她刚刚在举重机上完成一个小时的锻炼。当她的合伙人说“我要去加油”，然后打开乘客门时，詹妮弗的态度十分坚定：

> 詹妮弗回答：“你不要做这样的事。”随后，她抓住合伙人的胳膊，把她拖回车里。“到了该划清界限的时候了，我们不能跨越的界限就在自助加油站。是时候恢复女性气质了。我们可以经营令人讨厌的石油公司，但我们不要自己加油。如果我们等待足够长的时间，一些大块头就会认为我们是柔弱的女孩，心甘情愿为我们加油。

因此，自助加油不仅仅是经济问题，还是社会与文化问题。几十年来，甚至几个世纪以来，某种性别、某种社会阶层或者某类人从事着特定的工作，比如十几岁的女孩一般会去做保姆。**强有力的社会习俗塑造了工作角色。在新型的影子工作能够改变社会规范之前，社会期望必须改变。**技术进步有助于上述改变，越来越先进的自动化设备使加油越来越容易、越来越清洁，由此让自助加油与传统的女性气质相符。

特别是自20世纪90年代起，油箱旁直接付费成为主流的汽油交易模式。随着信用卡与借记卡支付在汽油购买方式中所占的比重越来越大，配备交互式屏幕的新一代电脑加油泵应运而生。这种加油泵几乎就是一个机器人。在最常见的加满油箱交易中，消费者只需在加油泵上简单地刷一下信用卡并通过计算机网络授权购买即可。交易过程中，自动加油泵会记录交易细节并打印收据。在交易授权之前，按键能让机器人收集邮政编码数据，以确保安全性。此外，这还能帮助加油站老板建立有价值的数据库，以便他能按每天的具体时间和每周的具体日期分析销售情况。

自动化技术简化并加速了加油权——无需走进室内付款。如今，很少有消费者因自助加油而获得酬劳。但是，他们节约了时间，因为无需等待加油员加油或收款，交易变得更快捷也更便利。随着这种便利性而来的是自助加油站在全美国推广。

然而，实际情况并非完全如此。

俄勒冈州和新泽西州的法律禁止建立自助加油站。在加油站老板的游说下，新泽西州于 1949 年立法禁止自助加油，表面上是为了确保安全和保留加油员的工作。新泽西人见证了自助加油站的出现，并对安德森在温尼伯和尤里希在洛杉矶建立的自助加油站难以忘怀。1950 年，一家小型加油站发起的挑战新泽西州法律的行动失败了。2006 年，新泽西州州长乔恩·科尔津试图开始在新泽西收费公路上试点自助加油站，声称可以为司机节省每加仑 5 或 6 美分的油费。但他的提议遭到了州立法机构的反对，交通委员会主席、议员约翰·维希涅夫斯基说："告诉司机自助加油能够省钱，就像告诉某人他们可以自己建造房屋节约新家成本一样。"显而易见，这位议员忽视了加油与建造房屋的巨大差别。虽然如此，科尔津的动议终未实现。

俄勒冈州 1951 年的法律援引了不少于 17 条理由禁止自助加油，其中包括汽油的易燃性、其产生的有毒气体、消费者离开汽车后引发的犯罪风险、为员工保留工作，比如那些放学后在加油站工作的十几岁的青少年。1989 年，阿科石油公司在法庭上对俄勒冈州法律的合宪性提出质疑，但未获成功。提供全面加油服务成为俄勒冈州文化的一部分。1982 年，该州的选民挫败了加油站老板资助的一项使自助加油站合法的议案。波特兰市的公共关系主管丹·拉维对《纽约时报》说："可笑的是，俄勒冈州的婴儿出生时，医生会边打他们的屁股边说，'这里既没有自助加油站，也没有营业税'。所有这些叠加在一起充分说明，俄勒冈州禁止建立自助加油站不仅是经济问题，还是文化问题。这与生活的方式有关。"

数十年来，所谓的安全、毒气与犯罪问题既没有拖慢其他 48 个州推行自助加油站的步伐，也没有造成显著的灾难。公开的数据表明，安全性与"有毒烟雾"等理由其实只是相关部门采用的障眼法，目的在于隐藏禁止建立自助加油的真实原因，即保护工作机会。亨廷顿市等长岛上居民分散的小城镇禁止建立自助加油站显然是为了保住工作岗位。在 20 世纪 70 年代早期的经济萧条期间，该市通过了禁止法案，此后从未废止。如今，提供全面服务的加油站在美国仍然存在，但通常分布在比较富裕的地区，那里的消费者希望获得更多服务，并愿意为服务付款。

自助加油站日渐流行的七个启示

第一，新技术可能创造新形式的影子工作。汉德森平价石油公司的电子系统能将信息从加油泵传输到收银机，这种系统使比尔·汉德森能在加油站提供自助加油服务。起初，新发明的设备技术粗糙且难以操作，比如汉德森加油站中将现金吸到收银台的气动管。但不断更新的设备使操作越来越简单，消费者便逐渐接受了这种影子工作。

第二，无需培训就能从事的影子工作更易于普及。当然，机械装置本身应该安全可靠。起初，汉德森石油公司自助加油泵的喷嘴不具备自动切断功能，其安全隐患不言而喻。影子工作需要的智能、教育或培训越多，其被接受的可能性就越小。

第三，技术进步可以让影子工作发挥更多的积极作用。在汽油零售行业中，消费者可以在加油泵旁用信用卡付账，或使用屏幕与按键完成全部交易。这些新技术使自助加油站的交易速度普遍快于提供全面服务的加油站，不仅赋予自助加油站竞争优势，加油站老板也因持续收集客户的销售数据而受益。

第四，传统与文化规范可能反对、禁止或阻止影子工作。

以女人不能做加油这种肮脏的体力劳动为例。这类习俗在更广泛的范围发生变化时，就会为新形式的影子工作开辟一条道路。女权运动可以将自助加油塑造为一项反映能力与自力更生品格的活动，必将有助于女性接受自助加油。同时，在加油泵旁付款等新技术可以调整影子工作，使其在社会文化的普遍规范中易于被接受。

第五，既得利益者可能反对新型的影子工作。正如新泽西州和俄勒冈州采取的禁止自助加油措施一样，他们的反对有时会成功。但是，如果能节省消费者的金钱或时间，影子工作就迟早会胜出，正如自助加油站在美国其他 48 个州得以推广一样。最终，影子工作可能成为既定的规范，而可选方案，比如提供全面服务的加油站，则将消失或被限定在精英圈子中。

第六，在零售服务行业中，影子工作可能导致一部分人失去工作。比如加油员这种岗位便消失了，尽管消费者代替加油员在机器人旁边投入工作，但自动化仍会导致更多工作消失。

第七，通常影子工作会减少甚至可能完全消除人际交往。自助加油的消费者与机器人打交道，而不是与人互动。人们再也没有机会与加油员开玩笑了。拉尔夫已经成为历史，他的工作由你来完成。

第2章

无处不在

家庭生活是最大的无偿劳作集散地

不想孩子输在起跑线上？希望孩子在成长道路上少走弯路？学校教育已经无法满足如今孩子成长的需要了。于是你打算挽起衣袖，亲自上阵指导孩子写作业、当孩子的运动教练，直至无所不包？恭喜你，已经成为晋升为直升机式家长。家庭生活延伸出大量的无偿工作，最重要的是，没人知道这些无偿工作到底带来何种影响。

SHADOW WORK

The Unpaid, Unseen Jobs That Fill Your Da

家庭与居家生活是影子工作的发源地，家务劳动是最基本也最为我们所熟知的影子工作。

总的来说，母亲与家庭主妇是唯一没有固定休息时间的角色，她们属于伟大的无假期阶层。

——安妮·莫罗·林德伯格，《来自大海的礼物》

工业革命促使女性沦为免费的家庭佣人？

家庭与居家生活是影子工作的发源地，家务劳动是最基本也最为我们所熟知的影子工作。不同形式的家务劳动已经存在了几个世纪，“家事”一词甚至可以追溯到13 世纪。接下来就让我们一起来回顾家务劳动的历史，以充分理解如今的影子工作。

在其里程碑式的著作《母亲有了更多工作：家用电器从壁炉到微波炉的讽刺》（*More Work for Mother:The Ironies of Household Technology from the Open Hearth to the Microwave*）中，社会学家露丝·施瓦兹·科万讲述了美国家务劳动发展的历史。在工业革命开始之前，家里的男人、女人、孩子都做家务劳动，这几乎就是仅有的工作。家务劳动包括让一个家庭或社区生存下去的全部活动，比如提供食物、水、住所、热量、家具和衣服。当时，男性的主要工作有：在田里耕种、饲养牲畜、宰杀动物、锯木头和劈木材。科万指出“丈夫”一词源自“hus”，即“house”（房屋）的一种旧式拼写。“hus”（丈夫）与房子相结合 (bonded),“hus-bond”(丈夫)一词便诞生了。与男性不同，女性要纺织毛线、缝衣服、照看菜园、做饭、洗衣，从溪流或井中打水。总之，她们的任务清单上列有很多工作内容。工业化创造了工厂里的工作，而且办公室往往与家庭住所相距较远。这就从根本上重新定义了家庭工作，我们所理解的家务劳动由此诞生。

19 世纪，美国等西方国家开始了城市化进程。1800 年，美国平均每户家庭大约有 7 个孩子。但到了 20 世纪，每户仅剩大约 3.6 个孩子。精面粉等制成品替代了小麦，男人再也不用在家或去磨面厂捣碎小麦了；铁炉与煤替代了壁炉与柴火，男人也不必再为做饭和取暖劈柴了。与壁炉不同，家庭主妇们需要每天清理烤炉。尽管女人在 20 世纪下半叶成衣出现之前仍在为家庭成员缝制衣服，但纺织厂生产的羊毛制品与后来生产的棉布还是替代了土布。当现成的纺织品出现时，人们开始拥有并可以选择穿更多的衣服，也因此带来了更多缝纫和清洗工作。

男人、女人和孩子都承担了农场上的大量家务劳动，但工业世界将男性与女性的工作进行了明确的区分，家务劳动被移交给女性，尤其是落在了母亲身上。科万在书中写道：“成年男性和孩子（不论男孩还是女孩）无需再做家务劳动：不必劈木头，无需挑水，不必将谷物拉到磨坊。这样一来，他们就有空闲时间去上学、到工厂上班，或到处在经济发展大潮中的办公楼里工作。但成年女性却没有空闲时间，还是必须做饭、照顾孩子、缝纫和洗衣服，因为工业化并没有减轻这些家庭劳动的负担。”同时，为购买所有新的产品，赚钱便成为男性的工作。通常情况下，他们在离家较远的地方工作。

科万在书中引用了挪威移民格罗·斯文森在1862年写给她父母的一封信，这位年轻人在信中提到："我们听说美国女性有很多闲暇时间，但我还没遇到过这样的女人！在美国，女主人必须承担全部家务劳动，包括厨师、女仆以及上层社会家庭管家所做的一切。值得一提的是，她必须做的工作在挪威是由3个人一起完成的。”

因此，女性承担了家庭影子工作的重担，才使她们的家人能够生活在工业社会里。尽管她们没有直接从事为学校、工厂或办公室生产并销售产品的工作，但如果没有数百万妻子、女儿和母亲承担的影子工作，这些机构就无法生存。

的确，包括中产阶级家庭在内的许多家庭都会寻求外部帮助，以处理繁琐的家务劳动。一些刚刚从欧洲以及其他国家来美国的人会成为契约佣人，他们帮助美国家庭处理家务，以换取食宿。另外，美国不同家庭之间还会进行劳务交换。

苏珊·斯特拉瑟在其出版的《永远完不成：美国家务劳动史》（*Never Done: A History of American Housework*）一书中写道："美国1870年的人口调查显示，每8.4个家庭中就有1名女性将自己定位为家里的佣人。这种现象在花钱更多的城市地区最为普遍。在许多黑人女性愿意从事低薪工作的南方诸州和移民众多的地区，家政服务是解决家务问题的一种合理方案，但也并非普遍适用。19世纪的多数时间里，与雇人做家务的成本相比，采用新技术处理家务的成本更高。因此，当时多数使用煤气灯、自来水和电器的家庭都非常富裕，他们自然能负担佣人的费用。”

随着19世纪与20世纪人们生活标准的提高，更高的要求也拓展到家务劳动上。家庭消费更多的商品与服务，随之带来更多的影子工作。清洁标准提高了，房子更宽敞了，这意味着更多的家具、物品和空间需要更为彻底的清洁与维护。节省人工的设备未必就能节约劳动力。科万写道："截至19世纪，为了简化家务劳动，人们发明了大量节省人工的物品：手动洗衣机、室内水龙头、打蛋器、皮带驱动的奶油搅拌器、灌装牛奶、现成的面粉、陶瓷炊具、密封的加热炉，以及从削皮刀到煤气管道等众多小工具和大型设备。"但对19世纪的女人而言，家务劳动没有变得"简单或轻松一点"。人们拥有这么多节省人工的设备，劳动强度却似乎丝毫没有减轻，这是多么矛盾！

21世纪，房子越来越大，而且装满了家具和电子设备，这就给家庭带来了更多的影子工作。与此同时，母亲和父亲在家里做家务的时间却变少了。如今，三分之二学龄儿童的母亲外出工作。在双职工家庭中，父母双方都缺少时间照顾家庭和孩子。与他们的父辈相比，现代的父亲将更多时间花费在照顾家庭和陪伴孩子身上，但承担的家庭影子工作还远不及50%。多项研究结果表明，女性仍在处理70%～80%的家务劳动。

以哈佛大学的初级教授与资深教授为例，他们中的为人父母者可能被认为是有事业、思想进步的父母。2012～2013学年，有人对他们中的2 295人进行了调研，72%的人作出了回应。调查结果显示，男性与女性对其高薪工作投入的时间大致相同，即每周60～70个小时。但无论在有孩子的教授家中，还是在有一位上班伴侣且没有孩子的教授家中，或者单身教授家中，女性每周都比男性多做10个小时的家务劳动。初级教职人员中，女性做家务的时间每周比男性多20

个小时。这些年轻女性多年来在学术上刻苦钻研，以争取终身教职。不仅如此，她们每周还要比同龄男性多做20个小时的家务劳动。即使是其伴侣没有工作的女性每周也需多做17个小时的影子工作。

肯塔基州路易斯维尔市的眼科医生约翰·哈默尔在《哈佛杂志》上发表的一封信中，回忆起一个有关此类性别差异的故事。曾担任路易斯维尔大学眼科学住院医生培训主任的哈默尔表示："斥责那些表现不佳的实习生让我特别不愉快。男实习生的问题是多方面的：迟到、没有回应急救电话、穿着不得体、毫不尊重技术人员或女同事。相比之下，所有惹上麻烦的女实习生只有一个通病，即每年的眼科知识评估项目成绩非常糟糕，有时甚至低于10分。这些女实习生根本就没有认真复习功课。"

紧接着，他又写道："我把她们叫进办公室进行季度检查时，每个人的理由竟如出一辙，即在每天疲惫地睡下之前，做饭、打扫房间、给孩子洗澡等家务劳动占用了她们大量的时间。当我询问她们的丈夫在做什么时，却再一次听到了同样的抱怨：他们要么在看电视，要么在复习知识评估项目。为此，有些女实习生甚至恳求我狠狠训斥她们自私的配偶。"

"记住，所有这些女性都是最优秀的人，因为只有最好的学生才能进入医学院，我们系一个实习岗位平均有100人申请。"他总结道："这就是困扰我几十年的问题：为什么这些聪明伶俐、胸怀大志的女性要忍受如此糟糕的待遇？回顾过去，我真的希望自己能'收买'我的继子亚瑟，他身高6.6英尺、体重300磅，还当过10年专业保镖。我想让他把这些懒惰的无赖叫到一旁，以便我和他们来场私人辩论。"

20世纪末期，女性的工作之门已经开启，但男女在家务劳动上的付出依然不对等，家务劳动仍主要由女性承担。除了做全职工作和不分昼夜地照顾孩子之外，女性还要承担其丈夫不会主动去做的海量家务劳动。我们只能惊叹，《玛莎·斯图尔特生活》杂志的订阅者竟然还有时间做手工蜡烛，或者等野花风干后将其压在书中做装饰。

住在纽约州奥尔巴尼市的伊丽莎白是一位女演员，同时也是妻子、两个孩子的母亲以及一家托儿所的合伙人。“除耗费体力的杂事之外，母亲这个角色还要制定各种计划，”伊丽莎白说道，“她必须追踪每件事情，比如为丈夫与孩子预约医生、开家长会。她从来都不会与父亲一起规划这些日程表，因为他总是没有主意，甚至在预约自己的医生这件事情上也是如此。确认实际情况的责任也落到了母亲肩上。这是一种不公平的负担，母亲们对此感到很愤怒。满怀怨恨的女人总是容易激动。我给其他母亲打电话预约出游时间，如果是父亲接电话，那么他会回答‘哦，好的’，但实际上他的妻子却另有安排。因此，我再打电话预约时就会直接要求女主人接电话，我没有时间玩猜谜游戏。”

技术与社会的不断发展冲击着我们所有人，本书中所写如波浪般涌来的影子工作可能是压倒人们的最后一根稻草。**影子工作可能由男人和女人平等承担，但就女人而言，尤其对工作的妻子和母亲来说，她们肩上承担了过多的家务劳动。**

DIY、外包与劳动经济学

现在，让我们来思考两个拒绝或最小化影子工作的极端例子。它们是截然相反的两种生活方式：一种将影子工作拒之门外，信奉自给自足的生存理念，另一种几乎将全部影子工作转交给他人。毫不奇怪，崇尚这两种生活方式的人处于社会阶层的两端。

第一种生活方式属于那些“远离电网”的人。换言之，这种生活方式不连接电力设施，不使用天然气和取暖油。通常情况下，这些舍弃电网的人是出于保护环境的目的，尽可能使其排碳量达到最低。他们往往是理想主义青年，试图让自己摆脱食品分销的大型商业系统与主流商业。这样一来，他们就能依靠极少的收入维持生活，并从亲近土地中获得满足感。在某种程度上，他们受到了梭罗《瓦尔登湖》(*Walden*) 一书的启发。

27 岁的斯蒂尔毕业于罕布什尔学院，住在马萨诸塞州阿默斯特市郊外的美丽乡村中。他与一对夫妇、一名单身男性和一名单身女性同住一间农舍。他们相互协作从事农耕，并在当地农贸市场销售他们的农产品。斯蒂尔还在一支成功的雷鬼乐队演奏贝斯。

他们的住处安装了太阳能电池板，其发电量足以满足最小限度的用电需求。斯蒂尔说：“你安装太阳能电池板，就不用接入电网。”他们的财产包括一大片林地，这片林地为他们烧木柴的高效火炉提供燃料，也为他们保暖性很好的家供暖。这五个人都会锯木头、劈木头和堆木头。他们饮用的水也是来自自己的水井。因此，这个小集体可以不使用任何重要的公用设施。不仅如此，他们还会自己种植大部分食物，并自己养鸡保证有蛋可吃。

斯蒂尔解释道：“我们尽可能成为生产者而不是消费者，我们很少从商店采购商品。当你自己生产时，生活品质会提高很多。我们也非常享受花费时间成为生产者的生活。与一般人相比，我们在心理、身体和精神上都更加满足。你不用花多少钱，就能得到大量锻炼，这对身体十分有益。另外，自己生产能源还不必担心停电，这是一种健康的生活方式。”

当然，他们也会做很多没有报酬的工作。但这些工作不属于影子工作，因为他们从事这些工作不是为某个组织服务。相反，他们正在接近 21 世纪自给自足型经济模式：花最少的钱，生产出满足自身基本生活需求的产品。

相比之下，富人阶层可以用钱解决影子工作的问题。在比弗利山庄（当地人称为 BH），那些追求社会地位的富豪有意避开影子工作。该山庄当地的亚文化是拒绝“自己动手做”（简称 DIY）；而什么都不做，我们可以称之为“DNY”。富有的美国人，尤其是比弗利山庄等地的暴发户将 DNY 哲学牢记于心。只要你能负担得起，这很容易实现。

我的朋友艾伦是一位年轻的律师，也是比弗利山庄本地人。几年前，我与他走在比弗利山庄漂亮的居民区街道上，欣赏着人行道与路缘石之间苍翠繁茂的草地。他指着路缘石的陡沿，冷淡地评论道：“这都是园丁设计的。”

将园艺等照顾家庭的活动委托给园丁、女佣、厨师，或将照顾孩子的责任委托给保姆，是躲避大量蜂拥而来影子工作的方法之一。雇用佣人颠倒了影子工作的方程：你不再承担别人曾经从事的工作，而是付款让别人做家务劳动，将无报酬活动转变为有报酬工作。

典型的比弗利山庄生活模式具有高度专业化的特点。你不必种植并培育花园，而是让园丁代劳。你不用自己做饭，而是在饭店吃或者叫外卖。当然，雇用一名私人厨师会更好。举办聚会时，你不需为你的宾客准备食物或倒饮料，请高端的酒席承办人负责这些就好，而你最好穿着性感。这些承办人还代表着炫耀性消费，他们仿佛是在为你做广告，夸耀你能支付高额的费用。实际上，聚会策划人会处理聚会的每个细节，包括花卉、音乐、请帖、娱乐和代客泊车。你只需出席聚会、迎客、签发支票即可。另外，除非这是一场商务聚会，否则可能还需要自己准备来宾名单。但是，这些聚会真的不全是商务性质的吗？同样，这也适用于每年为孩子准备生日聚会上的社交需要。

泳池工人打扫你的游泳池。女仆用吸尘器清除你家中的灰尘，并清洗室内设计师精心布置的装饰品。保姆照顾你的孩子。此外，你竭尽所能雇用马术教练、游泳教练、网球教练以及孩子的小提琴或钢琴教师。汽车推销员为你擦亮汽车。遛狗人带你的狗去散步。然而，最终这些职业化做法却产生了相反的效果：表面上，你让生活十分完美，但唯一的问题在于你不是在生活。

DNY 生活方式折射出特定的价值观。它的追随者不会发现做饭、整理床铺、修剪花园草坪、遛狗或照顾小孩与在饭店吃午餐、上瑜伽课、修改剧本或在罗迪欧大道购物一样值得花时间去做。这就像你可以选择观看《与卡戴珊姐妹同行》[①]，或者亲自参与到剧情当中去。已婚妈妈伊莱恩在房价昂贵的圣塔莫尼卡和贝尔艾尔地区从事房地产经纪人工作，她问道："如果我们能负担家政服务费，而且我们也确定能做到，为什么不这样做呢？我可以将花费在家务劳动上的时间用来卖房子，赚取比支付给家政服务人员高很多的酬劳。更加重要的是，与吸尘相比，工作能让我获得更多满足感。"

我们让"以此为生的人"代替自己做家务，其基本假设是使食物更可口，将花卉摆放得更漂亮，让孩子得到更好的指导。换言之，

①《与卡戴珊姐妹同行》，美国卡戴珊家族的真人秀节目，在美国拥有很高的收视率。

我们将这些工作外包出去，就意味着它们会以专业的标准完成。我们需要面对现实：你在遛狗方面只是业余水平，职业遛狗人会做得更好，实际情况真是这样吗？

在比弗利山庄或其他任何地方，少数人足够富裕以致他们能选择 DNY 的生活方式。这些人可以将影子工作转移出去。与伊莱恩的说法一样，他们将影子工作委托给自己的员工，让自己有时间完成他们所声称的更高使命。这些人的生活方式与“远离电网”的 DIY 先锋们正好相反。以经济实力为衡量标准，这两类人正好处于社会阶层的两端，因此他们的时间具有截然不同的价值。当然，二者都不得不处理影子工作，只是一类人自己承担了所有责任，另一类人将全部责任有偿委托给了他人。

劳动经济学家会不断地思考时间的分配，比如哈佛大学的理查德·弗里曼。本哲明·富兰克林在 1748 年《给一位年轻商人的忠告》这封信中提出“时间就是金钱”。他们可以根据这个忠告安排日常工作。富兰克林暗示任何人的时间都可以转化为金钱，而且事实也的确应该如此。

新古典经济学家认同富兰克林“时间等同于金钱”的观点，认为随着你收入的增加，你时间的价值也会相应提高。这就为 DNY 提供了理论依据。弗里曼解释说：“有钱人之所以会坐出租车去机场，是因为他们的时间非常宝贵，而其他时间价值较低的人却会乘地铁去机场。当航空公司询问谁愿意放弃这趟航班乘坐下一趟时，时间价值较低的人会举起手，愿意等候几个小时。”

弗里曼解释说，任何购买行为都可以从两个方面进行考虑：购买所需的金钱成本和完成交易所需的时间。购买过程中花费的时间是机会成本，因为你花费在A上的时间使你失去了从事B的机会。富有的消费者可以避免那些通常是由影子工作带来的机会成本。她可以付款给替她排队购买摇滚乐门票的人，因为与她所能把握的其他机会相比，这点费用微不足道。当然，在线售票不必排队。为增加财富，消灭影子工作的交易时间就显得更加重要了。如果你是一位亿万富翁，每天只是利息就能赚1万美元。面对一张售价为10美元或50美元的电影票时，你会作何选择？显然，对你而言，50美元并不重要，唯一重要的成本是你的时间。

弗里曼说："富人的时间是如此珍贵，以至于他们将许多低级工作外包出去。"他指出，"如果你本人非常受欢迎，那么最终你会开始认为'我的时间如此宝贵，我希望人们排队等我'"。所有人都等着见你，但你不会等任何人。例如，当同意接受加州大学洛杉矶分校颁发的奖章并发表领导力相关演讲时，美国前国务卿希拉里·克林顿不仅收费30万美元，还列了一张写满其他要求的清单。《波士顿环球报》报道称，"希拉里似乎总是很忙"，我们注意到"她要求'提前安排集体照相'，以免浪费时间等'其他人集合到一起'。加州大学洛杉矶分校被告知，'前第一夫人不喜欢站在那里等人'"。

社会学家托斯丹·凡勃伦在其1899年出版的杰作《有闲阶级论》（*The Theory of the Leisure Class*）中界定了炫耀性消费[①]，希拉里的这种做法就是在炫耀社会地位。在他所界定的炫耀性消费中，富人对其中一种炫耀财富与闲暇的方式了然于心，即仆人象征着地位。

1970年，瑞典经济学家斯戴芬·伯伦斯坦·林德出版了《受折磨

① 炫耀性消费是指富裕的上层阶级通过对物品的超出实用和生存所必需的浪费性、奢侈性和铺张浪费，向他人炫耀和展示自己的金钱财力和社会地位，以及这种地位所带来的荣耀、声望和名誉。

的有闲阶级》[①]（*The Harried Leisure Class*）一书。他在书中解释了家政服务如何促进消费增长："与石器时代人们的支付能力相比，如今一般人能付得起的私人服务费是一样的。而'收入寡头'[②]却很容易在消费上花费巨额资金，因为这样可以不做维护工作，只享受消费中令人愉悦的一面。如果房主不必洗涤、扫地、擦洗、抛光和守护，所有这些与居住相关的事都远离他们，那么豪宅和滑雪小屋会更有吸引力。终极奢华甚至会让人们摆脱自己购物的艰辛。

极具讽刺意味的是，摆脱影子工作的重担后，监管你的助理大军可能成为你的主要工作。为了避免陷入如此境地，你需要一位私人助理对他们进行监督。弗里曼说："最后一件事情是拥有一位私人助理，让他帮你做所有决策。你相信他。"而且，你最好信任他，否则监管助理就成了你的工作。

想象一下雇用这支助理大军每月累计的费用，再想想那么多仆人在家里进进出出给家庭造成的影响。家务劳动不是可选择的，必须有人做家务。否则，即使是单身人士的家庭生活也会分崩离析：只要忽略家务劳动，你就会很快陷入饥饿、无序和脏乱之中。尽管工作都是一样的，但家务劳动与职责所在的工作并不总是可以互换。

别被情感报酬欺骗了：揭秘宜家产品、3D 打印背后的无偿劳动

通常情况下，家务劳动适合 DIY，就跟从事影子工作一样。但

① 有闲阶级（the leisure class），经济学名词。指有资产，不需要拥有固定职业，生活休闲以社交娱乐为主的阶级。

②"收入寡头"指为数不多的高收入者。

在美国，DIY活动一般是指兴趣爱好。现在DIY涉及广泛的活动，也包括各种形式的影子工作。

很久以来，美国一直流行着“自己动手做”的生活理念。正如前文所述，在工业革命开始之前，家庭成员几乎自己做每件事情，在家里生产全部生存必需品。或许DIY已经融入个人主义与自给自足的美国价值观，回想一下爱默生最著名的随笔《自立》（*Self-Reliance*），或许你就会认同我的观点了。

在任何情况下，如果赋予公民自行定义结果的权利，那么他们通常会欢迎影子工作，以得到自己梦寐以求的东西。科学技术使从事影子工作的顾客可以在早期介入生产过程。个性化趋势将顾客变成设计师，这或许就是对千篇一律的产品的抗议。多年以来，顾客能够定制牛仔裤的剪裁方法和款式。现在，纽巴伦（New Balance）运动鞋的自助服务终端让顾客自己设计鞋子。2013年，富乐客（Foot Locker）提供一台交互式触摸屏自助服务终端，使顾客可以自由选择纽巴伦574运动鞋的颜色、鞋带、标识、面料和鞋跟等。该自助服务终端提供48万亿种设计元素的组合，足以确保任何一位顾客都能拥有一双独一无二的鞋子，除非人口数量激增。顾客设计的鞋子可能很丑，毕竟从事影子工作的他们并非真正的设计师。但这毫无疑问是你的鞋，没有人会穿上与你一模一样的鞋，即使很可能是因为他们不想穿。

社会变革时常与新的社会规范相伴相生，创造出不同的做事方式，并产生新形式的影子工作。

我读大学时，哈佛广场有一家独特的零售店，被人称之为“门店”或“家具配件店”。该店雇用姿态优雅的斯堪的纳维亚女店员，吸引了大批学生光顾。它的销售大厅非常舒适，并且布置得就像工作室一样。这里销售未组装的家具。你可以购买各种型号的木质桌面和各种长度的桌腿，然后回家将它们组装成餐桌、咖啡台或茶几。这家店出售了许多扇门，并因此得名。学生们将门板铺设在文件柜上，桌子便搭建成功了。门店给顾客提供了物美价廉、可灵活设计的家具，但也带来了一大堆影子工作。对大学城而言，这家店堪称完美。如今，门店仍在哈佛广场另一个地点营业，只可惜没有那些斯堪的纳维亚女店员了。

门店为顾客提供与宜家家居（简称宜家）一样的体验，现已成功在 43 个国家开设店铺。1943 年，17 岁的英格瓦·坎普拉德创办了宜家。宜家销售的产品干净而便宜，富有北欧风格，其大部分商品保持低价的秘诀是销售未组装家具。20 世纪 80 年代，宜家还强迫民主德国的政治犯和刑事犯劳动，以降低成本、控制价格。顾客将他们的宜家家具运回家，然后开始组装家具，而这种工作本来应该由领薪水的工人在家具制造厂完成。组装过程并不总是很简单；一起装配宜家家具的夫妇可能开始理解"'宜家'实际上就是瑞典语中的'争吵'"这个冷笑话了。

对多数人而言，这项影子工作从经济上和心理上来看都值得去做。2011 年，哈佛商学院的迈克尔·诺顿与丹尼尔·莫孔以及丹·艾瑞里共同发表了一篇名为《宜家效应：劳动带来爱》的文章，发布了一系列实验成果。他们研究的主题是待组装的家具，从宜家的小桶、日本手工折纸到成套乐高玩具搭建的物品。他们在文中写道："参与者看到自己业余创作的作品实用且能给人带来快乐，与专家创造的产品具有相似价值，并期望与他人分享自己的创意。"自己动手做不仅激发了顾客的自豪感和实现自我价值的欲望，还创造了一件可以用于宣传自身专业知识的展示品。宜家效应带来了满满的回报。

这种情感上的回报总能令 DIY 活动备受瞩目，至少对某些受众来说，事实就是这样。长久以来，《大众科学》和《大众机械》杂志一直在颂扬家庭手工制作的乐趣。在家酿制葡萄酒和啤酒正成为一种流行趋势。如今，《制作》杂志提供所有物品的 DIY 指南，其中包括制造机器人、制作遥控飞机和使用 3D 打印机等高新技术。很多 DIY 活动，比如建造机器人，只是为了收获愉悦感和自我满足感，因此这些都是兴趣爱好，而不是影子工作。另一方面，如果我们酿制啤酒是为了省钱，或将汽车换成电动车是为了降低燃油成本，我们就是在承担影子工作。《制作》杂志将每年节约 1.2 万～ 1.8 万美元的项目列入“极难完成”等级。一旦如愿以偿，2032 年你就将轻松实现收支平衡。

“创新运动”将家庭工作室带进电子时代。制作商生产的装置不仅能给草坪浇水，还能在草坪缺水时向你的智能手机发送信号。同样，制作一个能够自动给猫装满一盘水的闹钟，意义虽然不大，但创造者却会感到开心。或者，尝试在单轮脚踏车的辐条上装上发光二极管。这些活动应该归类为业余爱好，不是影子工作。

3D 打印技术正在为大量呈指数增长的影子工作打开方便之门。3D 打印机是一种消费者能负担得起的工业机器人，某些价格甚至低于 1 000 美元。这类打印机基于数字模型文件，通过“打印输出”这一设计，几乎可以制造任何形状的三维物体。类似 Thingiverse 的网站提供许多这样的设计。在计算机的控制下，3D 打印机通过逐层打印的方式制造物体，其材料通常是塑料，但高端 3D 打印机可以打印陶瓷，甚至钢材。一次制造一件物品，使得消费者可以定制产品。这非常有价值，比如现在某些牙医采用陶瓷 3D 打印技术打印出义齿。

3D 打印技术基本上使家庭生产成为可能，同时也带来了影子工作。假如你的通用冰箱门把手坏了，通常情况下，这意味着你要联系通用电气公司准备好备件，自己或请维修工进行更换。然而，一旦有了 3D 打印技术，你就可以从通用电气公司网站下载门把手设计图，然后打印出备件。与此类似，客户也可以打印出垂直百叶窗、洗碗机或炉子的备件。通用电气公司等家电制造商会鼎力支持这样的技术开发，因为这类技术最终会使它们免于在仓库存储大量备件。与存储实物零件正好相反，他们将以成本低很多的数字设计形式存储虚拟备件。然后，由承担影子工作的客户接管在 3D 打印机上制造实际零件的工作。

由于这项技术已经确定用于家电维护与维修，因此公司将做逆向工程①，设计更多消费者可自行维修的产品。工业设计师应该会乐于看到这一技术的发展，它使得设计成为零部件市场中出售的唯一产品，因此他们的佣金可能会显著提高。越复杂的设计或者材料，就越有可能吸引消费者光顾 3D 打印店。这些店拥有更先进的技术，可以打印更多的东西。就像复印或打印中心一样，因为过大或太复杂，不适用于家庭或小企业，因此 3D 打印中心会建立在社区。这一趋势正在变为现实。在 2014 年的节日季节②期间，Piecemaker 技术公司为玩具店等零售点推出 3D 打印机。客户可以从模板中选择打印出定制的珠宝、项链、戒指、塑料玩具或吉他，其价格通常为 5 ～ 15 美元。

目前，按照法律规定，产品在发布后，制造商有义务保留相关

---

① 逆向工程，又称逆向技术，是一种产品设计技术的再现过程，目的在于制作功能相近，但又不完全一样的产品。

② 节日季节是指每年 11 月底到元旦这一段时间。其间，美国人会经历感恩节、圣诞节和新年这 3 个重大的节日，因此得名。

备件数年。由于3D打印技术将生产备件的工作转移到消费者身上，因此一些公司可能会成功游说废除上述法律，使自身免于承担保留备件这一繁重的任务，而客户会接管该项工作。

尽管很多人认为，我们的家庭是独立的社会单元，但事实上，每个家庭都与周围社区乃至整个世界密切相连。因此，我们在家庭环境下从事的某些影子工作，反映出我们的公民责任和政治责任。比如，废物回收就体现出我们所承担的社会责任：既保护了我们周边的自然环境，又提高了社区生活质量。

50年前，美国人会扔掉一切不吃或不会再使用的东西。20世纪60年代的电视节目中曾流行一首曲子，其中“买软饮料①/用一次性罐”的歌词，对当时刚上市的铝制苏打饮料罐大加称赞。现在，玻璃、金属、塑料、纸张、纺织物和电子产品都成为可再生材料，而且大多数人都愿意承担起循环利用这些废品的影子工作，从堆积如山的垃圾中分拣出可再生的部分。

实际上，循环利用的思想早已有之：柏拉图就是最早的倡导者之一。在过去，人们很早就已经开始回收废铜等金属碎屑物，并在熔炼后重新投入使用。第二次世界大战（简称“二战”）更是将循环利用提升为夺取战争胜利的重大战略之一。当时，普通百姓为战争积极回收废铜，循环利用其他材料，以实现资源保护的目标。20世纪70年代，环境保护运动主张以循环利用来保护自然环境，并减少垃圾填埋带来的环境压力。飞涨的能源价格带来了新的需求：相比于从铝土矿炼制铝制品消耗的能源，再生铝制品消耗的能源仅为前者的5%，尽管其他再生材料节约的能源相对较少，但其意义同样不容忽视。

---

① 软饮料又称清凉饮料、无醇饮料，是指酒精含量低于0.5%的天然或人工配制的饮料。

资源循环利用已经发展成为一种产业。欧洲联盟（简称欧盟）号称在全球废品回收行业中占有 50% 左右的份额,6 万家公司涉足其中，就业人数达到 50 万，产值更是高达 240 亿欧元。资源循环利用不仅减少了人类对原材料和垃圾填埋场的需求，还降低了能源消耗，减少了因垃圾焚化造成的环境污染，缓解了垃圾填埋导致的地下水污染问题，减轻了塑料生产招致的温室效应。

不计其数的影子工作最终让社会从中受益。20 世纪 50 年代，人们还习惯于将所有垃圾不加区分地扔进垃圾桶。但现在，人们开始对可再生的纸张、玻璃和金属进行分拣并单独存放，并最终将它们装进回收车。20 世纪 50 年代，人们还不习惯于在扔掉垃圾前对它们进行清洗，因为那时垃圾场的清洁标准还很低。再生利用引发了一场“清洗垃圾运动”，因为有机物会造成再生循环流的污染。于是，人们开始通过影子工作漂洗准备扔掉的瓶子和罐子，有些细致的人甚至会使用香皂和水冲洗这些可再生物质。

很早以前，人们就开始在回收前对金属、玻璃、塑料和纸张与其他废物进行隔离投放，很多地方至今仍在沿用这种做法。但从 20 世纪 90 年代的加利福尼亚州开始，社区开始提供单流回收装置，允许使用者将所有可再生物质投入一个垃圾桶。随后，市政部门再将这些垃圾运送到材料回收站。在这里，人们通过机械和人工分离的方式将单一流分解为不同成分。2012 年,美国共建造了 248 座材料回收站。

我们再来看看饮料带来的影子工作。美国人每天都要消费海量的软饮料、啤酒、瓶装水、冰茶、果汁和运动饮料。很多饮料均采用了统一规格的容器,这些废弃的容器最终会堆积如山。在全部垃圾中，饮料容器占据的体积可能占 58%。

从1971年颁布的《俄勒冈州饮料瓶法案》开始，美国的50个州中有11个州先后立法，要求饮料行业及饮用者对其使用的容器负责。顾客每购买1个饮料瓶或饮料罐需预留5或10美分作为押金。实际上，在20世纪30年代之前，美国就已经盛行退还饮料瓶时可收回押金并重新灌装的做法，但此后，一次性钢罐逐渐取代了玻璃瓶。在英格兰，史威士饮料（Schweppes）早在1800年就开始实行饮料瓶押金制度。顾客可以在商店或指定地点退回饮料瓶或饮料罐并收回押金。因此，退还容器收回押金的顾客只是相当于租用容器，而未退还的人则相当于买下容器。类似法律还出现在加拿大、澳大利亚、新西兰、整个斯堪的纳维亚地区以及瑞士、德国、荷兰、克罗地亚、以色列及其他地区。

这种做法的逻辑很简单，即人们可能会扔垃圾，但不会扔钱。虽然饮料瓶法案不是变废为宝的“点金石”，但它确实可以把垃圾变成金钱。因此，空可乐瓶是金钱，而不是垃圾。这就是以处理空瓶子为内容的影子工作。我们单独存放这些空瓶子，并将它们重复利用。和我一样，周日有些人习惯将这些空瓶子扔到路边，以便有人捡走。随后，它们很快就会消失。

今天的饮料瓶法案有很多源头可以追溯：25年前的加利福尼亚州、30年前的纽约州和马萨诸塞州、35年前的密歇根州以及40多年前的俄勒冈州，但这些法律最早都可以追溯到加拿大不列颠哥伦比亚省，该省于1970年就颁布了饮料瓶回收法案。在美国，全部饮料容器的回收率约为33%，而在推行饮料容器回收法案的州，回收率则达到了70%。密歇根州在美国各州中的押金水平最高，每个饮料容器的平均押金为10美分；1990～2008年，该州饮料容器回收率为97%，同样也是各州中最高的。此外，在颁布回收法案的州，随意丢

人生百忌，最忌溺爱。

——刘墉

弃饮料容器的比例也减少了 30% ~ 64%，人们自然不会把现金扔出车窗。饮料瓶法案不仅意味着大量的影子工作，还意味着人们在追求更高的资源利用率以及更清洁的环境。

父母如何沦为免费的家庭教师与司机？

家务劳动仍有一席之地。有时，这些家务劳动会以生活的名义让你置身于每天的现实生活中。它们使你与你的家庭、房子和家具紧密相连，这些房子和家具毫无怨言地为你服务。它们是维系家庭关系的纽带，因为家务劳动这种影子工作可能是一种有形的爱。我母亲为我们做饭、洗衣服，并将衣服挂在晾衣绳上吹干，即使在冬天也是如此。她还会保持家里整洁有序。这些对我父亲、我的兄弟姐妹以及我来说，都具有十分重要的意义。母亲总是希望我们生活在既健康又快乐的环境中。家务劳动仍是最有意义的影子工作形式。如果换作领薪水的厨师、洗衣工、保姆或女佣做这些家务劳动，工作可能会做得很好，但他们是为薪水而做，不是出于对家庭的热爱，佣人的工作带给我们的是另一种不同的感受。

集工作、照顾孩子、做家务劳动和完成影子工作于一身的神秘“女超人”被奉若神明。20 世纪 70 年代，女权主义者呼吁女性走出家门，以从事全职工作。大多数人还是希望家人成为兼顾工作与家庭的“女超人”，或者说，至少有些人尝试这样做。但这种崇高理想被固执的时钟打败了，因为每天只有 24 个小时。**在不作出让步的情况下，即使小家庭中也很少有女性能够成功扮演妻子、母亲和事业家的角色。因此，我们不得不放弃很多东西。**

实际上，人们在许多事情上的确作出了让步。社会发生了很大变化。比如，为家人烹制的晚餐被快餐、餐馆的饭菜、微波炉煮的饭和外卖取代了。股票分析师塞莱斯特是两个孩子的妈妈，住在曼哈顿的她说道："我无法在晚上 6 点 30 分到家后再做晚餐，布拉德（塞莱斯特的丈夫）与我一样。我们在工作日会叫外卖，周末或许可以自己做饭吃。"保姆和托儿所接管了照顾小孩的任务。家庭清洁工会拿到家里的钥匙，每周预约进行打扫。睡眠不足的问题却接踵而至。

随着女性进入工作场所，她们在性别平等和职业满足感上获得了成功，但不可避免地减少了照顾家庭和孩子的时间。这为餐馆、保姆、托儿所和家政工人创造了更多的有偿工作。这一场景看起来可能像是中产阶级的 DNY 生活，尽管这些双职工家庭很难"什么都不做"。相反，他们超级忙碌，忙于完成工作、照顾孩子、联系彼此，以及承担没有外包出去的全部家务劳动。

诚然，很多人都表示，即使时间不够用，也总要留一些给孩子。芝加哥诉讼律师玛格特嫁给了一位知识产权律师，她说："安迪和我都从事着要求如此苛刻的工作，这让我感觉很多时候安德莉亚（他们 6 岁的女儿）被边缘化了。我确实希望有更多的时间陪她，但哪有时间？我们会尽最大努力补偿她。"

的确，对许多父母而言，陪伴孩子成长是生活中最有意义的一件事。很多人认为这是他们义不容辞的责任。比如，婴儿潮世代[①]的父母们回忆起他们的童年时，脑海中浮现的总是经常待在家里且没有事业心的母亲，或与父亲一起玩耍的情景。那时的父亲们远离笔记

① 婴儿潮世代是指出生于 1946 ~ 1964 年的一代美国人，这 18 年间美国共有超过 7 590 万名婴儿出生，约占美国目前总人口的三分之一。如今这群人正是人到中年的壮年族和美国社会的中坚力量。

本电脑、移动设备和短信，拥有真正的闲暇。如今，双职工家庭父母没有这种陪伴孩子的自由时间。自从“品质时间”[①]出现后，它便代替了“数量时间”。由于没有足够的时间陪伴孩子，父母们感到愧疚。这种愧疚感刺激了超级父母的中产阶级流行病，这是影子工作的另一个丰富源泉。

在2006年上映的电影《穿普拉达的女王》中，时尚女王米兰达·普锐斯利强行将纯粹的个人杂务交给其助理安德莉亚·萨克斯，并认为这合乎情理。专横的普锐斯利甚至让萨克斯替她的双胞胎女儿做科技小作品，以便孩子们将其带到学校去。

在电影中，普锐斯利将萨克斯的工作范围扩大到了十分夸张的地步。尽管这不是很真实，但它确实从一种社会学角度，反映了儿童抚养规则的变迁。以前，学龄儿童自己做作业。父母既不用替他们完成作业，也不需要提供“帮助”。作业是小学生与老师之间的事，改正作业中出现的错误是学习的组成部分。此外，学生们还需独自完成科学展作品等特殊项目。那些父母和其他“导师”合作完成的拼装工程，远远超出了孩子的创造能力，或许孩子们甚至都无法理解这些作品。相比之下，老师更愿意看到学生独立完成的作业。如果老师收到的是家长代替完成的作业，那他就无法对学生的学习情况作出正确的评价。《穿普拉达的女王》只是进一步夸大了这种行为：“帮助”孩子完成家庭作业的人甚至不是母亲，而是母亲的行政助理之一。

电影《穿普拉达的女王》中的极端例子，反映了现代父母替孩子做作业的潜规则。毫无疑问，这种现象早已有之，但从婴儿潮世代开始，在父母们的“纵容”下，这种现象愈演愈烈。某些学校甚至要

① 品质时间是指父亲、母亲或双亲保留下来专门用于讨论与家庭和小孩相关事务的时间。

求父母在孩子的作业上签字，以证明孩子完成了作业。住在奥尔巴尼的女演员伊丽莎白说 :“我认为，老师应该检查孩子的作业完成情况。我只是孩子的妈妈，他们为什么要让我来检查？”孩子如实向老师汇报作业完成情况，这有助于培养孩子的诚实品格。实际上，这是早期学校教育中非常重要的品德教育课程之一。家长负责检查孩子的作业完成情况，该做法破坏了这一强有力的人格塑造实践。

所有父母都希望自己的孩子能在竞争中脱颖而出，这可以理解。如果某位父亲知道他儿子班里其他同学的作业都得到了父母“帮助”，他就会认为这种做法合情合理，“每个人都这样做”。既然每个人都这样做，你为什么还要坚持让自己的孩子独立完成作业，使其处于不利地位？除非这个男孩的成绩足够优秀，不然就等同于剥夺了他获得高分和赢得成功的机会。在这个学业成绩有着非凡意义的世界上，学业成绩关系着孩子最后是否能考入大学和研究生院，或是否能从事中上等职业。这就是从小学开始，孩子们就要把握每种可能取得优势机会的原因，并且现在也需要。

实际上，父母替孩子完成家庭作业或设计科学作品，这种做法传递出一种信息，即父母不相信自己的孩子具有天赋。这样一来，作弊似乎理所当然，将其他人的劳动成果据为己有也被视作获得成功的捷径。也许，他们正准备让孩子从政。通常情况下，父母游离在灰色地带“帮助”孩子完成作业。他们可能会作为“家庭导师”，与孩子一起学习和理解教材，做着老师的工作 ：影子工作，简单而平凡。

与所有业余工作一样，人们教导孩子时会运用各种不同的技巧，从而导致问题复杂化。某些父母可能的确是有天赋的老师，或者其本身就是受过专业培训的教师，懂得如何辅导孩子学习。但其他父母也有可能是笨手笨脚的“讲师”，讲授的内容与老师传授的知识南辕北辙。实际上，这是在妨碍孩子的进步。这些父母要么存在知识和教育方法上的错误，要么在家庭作业上制造紧张气氛，让孩子无所适从。这种指导孩子学习的影子工作就有可能产生积极和消极的影响。

有趣的是，实践证明从家庭作业到家长教师联合会议，父母多方面参与孩子的学校教育，不仅无助于孩子提高学业成绩，甚至还可能阻碍孩子进步。针对20世纪80年代到21世纪前10年的众多研究，得克萨斯大学的凯斯·罗宾森与杜克大学的安吉尔·L.哈瑞斯这两位社会学家进行了深入的分析。2014年，他们共同出版了《坏掉的指南针：家长对儿童教育的参与》（*The Broken Compass: Parental Involvement With Children's Education*）一书。在书中，罗宾森和哈瑞斯将63种不同类型家长参与学校教育的方式进行了编码，并收集了所有年级的学生人口统计学数据和学业成绩。他们在《纽约时报》发表的文章中写道，“我们发现大部分父母参与学校教育的形式无助于孩子提高考试成绩或分数等级”。实际上，很多案例表明，与父母参与学校教育较多的孩子相比，父母参与较少的孩子反而能取得更好的学业成绩。当父母参与很重要时，更可能产生消极而不是积极的影响。罗宾森和哈瑞斯在文中进一步写道：“持续不断的作业辅导几乎从未提高孩子的成绩或分数等级。多数父母帮助孩子完成作业，但似乎起不到任何作用……令我们更加惊讶的是，通常情况下，如果父母定期辅导作业，那么孩子的成绩会更糟糕。”他们发现只有一种父母参与学校教育的方式似乎有所裨益，即父母不断与儿女沟通学校教育的价值。

两次社会变革促使父母不断提高参与学校教育的程度。第一，美国的公共教育质量不尽如人意，使得许多家庭试图通过家长参与来弥补学校教育的不足。这种趋势实现了家庭教育的逻辑结论，家长完全接管了学校教师和管理员的工作。许多在家接受教育的孩子也拒绝接受美国宪法要求的世俗公共教育，并选择在家学习他们偏爱的宗教知识。

第二，社会规范进化到了认可甚至鼓励父母参与孩子成长的阶段。诚然，父母过度参与学校教育主要出现在特权阶层。中上阶层的父母是典型的“直升机父母”[①]，不断盘旋在子女的上空，时刻监控孩子的一举一动。更为激进的是“雪犁父母”，决心在孩子前方犁出一条清晰的道路，现在他们与孩子并肩作战。新的发展趋势是寄宿学校的学生家长搬到城里预备学校附近居住，在其子女附近徘徊。我们听到越来越多人感慨说：“孩子进入三年级了。”康涅狄格州索尔兹伯里市的艾丽丝·哈尼·莫里斯是一位房地产经纪人，她对《纽约时报》说，“当他们闯过千军万马挤大学这座独木桥时，我必须在那给予全方位的支持”。但遗憾的是，社会底层数百万不幸的孩子在成长过程中，其父母没有参与到学校教育中来。由于缺少父母的陪伴或关怀，这些学龄儿童在年幼时就只能在教室里自学。

在其子女上学很久以前，超级父母就已经准备就绪。数百万家长开车送孩子上学，担任无报酬的校车司机，心甘情愿从事影子工作。对婴儿潮世代的美国人而言，这在他们的幼年时期几乎不可能出现。正如那个时代的一位朋友告诉我，“我认为，我父亲甚至不知道我在哪里上学”。接送孩子上学和放学可能意味着每周要做几个小时的影子工作，但这样做也有好处。奥尔巴尼的工业设计师埃里克说：“这让我们能够设置自己的日程表，开车送萨曼莎上学给了我额外的时间

①“直升机父母”是目前国际上流行的一个新词语，是指某些“望子成龙，望女成凤”的父母。

陪伴她，这非常珍贵。”

另一方面，这种形式的影子工作也带来了化石燃料灾难。每天早上，许多辆轿车、越野车和旅行车聚集在学校门前，而不仅仅是校车。自己开车送孩子上学的父母甚至反对设立高载量交通车道[①]。父母驾驶的“校车”中至少有两个人，但与真正的校车相比，私家车的载人数量确实很少。妈妈和爸爸司机们作为一个群体耗费的能源，可能抵消美国全部高载量交通车道节省的能源。他们不仅浪费了数百万加仑的汽油，而且在排长队等待孩子下车的过程中，其汽车发动机空转造成了严重的尾气污染。美国几个州和许多自治市立法反对发动机空转，以杜绝这种不良习惯，其中包括弗吉尼亚州、夏威夷州和佛蒙特州。当然，这些从事影子工作的父母并非故意增加二氧化碳排放量，并加速全球变暖进程。如果被问到，他们可能会非常支持减少化石燃料消费，但条件是不能让他们的孩子乘校车上学。

除家庭作业外，家长们还深度参与到教育过程中，不仅热衷于参加家长教师联合会会议，向教师咨询，还会主动给管理人员、教师、咨询顾问和教练打电话和发邮件。多伦多大学的鲁本·加斯坦比德·费尔南德斯教授出版了《精英中的精英：成为美国寄宿学校顶尖人物》(*The Best of the Best: Becoming Elite at an American Boarding School*)一书。他对《纽约时报》说：“更大的教育趋势是家长设法更多地参与孩子的教育。为确保孩子未来有可观的收入，家长为孩子的教育能否成功感到越来越焦虑。父母们高度寄希望于他们对孩子的关注，不相信学校能做到。”

家长既参加孩子的课外活动，也参加教学活动。放学后和周末，

① 一般来说，车里要有2或3名乘客才能使用高载量交通车道。

家长会掌控孩子的闲暇时间，为他们安排游戏，有时还会进行监督。至少，学习小提琴、钢琴或其他音乐课程可能是家长的选择，也可能是孩子的意愿，舞蹈课程、象棋俱乐部或有组织且有教练指导的运动项目也是如此。

盲目自大的父母一意孤行，甚至坚持过度参与到子女的大学教育。这些父母会给教授与导师打电话，咨询指导其成年子女的方法。哈佛大学田径运动前主任比尔·克利里回忆说："我问一位母亲她具备多少年大学体育运动队成员资格，因为如果她不能为哈佛效力，那么我无法理解自己为何要与其交谈。"下面的场景在大学里司空见惯：大学生每周几次，甚至一天几次给他们的父母打电话或发信息，讨论课程选择、与室友和朋友的关系或者课外活动。家长们会立即回复。但如果一个人已经成年，他就要学习自己做决策，并为自己的决策负责，我们不得不担心这样的父母影子工作是否会妨碍系主任、学监、教授和学业导师的工作。**实际上，家长对学生过分的帮助，或将其当作幼儿对待阻碍了子女的成长。**

亲子游戏，是在培养感情，还是破坏孩子的天赋？

成人的影子工作干扰了孩子的游戏。以前，孩子玩耍时没有大人监督，或许这令人难以置信。实际上，这恰恰是孩子最享受童年快乐的方式。孩子身边没有人约束，他们可以随心所欲地打棒球、打篮球或踢足球，也可以玩捉人游戏、捉迷藏、跳绳、跳房子或其他游戏。今天，孩子们的自发游戏已经让位于亲子游戏：在父母组织和控制的游戏中，对孩子的监督总是直接或间接存在着。

还是孩子时，每天放学后或是周末，我都会和邻居家的小朋友们一起玩耍。那时，由父母给孩子设计游戏的想法，无异于火星人出现在我们这个新泽西小镇。为什么有些父母会窥探我们玩游戏呢？坦率地说，小朋友们一起共度的自由时光，让他们摆脱了父母的约束，自由制定自己的游戏规则，无忧无虑、无拘无束地尽情游戏。

没有大人的监督，才是孩子真正“玩乐”的核心要素。玩耍意味着他们必须生活在儿童的世界里，而且是一个完全由孩子们自己创造的世界。让孩子自己制定游戏规则不仅会让他们感到自由，更能让他们施展才华。在几个小时的时间里，孩子们根本不必考虑大人们的安排。如今，大人的干涉已经摧毁了属于孩子的大部分世界。

沙地游戏是我孩童时难忘的记忆。今天，“沙地”这个词已经不再流行。根据以往的习惯说法，沙地指任何可供孩子聚集和玩耍的空场地，当然也包括他们自己开辟的场地。沙地游戏又称“挑人游戏”，确切地说，就是参加游戏的人现场组队。

我们的游戏很简单，既不需要罚球线、投球区或接球区，也不需要球门立柱。我们的场地皆是“自制”:“那块石头是你们的球门线，我们的球门线是这棵大树。”实际上，任何地方都有可能成为我们的“沙地”，常常是某位小朋友家的后院，不过也可能是城市中某一条僻静的马路或人行道。“二战”后，布鲁克林区的孩子们发明了街头棒球。比赛时，我们将一个粉红色的橡胶球投向房屋前面的楼梯，为了增加趣味性，还将一些棒球规则引入我们9局定胜负的游戏中。山迪·柯法斯是土生土长的布鲁克林人，也是美国职业棒球大联盟名人堂的成员，还是洛杉矶道奇队的传奇投手。不过，他的棒球生涯也开始于布鲁克林区人行道的街头棒球。

我们甚至还可以在没有竣工的学校足球场玩沙地游戏，那里的条件当然就好多了，毕竟有现成的球门柱和球场边线。然而，对沙地游戏来说，有形的东西并不重要，最重要的是它是孩子们自己创造的，当然，也可能是一些已经长大的大人设计的。游戏中没有任何组织，在参与者当中，也不存在谁权利更多的问题。游戏以某项运动的已知规则为出发点，在此基础上，我们可以即兴更改。比如，在街头橄榄球比赛中，一方的球触地后必须进行短暂休息，给防守方发动反击的机会；而街头篮球甚至采用了“只要不出血就不算犯规”的规则，听起来有点血腥，但这就是沙地游戏最吸引人的地方。

鹅卵石或大橡树就是球场的边线，这当然很不准确。与其他竞赛运动一样，这些沙地游戏自然也少不了分歧。这就得全靠我们自己解决了，因为没有身穿黑白间条衫的成年“斑马”[①]拿着哨子，在我们身边跑前跑后。这些孩子知道如何解决游戏中的冲突，最有可能采取的解决方案就是重赛：取消有争议的比赛，从头再来。通过重新再来，孩子可以掌握一些体育运动的基本原则，比如尊重每个人的意见、暂时搁置分歧和在比赛中永不言弃。但现在，从事影子工作的“裁判”却让孩子失去了这种学习机会。里克·沃尔夫长期主张开展体育教育，并在纽约市 WFAN 电台主持了一档广播节目。他认为：“今天的孩子已经没有了重新再来的想法，因为大人们总会告诉他们，什么是公平竞争，什么是犯规。重赛这样的事情早已不复存在。”

在街头橄榄球赛中，可能有两个男孩能力超群，因此，他们各自选择一方球队。但双方的实力仍然有可能相差悬殊，导致比赛仅仅进行了 15 分钟，一方就以 4 次触地得分遥遥领先。这时，双方会停

①“斑马”代指裁判。黑白间条衫是美式橄榄球裁判的标准上衣。

止比赛，重新组合，尽可能确保双方实力相当。这样的比赛不只关乎输赢，更多的是收获快乐。但是，在“流行华纳”（Pop Warner）足球联赛等由成年人组织的赛事中，显然不会出现这样的事情：占据上风的一方会穷追不舍，直至对方毫无还手之力；暂时不计成败的运动精神荡然无存，而这种精神似乎更宝贵。

如今，沙地运动正在被一些有组织的竞赛边缘化，比如少年棒球联合会的棒球赛、“流行华纳”足球联赛、青年橄榄球联赛以及其他青少年联盟的赛事。这些比赛采用正规的服装、赞助商、裁判、成年教练和比赛规则，赛制则分为季后赛、巡回赛以及全国锦标赛等。这些有组织的比赛完全效仿大学及职业体育，当然，也同样需要投入大量资金。但在我的童年时期，父母唯一的花费就是购买一支球棒、一双手套、一个棒球、一个足球和一个篮球。此外，我还有一套保龄球设备，因为我曾在一项有组织的联赛里打过几年球，不过，我在行车道上也玩过几年保龄球。我用起这些球来都非常合手，或许你不信，这些装备就是我成为顶级得分手的工具。与我小时候拥有的装备相比，今天一套冰球装备可能要贵上10倍。

成年人接管儿童体育也带来大量的影子工作。今天的父母要花上无数时间去组织和监督体育联赛，也要提醒孩子们读书，还要排队等着给他们拉赞助。青少年运动队很善于拉赞助，这也让他们多了一个日常活动项目。然而，对昔日沙地上的孩子来说，他们的脑海中从来就没有“赞助”这个词。当然，父母也要为此承担很多影子工作，比如他们有时不得不勉为其难地担任“教练”，亲自指导孩子掌握一项他们一知半解甚至是从未参与过的运动。有人会认为这没什么大不了，因为总要有人去做这些事。

但这就有问题了。在加拿大不列颠哥伦比亚省的温哥华，我曾看过一场由 10 岁左右的女孩子参加的冰球赛。这绝对是一场特殊的比赛，因为它让我感受到那些父母是多么的盲目无知：他们显然不是内行，但却丝毫不能妨碍他们在场边大喊大叫、说东道西。在比赛中，一个漂亮的小女孩在中场从对手脚下断球，然后带球直接向对方底线突破。遗憾的是，没有一位队友和她一起向前场推进；同时，对方已经后退，在球门前面的罚球线上组成人墙。然而，就在离我不远的地方，一位父亲大喊道："传球，传过去！"他迫不及待地让女孩进行一次标准的冰球传球，让球穿过人墙，传给其他队友，然后由后者直接完成射门。这样的想法没错，但有一个问题，即小姑娘附近根本就没有一位队友。在那个时候催促"传球"，无异于让她把球交还给对手。

此时，我只希望这些愚昧无知的成年人不要给孩子当教练，但是很遗憾，很多孩子的教练恰恰就是他们的父母。原因很简单，让父母教导青少年运动员，通常不是帮助他们提高运动技能的最佳办法，因为父母永远不会关心孩子在运动中收获的快乐，而快乐往往是孩子们参与运动游戏的追求的东西。作为指导者，父母可能还不够明智，而且往往技术也不到位。

除此之外，即使父母或教练能在比赛中提出好建议，站在边线外面的时候也应该注意说话方式。在训练中，教练可以无所顾忌地提出合理要求和进行有效指导。但是在比赛中，这些女孩却有权决定如何处理自己脚下的冰球。她们应该决定自己的行为，并从结果中吸取经验和教训，不管这个结果是好是坏。竞技选手在比赛中需要全神贯注。父母或教练从边线外发出的吼叫只会让孩子们分心，让他们不知所措，这实际上是在干扰他们。

没有成年人的指导并不会影响运动天赋的发展，这是一个很简单的事实。就像帮孩子写家庭作业一样，这更有可能影响孩子的学习过程。泰德·威廉姆斯是棒球历史上最伟大的击球手，他的成功完全来自孩童时代的无数次击球练习，以及青少年时代在圣迭戈球场的历练。在畅销传记《这孩子：威廉姆斯的不朽生活》（*The Kid: The Immortal Life of Ted Williams*）中，作者小本·布拉德利讲述了很多威廉姆斯童年的故事。一个小朋友曾回忆第一次看到威廉姆斯的情形："这个又高又壮的家伙可以把球打到一英里之外，其他孩子只能跟在球后面追……这就是他的生活。泰德从来没有对任何人认输，也没有人能让他认输。所有人都喜欢看他打球。"威廉姆斯的另一位小伙伴回忆起，他们的朋友罗德"喜欢传球给泰德，他每次都能把球打到围栏外面去，这时大家就会去追飞走的球。我们每天都要玩上几个小时"。还是个孩子的时候，或许威廉姆斯就已经进行了数以万计的击球练习。

对泰德·威廉姆斯这样的天才少年，再加上如此大运动量的练习，最后的结果完全是可以想象的。实际上，我们根本就没有必要猜测了：在美国职业棒球大联盟的历史上，只有 3 名击球手拿到了"30%/40%/500/60%"（击球率 / 上垒率 / 本垒打次数 / 长打率）的成绩，而威廉姆斯就是其中之一。另外 2 个人贝比·鲁斯和吉米·福克斯，同样也是美国职业棒球大联盟的传奇人物，他们在上垒率方面比威廉姆斯更出色，分别达到了 72% 和 75%。

与威廉姆斯的沙地游戏相比，如今的美国青少年棒球联赛击球手境况如何呢？在这种由赞助商资助的六回合比赛中，有成年教练站在场边指手划脚，有裁判在球场上来回穿梭，全副武装的小击球手们或许可以打出 3 或 4 个上垒球。当然，他们也会练习，甚至会使用击球网这样的高级设施。但是，如果让他们到沙地球场打上 1 或 2 个小时，这些小家伙或许可以打得更好。此外，当棒球向你呼啸而来时，假如教练还在帮你分析击球动作，叫喊着纠正姿势，那肯定会让你蒙头转向，这样的练习只会让你的学习更加艰难。相反，如果无数次看别人打球，然后你再练习，并反复从失败和成功中摸索经验，收获必定会大得多。这就是泰德·威廉姆斯的成功秘诀。

诚然，导师的作用是毋庸置疑的。一味地闭门造车，完全依靠自学，钢琴家或小提琴手很难演奏出动听的音乐。如果没有一位经验丰富的老师进行指导，要掌握古典钢琴演奏这样的技巧，几乎比登天还难。当今的伟大科学家很少能做到自学成才。在大多数体育运动中，教练在运动员的技能提高过程中发挥了极其重要的作用。但是在某种程度上，我们学到的所有东西归根究底都是自学而来的。在 1973 年出版的《烹饪的快乐》（*The Joy of Cooking*）一书中，我曾引用了歌德在《浮士德》(*Faust*)中说过的一句话："那些父辈们遗赠给你的财富，如果想拥有它们，你还是应该重新去争取。"

当成年人对比赛中的孩子大喊大叫时，他们这种向孩子灌输思想的活动就会转化为影子工作。比如，父母认为，运动技能可以帮助孩子进入大学、预科学校或是赢得体育奖学金。如此一来，体育就成了一种通往事业和财富成功的途径。金钱几乎改变了一切。如今，体育不再是一种娱乐方式，而是一种打造人生未来的工具。这就把游戏变成了一种影子工作。切记，在游戏中，我们只是为了游戏而游戏。而当游戏中出现了利益关系，我们所承受的压力也会随之增加。此时，父母就不可能不动声色地坐在观众席上欣赏孩子们玩"游戏"了。面对这场财富和前途的赌博，这些观众自然会变得异常脆弱。于是，他们开始不遗余力地将自己的思想灌输到孩子们的游戏中，尽管孩子们只是为了快乐而竞赛，根本就没有把游戏看作是争夺大学入门证的比赛。

2013 年，专栏作家萨拉·麦克唐纳德发表了一篇名为《足球场上的虐待》的文章，该文刊登在澳大利亚《每日生活》报纸上。她在文中写道：“这就是体育比赛的终结。我们看到越来越多的恶劣行径、辱骂、叫喊和犯规，而且全部来自父母。”她甚至描述了一场闹剧：在一场由 11 岁以下的小选手参加的橄榄球比赛中，一对父母对裁判横加指责、不断干扰；一位母亲惊恐地听到身旁观众让其子女来干掉她的孩子。麦克唐纳德指出，这种现象不只存在于澳大利亚，在印度，大部分父母（60%）也曾在孩子的体育比赛中口出恶言。

在美国，父母甚至涌上赛场，将裁判打得不省人事，在比赛中引发骚乱，以致不得不报警处理。在美国的青少年足球比赛中，粗暴的观众导致裁判不得不发出“观众不得在比赛中出声”的警告，所有在比赛中出声的人均被驱除出场。在美国青少年级别的网球赛中，父母们的言行举止更令人无法容忍。他们会肆无忌惮地辱骂孩子的对手和裁判，还会唆使孩子在边线球上要花招。20 世纪 80 年代末，我曾采访一名哈佛大学的女子壁球运动员。因为无法忍受来自其他球员的父母的侮辱，她放弃了打网球，转而学习打壁球。

南澳大利亚州弗林德斯大学的萨姆·艾利奥特进行的一项研究表明，“父母给孩子过多指令，让他们轻视对手；或者站在场外打嘴仗，由此表现出来的“恶劣父母综合征”不仅会让孩子丧失前进的动力，甚至会让他们远离体育。

在美国，密歇根州立大学青少年体育研究院等机构的研究显示，在组织性体育比赛的参与者中，每年都会有35%的人退出，其中一半人会在12岁前退出，70%～80%会在13～15岁彻底放弃这些体育运动。在问及退出原因时，孩子们的回答基本可归结为一句话：它不再有趣了。

大量儿童成为青少年体育比赛的参与者。在美国，每年参加组织性体育比赛的青少年人数高达3 000万～4 000万。从事青少年体育教练工作的人数为200万～400万，但其中约80%并未接受过正规培训。实际上，这些教练中的绝大多数（85%）是以影子工作形式为孩子提供指导的父亲。五分之四的青少年运动员参与了非学校组织的比赛，如青少年棒球联赛、天主教青年组织篮球赛以及我们即将讨论的各种旅行球队[①]。尽管学校组织的旅行球队数量在不断减少，但其总数则处于上升状态。

只要孩子表现出一点天资，有些父母就会像电影《窈窕淑女》中的亨利·希金斯那样，一门心思想把孩子培养成伟人。于是，这种愿望引发了各种各样的影子工作。最初，他们会亲自花费大量时间引导孩子；随后就是找最好的专业教练,即便开支巨大也在所不惜。比如，将孩子送到商业性儿童运动培训机构，包括著名的尼克·波力泰利尼网球训练营，该机构目前隶属于全球体育营销公司国际管理集团（简称IMG）。该集团提供的青少年体育培训计划还涉及棒球、篮球、足球、高尔夫球、长曲棍球、田径和越野跑等诸多领域。

如果孩子参加的是集体项目，那么这些未来超级明星的父母还要继续承担影子工作，打通组织性团队运动的内部关系。比如，他们

① 旅行球队是指需要经常外出参加比赛的球队。

会非常殷勤地给教练打电话，询问小诺阿为什么没能进入首发阵容，或者小洛瑞为什么没有入选 8 桨划艇队，又或者小哈南在长曲棍球队中能不能再多得到几次助攻。在私立学校或旅游球队中，父母甚至直接会给校方开出大额支票；很多人认为，收钱的学校有义务为他们推荐教练。即便是著名的南加州大学足球队的前主教练彼得·卡罗尔也会经常接到家长的电话，为他们的孩子说好话。

在进入中年级和高年级后，有天赋、有抱负的运动员除参加所在中学的球队之外，往往还要参加旅行球队。这种球队在不同地区有不同的称谓，比如俱乐部、精英队或超级队。尽管不乏例外，但中学球队和联盟往往还不足以检验年轻优秀运动员的实力。于是，他们会加入地区级的旅行球队，这些球队网罗了几所高中或初中的优秀选手，组建起一支精锐的青少年队伍，与其他地区的类似球队进行比赛。当然，父母要为这种特权以及专业指导支付不菲的费用，比如在尼克·波力泰利尼网球训练营或是学习足球定位球技术的科尔训练营，高昂的收费是不可避免的。

里克·沃尔夫列举了孩子们在旅行球队里的典型状态。父母可能会把小女孩留在足球队或篮球队里，或是让她在 5 或 6 岁时开始打网球。沃尔夫指出："父母从来没有问过孩子是否想学这些东西，这完全是父母对他们的期望。在某个特定时刻开始参加有组织的体育运动就是体育对当下孩子的全部含义，他们甚至还没有意识到，自己也可以玩沙地游戏。"不要忘记，沙地游戏才是孩子自愿选择去做的事情。

今天，美国的所有地区都拥有涉及各种项目的旅行球队，其中大部分都是在近 20 年里出现的。背后的原因很容易理解，沃尔夫对此解释道："有些父亲觉得自己的儿子或女儿非常有运动天赋，他们迫切希望能更快提升孩子的运动能力。于是，他们就找到其他一两个孩子的父亲，联合组建一支旅行球队，到全国各地组织比赛。"他们对外声称，这些比赛的目的是为了"选拔"，而其他父亲也信以为真，认为这些选拔赛与当地的娱乐节目一样，能让他们的孩子得到非常公正的待遇。当然，这样的事情根本就不可能存在，因为这个团队是在选拔之前组建的，组队者的孩子必然会得到某种关照，而且选拔目的不是为了娱乐，而是提高孩子的运动能力，让他们赢得更多胜利。选拔赛的参与者通常是七八岁的孩子，他们正处于人生最重要的转折期。沃尔夫认为："如果你不组织旅行球队，你孩子的运动生涯或许在这个年龄就结束了。"

这种球队当然要聘请专业教练，制定标准的训练计划，并与当地的其他旅行球队进行比赛。为了让孩子参加这些球队，父母往往要交纳数百乃至数千美元的费用，每天还要承担数小时的影子工作，其中包括开车接送孩子去训练营或赛场。这可能意味着，为了去看你女儿极少出场的足球比赛，你需要开 3 个小时的车，这也属于影子工作。

如果让孩子以这种方式参加体育运动，那么他们的自发性、创造性以及运动所固有的趣味性必然会大打折扣。在青少年棒球联赛中，一个小男孩天真地问教练："今天我能负责短打，而不是当外场手吗？那个看起来更有趣！"你能想象到会出现这样的场景吗？当然，教练会以各种各样的理由回绝他，比如，"来这里是为了比赛，我们必须赢球"。成年人似乎根本就没有愿望去尝试新事物，更不用说"兴趣"了。

目前，众多旅行球队的国家联盟也试图完全控制各项运动，以便让比赛脱离公立学校的势力范围。美国足球发展研究院下辖 79 支旅行球队，并在东部、中部和西部这 3 大赛区将这些球队细分为 7 个赛区。该机构目前由雪佛兰汽车公司提供赞助，考虑到父母在各赛场间长途奔波，选择汽车赞助商还算恰当。2012 年，该研究院宣布将整个赛季的比赛时间从 7 个月延长到 10 个月，从而为所辖球队的 3 000 个男孩提供更多的锻炼机会。由于新增的 3 个月恰好与秋季高中足球联赛重叠，因此，这意味着这些孩子都无法代表所在高中参加比赛。“这太令人不可思议了，”沃尔夫认为，“足球发展研究院就是想让这些高年级学生告诉教练，他们无法再为学校球队效力了。”无论对这些运动员还是学校而言，这都是一个重大损失，因为代表高中球队参赛肯定会给他们带来更多快乐，你的队友就是每天和你一起上学的同学，而对手或许就是一起长大的朋友。当然，这件事的始作俑者还是心甘情愿做影子工作的父亲，因为是他们将孩子送上了成长的快车道。

乔伊·耶尼就是一个典型的例子。在加盟明尼苏达州圣克劳德市一座小镇的校队之前，她曾先后生活在得克萨斯州、密歇根州和佛罗里达州。在 9 岁时，耶尼就加入了佛罗里达州的几支旅行球队。“这个小女孩可能是我见过的最有竞争意识的孩子”，她的教练彼得·斯蒂文斯在常青藤体育联盟的网站上这样写道。在明尼苏达州高中的最后两年里，耶尼的母亲苏珊承担了大量的影子工作，每天晚上都要驾车 3 个小时到 70 英里外的双子城，带耶尼到这里参加一支旅行球队的训练，训练时间有时甚至安排在晚上 11 点到凌晨 12 点半。耶尼只能在汽车里做家庭作业。

在完成全部训练课程时，耶尼得到了全班第一名，因而也收到了北卡罗来纳大学等诸多足球名校的录取通知书。但她还是回绝了这些提供全额奖学金的学校，选择了哈佛大学。在大学二年级时，耶尼便以 12 个进球成为常青藤联赛的最佳射手。2003 年，她毕业了；截至 2014 年，在哈佛大学的职业生涯记录簿上，她以 82 分的总成绩名列第五，26 次助攻排名助攻总数第五，并以 28 个进球名列进球数第六。毫无疑问，耶尼是一个既有天赋又很勤奋的选手，她为体育付出了一切。但如果没有默默为她承担影子工作的父母约翰·耶尼和苏珊·耶尼，她或许根本不可能取得这样的成就。

乔伊·耶尼给我们讲述了一个成功的故事。在做了几年管理咨询工作后，她又在斯坦福大学获得 MBA 学位，并嫁给了一名达特茅斯学院的硕士，后者也是耶尼在斯坦福大学的 MBA 校友。目前，他们定居在康涅狄格州。在享受家庭生活的同时，耶尼还在一家连锁酒店工作。此外，她还从事全球体育及娱乐的赞助工作。

但很少有人会像耶尼这般成功与幸运。在美国，高中踢足球的 21 万个女孩子中，只有 3.3%（7 000 人）有机会进入一类或二类大学。即便是在这些幸运儿中，能拿到全额奖学金的学生也不到一半。另一方面，每年在高中球队踢球的男孩约为 100 万人，其中只有 3.8%（4.1 万人）能进入一类或二类大学继续踢球。在美国，每 6 000 名踢球的选手中，只有一个人有机会成为美国职业足球联赛的注册球员，也就是说，其他 5 999 人全部是高中级别的球员。在职业篮球运动中，成为职业球员的概率更是只有万分之一。

实际上，无数梦想着让孩子拿到体育奖学金或成为职业运动员的父母，根本就没有意识到他们成功的机会是多么渺茫。在学校读书期间当过运动员的父母屈指可数。他们本应把大学体育当作一种训练课程，参加运动只是为了锻炼，而不是为了比赛。这种锻炼为他们保持体型、强身健体和增进校际间友谊提供一条现实可行的渠道。遗憾的是，对大多数家庭而言，在为孩子付出无数个小时的影子工作后，他们只能换来希望的破灭。更重要的是，他们的一厢情愿让孩子失去了享受美好童年的机会：不是为运动而拼搏，而是为快乐而运动。

首先，对影子工作的受益者来说，他们未必追求或是希望得到他们“理应”得到的回报。许多从很小就开始参与有组织体育项目的孩子，往往对这些运动不感兴趣。父母只是把他们的孩子强塞进运动队和体育联盟，或是把网球拍或高尔夫球棍塞到孩子手里。他们这样做完全是出于一厢情愿，只为了实现自己曾经有过却没有实现的理想。放弃这种影子工作，或许可以减轻父母的负担，让他们的生活不再沉重，也让孩子们可以实现最真实的梦想，即寻找快乐。

其次，每发起一项新的非营利性活动或成立一个非营利性组织，通常都会给影子工作开辟一片新的成长空间。年轻人自发组建的球队和联盟往往缺乏资金支持，必然需要父母和孩子承担大量影子工作，比如向当地企业拉赞助。我们可以称之为影子工作，但也可以叫做志愿工作，把它们视作个人对社会的捐赠行为。至于两者之间的区别，完全取决于我们到底把这些活动当作无聊时的琐事，还是对宝贵时间的占用。当然，两者说法都是合理的。

这里，社会压力也是需要考虑的因素。我们很容易设想，有些父母肯定会严肃对待这些事情，因为美国青少年棒球联赛的章程没有明确指出，这项工作是他们打发空闲时间的娱乐。因此，他们觉得这是自己必须做的事情。在这种情况下，影子工作的说法显然比志愿工作更可取。

第三，在影子工作中，游戏的世界完全被工作的心绪所占领。如果将进入大学或拿奖学金作为青少年棒球赛的目标，娱乐无疑就会变成任务。当我们把年轻的运动员推进工作模式，成年人的影子工作只会给孩子带来更多影子工作。

第四，随着影子工作者在这个泥潭里越陷越深，自然会殃及真正的专业性工作。比如，当父母在电话里恳求大学足球教练给孩子更多比赛时间时，实际上就是在向一名全职专业人士寻求特权，因为教练的工作内容之一便是保证所有孩子都能得到公平待遇。

第五，永远不要忽视影子工作带来的通勤。父母尤其是典型的“足球母亲”，往往把他们大部分时间耗费在接送孩子训练和比赛的路上。和通勤一样，这种影子工作绝对与趣味无关。

第3章

颠覆式创新

互联网时代下的工作变迁

互联网时代，万物互联。失业浪潮不仅出现在相对低级的岗位上，即使是律师、医生这些代表各自领域的权威专家也不免受到巨大冲击。专业知识的平民化令人们得以接触法律、医学知识。想想你身体不适时，是否第一时间根据网上知识诊断自身问题？

医生、律师的地位岌岌可危；而职业运动员、舞蹈家、音乐家和演员应该永远都不会失业，他们独有的价值似乎不可替代。

在记者的特权问题上，作家格兰·格林沃尔德的唯一问题是，有些人还没有意识到格林沃尔德也是一名记者。他说得没错，他也有资格得到像鲍勃·伍德沃德[1]①那样的荣誉。每个人都具备这种资格，尤其是在博客时代，要将专业记者与那些希望发表看法的人完全区分开来，根本就是不可能的。这是好事。

——迈克尔·金斯利，《纽约时报》

互联网、全球化与专业知识平民化

几十年来，“氪（kè）石”自行车车锁始终是自行车安全的黄金标准。这种 U 形车锁于 1971 年问世后，逐渐成为城市自行车爱好者的必备装置。氪石公司位于马萨诸塞州的坎顿市，这个名称源自广播剧《超人历险》(*Adventures of Superman*)：氪石是剧中虚构的物质，能克制超人刀枪不入的本领，因而成为超人的致命弱点。这

① 鲍勃·伍德沃德是美国《华盛顿邮报》的助理总编辑，从事新闻记者和编辑工作 30 多年。他是 8 本名列美国第一的非小说类畅销书的作者或合作者。

种车锁还有很多称呼，比如“纽约锁”，意思就是说，即便是纽约市技术最高超的自行车盗贼也难耐它何。氪石公司对自己的产品信心十足，愿意为所有被盗的上锁自行车提供高达 3 500 美元的赔款。自行车爱好者数十年的经历也证明，“氪石”车锁的确坚不可摧。

即使盗贼不甘放弃、势在必得，他们也必须耗费大量的时间和精力才能打开这种车锁。因此，他们或许会把目标转向更轻松的“猎物”。不过，这样的“猎物”也很难寻觅，因为“氪石”车锁基本垄断了高端自行车市场。

然而，这一切都在 2004 年 9 月改变了：25 岁的克里斯·布莱曼是旧金山一名计算机安全咨询师，他成功打开了一把“氪石”车锁，而且使用的工具竟然是一支“比克”塑料笔，而不是钥匙。布莱曼拧掉塑料笔没有笔尖一端的塞子，把笔尖插入车锁，然后沿顺时针方向转动塑料笔，车锁就这样被打开了，这令他本人也大惊失色。随后，他马上在自行车论坛网站发布了一则紧急通告。不久后，布鲁克林区的一名设计师本杰明·赖宁仅用 3 秒钟就打开了一把价值 90 美元的“氪石”车锁。“我自己都觉得难以置信”，他对《纽约时报》的记者说。他将开锁的过程录制成短片发布到网上，这段视频很快就吸引了 12.5 万次的点击量。与此同时，17 万名自行车爱好者在网站上阅读了布莱曼的帖子，旋即引起一场大规模的恐慌。

开锁事件在《时代》周刊及其他全国性媒体上引发了一场轩然大波。当然，这件事并没有影响到所有“氪石”车锁，因为这只是 2002 年制造的个别型号出现问题而已。但这一漏洞却让其他管柱锁的安全性遭到质疑，比如自动售货机、硬币操纵装置及其他安全设备。为保护顾客的自行车，并维护公司的声誉，2001 年加入工业巨头英格索兰[①]的氪石公司迅速作出回应。它立即实施了一项换锁计划，在美国 21 座城市为使用“氪石”车锁的顾客免费更换车锁。该公司承诺，将会在 10 个月内重新设计出一款使用寿命可达 9 年的新产品。10 年之后，“氪石”车锁依旧是自行车领域的黄金标准。

当然，我们最感兴趣的事情，并不是这 40 万名自行车爱好者为等待更换车锁所进行的数千个小时的影子工作，而是这些业余人士如何引发这场国际性骚动。他们只是普通的自行车骑行者，克里斯·布莱曼从事计算机安全工作，本杰明·赖宁则是一名设计师。他们不是专家，也不是记者，与广播电台或电视台更没有任何关系；他们不是自行车企业的老板或自行车杂志的专栏作家，甚至连修锁匠都不是。然而，偏偏就是这几个普通人不经意间做出了令人震惊的事，并成功将其中的危险公之于众。

这几个年轻人充分利用了互联网的传播效应及其广泛性和便捷性。如果克里斯·布莱曼是在 1994 年之前用塑料笔打开那把锁，当时互联网显然还没有达到 2004 年的普及程度，“氪石”车锁的故事或许还不会广为人知，盗车贼或许还能偷走成千上万辆自行车。

这件事为美国乃至全世界的企业带来了诸多启示。它暗示着，这些没有接受过专业培训的业余人士也能利用互联网的巨大影响力。对大多数专业性要求较高的工作而言，它们依赖于员工每天早晨带到办公室的知识和技能。但是现在，开放的信息环境促进了专业知识的分享，让从事影子工作的业余人士得以窥看曾经只属于专业人士的工作。其深层次原因就是专业技能的“平民化”，这种趋势已经深刻改变了工作的内涵。

① 英格索兰是一个全球性的多元化工业公司，创始于 1871 年。

网络通过上传和下载这两种方式促进了知识的普及。首先来看知识的下载，它本身就是网络的一种输出方式。谷歌、维基百科、优酷及其他数以百万计的免费网站彻底改变了人们获取信息的方式。今天，只要访问互联网，任何人都可以获取大量的免费知识：至少包括语言、图形、音频或视频等形式的知识。**网络撬开了储存人类知识的宝库，使任何人都可以了解以前仅限于某个特殊群体的事情。**

其次，我们再来看看上传，它表现为网络的输入。现在，我们轻而易举就能买到一个价格低廉的域名，或是在网上发布博文和视频，抑或是对新闻报道作出点评。当你在网上解密“氪石”车锁时，全世界的人都可以看到你发布的消息。作为文化领域的交通警察，报纸杂志和书籍的编辑、电视和电台的制片人，甚至是电影制作人，他们在以前还可以限制那些未获批准的人驶入信息高速公路，但现在却对擅闯者束手无策。如今，每个人都可以毫不受限制地驶上这条信息高速公路，自由发表观点、诗句、歌曲或视频。

诚然，不可能所有发表在网上的创作都有人欣赏。以歌曲为例，任何人都可以发表在线歌曲，并以下载收费的方式进行销售。2011年，800万首歌曲在网上至少实现了一次销售，“但人们没有意识到，在这些歌曲中，大约有三分之一只卖出过一次，”《大片效应》（*Blockbusters*）一书的作者、哈佛商学院的阿尼塔·埃尔伯斯教授表示，“大量的网络内容根本就没有市场需求。”除非发生了某些特别值得关注的事情，否则全球网民才不会排着队等候你制作的电影、自行出版的电子书或汽车音乐。

然而，专业守门人权力的丧失让互联网用户失去了安全屏障。如果你在阅读《纽约客》杂志或是观看哥伦比亚广播公司（CBS）的电视节目，那么它们的编辑和制作人就是过滤装置，帮助你区分精华和糟粕。但是在 YouTube 或博客网（Blogger.com）等完全开放的空间里，你就必须自己分清良莠。当你在网络这个大干草堆里寻找值得关注的“银针”时，就是在为互联网这个大粮仓做影子工作。

这种知识的“民主化”也不能规避其他民主形式的优点和弊端。现在，我们每个人都可以接触专业知识。互联网的开放性推倒了专家和普通人之间的隔离墙。尽管普通公民可以侵入原来受到限制的领域，例如医学领域和律师行业，但业余人士的表现往往不及专业人士。普通人拥有越来越多的选择，也开辟了更多从事影子工作的生存空间。

专家的价值一直是被低估的。评判他们的黄金标准就是各行各业的专有知识，这些专家既包括医生、律师、注册会计师和工程师，也包括管道工、电气技师和木匠。我们让这些专业人士处理他们领域里的问题。我们需要专家，因为他们在专业领域很少出错。如果没有结构工程师，普通人就不可能架起横跨大河的吊桥；律师也需要技艺娴熟的管道工和电气技师，为他们的新房子安装管道和电线；人们需要手术，就必须依靠通过职业认证的外科医生。

传统意义上，社会的专业分工表现为金字塔形态。在覆盖面最大的底层，是大量缺乏技能的人。随着在金字塔结构中的位置不断上移，每层的人数逐渐减少，但人们在该结构中所处的位置越高，拥有的知识和能力就越多。在全球顶级专家所处的最顶层，是极少数能力超群的天才，其中包括篮球之神迈克尔·乔丹、投资大师沃伦·巴菲特和国际电影巨星梅丽尔·斯特里普等。当然，每个领域都有自己的金字塔。在诗歌界的金字塔上，沃伦·巴菲特的位置会在哪里？你还是别问了，因为你一定会失望至极。让迈克尔·乔丹给我们演奏一首歌曲如何？他的表现或许会让你无法忍受，而且可以肯定的是，乔丹不太擅长打棒球。更不用想象让梅丽尔·斯特里普打四分卫的场面了。

不过，信息经济中的平民主义现象却让这种传统金字塔的结构不断扁平化。互联网已经将专业金字塔转变为一张平板，而且越来越像一潭平静的湖水。这个“湖面”正在日益扩大，最终将用知识之水哺育天下大众。

不妨以律师为例。在普通人眼中，律师始终是接受过训练的专业人士。当然，律师内部也有细分，如民事律师、税务律师、知识产权律师、刑事律师等。律师通常拥有法律学士学位，并在律师协会注册登记，还要持有所在州颁发的执业资格证。他们必须将自己的执业资格证和营业执照悬挂在公司的墙上。

如今，承担影子工作的顾客也会以在线方式从事法律研究，以节省大笔的律师费。每个人都可以成为监狱在押犯人的律师，而无需亲自去监狱。此外，我们只需登录网站，就可以下载各种通用表格：租赁协议、遗嘱以及有关缓刑、破产、离婚、承包、成立新公司、不动产交易、商标或专利权的各种法律文书。我们可以在线填写并提交表格，需要做的可能只是咨询一下律师，以确保表格填写的准确性。埃里克是麻省理工学院的毕业生，他和两位朋友在波士顿郊区创建了一家科技企业，他说：“我们想成立一家正式公司，因此我打算向律师咨询。律师每小时收费 400 美元，这可能需要花费几千美元。于是，我们在网上下载了法律文书，周末的时候研究了一下文件，然后就解决了这件事，一共才花了 49 美元，还有一点向州政府支付的申请手续费。”

互联网还提高了专业技术工作的透明度，这是突破性的进展，因为很多专业性较强的工作就是依赖不透明性来盈利。顾客对专家做的事一无所知，于是，不管专家做了什么，他们都会掏钱。从管道工到脑外科医生，这些人嘴里说些晦涩难懂的专业术语，无非就是为了让顾客觉得花这笔钱是值得的。律师和医生的嘴里总是离不开“无罪申诉”或“尺神经病变”之类的拉丁文术语，这绝不仅仅是为了提高同行沟通的准确性，也是为了将顾客和患者排斥到专业范围之外，让他们感觉这些工作神秘莫测。作为影子工作者，破解这些术语的顾客揭开了幕后真相，让使用这些术语的专业人士不再神秘。

尽管难以量化，但影子工作或许正在减少人们对律师的需求。美国西北法学院的一项研究显示，自 2008 年以来，1.5 万个律师事务所及大公司的法律相关岗位消失了。2013 年，报考该校法学院的学生数量降至 3 年以来的最低点，仅有 5.4 万人，与 2004 年的 10 万名申请人相比，几乎减少了一半。导致这种状况的原因多种多样：在经济衰退的背景下，大客户因律所收费太高而不愿聘请专业律师；学生贷款数额的增加，加大了法学院毕业生的生活负担；其他行业雇主提供的薪酬待遇更有吸引力，比如高新技术产业。法律市场的萎缩清楚表明，如今的律师必须要和昔日的客户进行竞争。

智能化技术谋杀了后勤岗位?

专业知识的“平民化”还意味着，那些身处金字塔顶端的精英，也要不可避免地承担一些以前只属于普通人的工作。工作中的层级结构呈现出明显的扁平化趋势。不可否认，这种趋势必然会带来工作中的平等主义，因为每个人都要承担一部分平淡的日常工作。女性只能从事为男性老板端茶倒水这种低薪的工作，这已经是很久以前的事情了。

在《广告狂人》电视剧中，我们或许还能追忆一下昔日商界中的后勤人员或秘书。“后勤人员”这个词已经让我们感到很陌生了，打字员、速记员或洗手间清洁员这些职位甚至会给我们带来一种怀旧感。今天，专门复印文件、盖章或邮寄信件的人已经很少了，真正的速记员或打字员更是少之又少。这样一来，高管们不得不亲自处理这些单调且乏味的工作，而他们 6 位数的薪水却没有增加。

智能电话接替了很多行政助理的工作，而且几乎可以做以前由秘书承担的所有事情：随时更新日程安排，处理打入和拨出的电话，整理和维护合同，收发电子邮件以及搜索信息。因此，“后勤人员”就在我们的手中。至于行政助理的消失，自然更是顺理成章的事情了！对于这种现象带来的后果，可以用波士顿高级管理人、社会活动家菲利斯·巴拉加斯的话进行阐释：“我们享受的‘便捷’似乎没有减少。以前，我们习惯于在办公桌上摆放一台应答机，遇到事情时才呼叫秘书。但是现在，电话始终都在我们手边。”

在杂志出版行业，在校大学生或年轻人会以实习生名义承担邮寄免费出版物的工作，他们通常只能拿到最低的酬劳。每出版一期杂志，这些实习生就要将规定数量的杂志放进包裹，封装起来，写上邮寄地址，称重，计算邮费，粘贴邮票，最后寄出去。最近几年，这种常规性工作已经被取消了。在很多出版社，邮寄免费刊物成了编辑的工作内容，并成为一项新的影子工作。

这种后勤工作的消失不只限于出版行业。比如，福雷斯特研究公司是一家国际技术咨询公司，拥有 1 300 名技工，但只有 5 名行政助理。另一家咨询公司 SelecTel 通讯也提到：“为保持盈利，电讯传输企业减少了后勤人员，并将售后服务的成本转移给顾客，从而达到削减成本的目的。”这意味着，当需要商家提供服务时，顾客必须等待更长时间，无形中增加了自身的时间成本。通过这些方式，顾客完成的影子工作则弥补了后勤人员的减少。

很多行业都体现出这样的发展趋势。在医疗健康领域，截至2014年，已经有近70%的医院和诊所使用了电子医疗档案，尽管建立这种档案非常耗时。医学博士阿斯佛·谢里夫在医药业务网的一篇报道中称：“通常情况下，医生的收费标准是每分钟4美元，或者说每小时240美元。你会每小时花240美元让人打字，把你的诊断情况写进电子医疗档案吗？你愿意高薪聘请员工，然后让他们只做打字和录入这样的工作吗？你绝不会愿意，但这就是正在发生的事情。”现在，有些医生会雇用专业的“医疗抄写员”负责将注意事项、检验结果及其他数据录入电子医疗档案。谢里夫在俄亥俄州托莱多市创办了为医生配备抄写员的公司。他认为这种需求真实存在，因为医生每天的抄写和录入工作几乎可以占用两个小时，而且这两个小时显然属于影子工作。谢里夫表示，只要有了抄写员，“我就有更多的休息时间”。

尽管“医疗抄写员”增加了后勤岗位，但却解决了当下办公室中一个标志性问题，即利用新信息技术将影子工作独立出来。总体而言，白领阶层正在经历一场“工作蔓延”，大多数人需要承担更多新工作，而且不可能把它们交给助理，这一点不同于医生。这种蔓延已不仅局限于办公室的工作了。年轻的查克就职于戴顿市的一家连锁快餐店，他说：“我要在厨房里做准备工作，切菜、给咖啡壶加水、备好卷饼和调料。后来，老板解雇了看门人。你猜，谁接替了他？”

后勤人员的消失现象也出现在家庭中。菲利普·斯雷特在《追逐孤独》(*The Pursuit of Loneliness*)一书中写道 :“远郊之梦本身就有一点嘲讽之意，对很多美国人来说，他们最大的愿望就是在城市郊区拥有一套住房，但是要实现它，就意味着他们不得不承担起所有家务劳动，包括收拾垃圾桶、除草和扫雪等。然而，在实现这个愿望之前，他们反而可以雇人做这些事情。”

网络带来了很多办公室内的影子工作。我们不妨再回头看看杂志出版行业。在互联网出现之前，杂志社每个月都要印刷一期杂志，每年需要邮寄 12 期刊物。纸质杂志的固定页数限制了文章和广告的版面。相比之下，网站则不存在这种限制，或者说，至少在理论上，文章、图片和广告的数量是不受限制的。

如今，几乎所有杂志社在发行纸质版杂志的同时，还会建立一个可容纳无限信息流的开放式网站。这些网站发展迅猛，不仅囊括了越来越多的通告，也逐渐纳入更多最新编辑的突发新闻、音频剪辑和附加图片、原创视频以及它们所代表的大量不可见的元数据，如页面标题、文章简介、关键字列表、说明文字和参考资料的相关网址链接等。创作这些页面新内容的工作已成为纸媒编辑的影子工作，这意味着，杂志社根本就不需要聘用新员工去负责网站的日常性工作。这种现象在网站上随处可见。影子工作在网络中无处不在。

影子工作之所以能悄无声息地渗透到我们的日常工作中，是因为它太过自然，以至于我们很难察觉。比如，不久以前，由人事部记录员工的休假日和病假日还是一种标准做法。今天，技术正将这些工作转移到每位员工身上，他们需要将自己的相关数据录入“缺勤管理软件”。来自罗德岛克兰斯顿的软件开发员亨利指出 :“我不明白自己为什么要负责将缺勤数据录入这个系统。坦率地说，编写程序代码已经占据我的全部工作时间。我为什么要做人力资源部门的工作呢？”

此外，岗位职责也会因“情感劳动”而增加。1983年，加州大学伯克利分校社会学家阿里·霍契查尔德出版了《管理之心》（*The Managed Heart*）一书，首次提出“情感劳动”的含义：让员工刻意营造一种情感状态，将顾客和同事置于积极的情绪中。霍契查尔德在书中写道，你的工作必须能“诱导或压制情感”，从而在他人身上产生预期的效果。Pret-A-Manger是一家位于伦敦的快餐连锁店。蒂莫西·诺阿在2013年发表于《新共和》杂志上的一篇报道中指出，这家公司已经把情感劳动变成管理中的一个要素。连锁店制定了一套“Pret行为规范”,包括“善待他人”、“创造快乐感”和“注重仪容仪表”等内容。要想成为“真正成功的Pret员工”,就必须遵守这些行为规范。

诺阿指出，为更好地落实这些行为规范，该公司采取了“有点像‘斯塔西’①的做法”。每周，总公司都会派出一名“便衣”，这位神秘的购物者会造访所有Pret连锁店。如果收银员热情洋溢，而且盛情款待这位客人，那么当时在场的所有工作人员都能得到一份奖励；只要有一个人对这位顾客招待不周，其他人就都没有奖励。这种做法将“同事变成考察员工热情度的警察，并进一步限制了员工自行其是的空间”，诺阿在文中写道。

1983年，霍契查尔德曾作出估计，三分之一的工作均大量涉及情感劳动。2013年，她又将这一比例提高到50%。这种影子工作不只局限于快餐业，而是几乎遍及所有服务业，从美甲、医疗、干洗到汽车租赁，概莫能外。这可能给职场女性带来了福音，因为女性更善

① “斯塔西”又称“史塔西”，全称为“德意志民主共和国国家安全部”，被认为是当时世界上最有效率的情报和秘密警察机构之一。

于取悦他人。此外，这或许也有助于解释男性为什么难以在服务业中占据上风。

削减后勤人员绝不会消除这些不可或缺的工作，它只是将这些工作转移到其他人身上。新增的工作内容永远不会出现在职位描述中,更不可能成为加薪的理由。影子工作只是公司强加给员工的责任，不需要得到接收人的同意，而且有时他们甚至根本就没有意识到。

这里似乎看不到影子工作的无偿性，因为在承担这些额外工作时，我们确实得到了经济上的补偿。但是，如果你的工资没有增加，工作负担却不断加重，那么这些额外工作在本质上还是没有得到补偿——这就是工作中现实存在的影子工作。丹是北卡罗来纳州夏洛特市一家保险公司的索赔核算员，她说："特里曾是我们的同事，结婚之后搬到了亚特兰大。她离职后，公司不想雇用新人接替她的工作。于是，我们剩下的几个核算员不得不分摊她留下的工作。但新增的工作却不能给我们带来额外报酬，因此，这让我们每天工作的时间变长了，每小时的收入却减少了。"

大卫·班克斯是纽约州特洛伊市伦斯勒理工学院的在读博士。2013年，他在社交网站thesocietypages上发布了一篇博文，讲述了研究生学习中的影子工作。他指出，由于对研究生的定义很模糊，这就为影子工作留下了大量生存空间。班克斯列举了17项他希望掌握的技能，包括公共关系写作、文章排版、音响工程、录像技术、网页设计、机构采购、大型活动食宿安排、会议规划及管理等。他认为，要想毕业后拥有足够的就业竞争力，就必须掌握这些技能。他在文中写道：

> 首先，一个非常简单的事实是，所有这些非正式学习都

> 需要占用大量的时间。在阅读米歇尔·福柯[①]的文章，或是观察萌发孔[②]在陪替氏培养皿中开花的空闲时间里，研究生还可以学点WordPress软件或玛雅文化。或许，他们还可以在校内计算机实验室待上一个小时……学习完整的Adobe制作软件。一旦熟练掌握了InDesign或Logic程序，你就得考虑清楚，是否要让部门负责人知道你学会了这些技能，因为那样的话，只要是需要制作海报、录像或撰写正规商务报告，你可能就是那个承担这些工作的最佳人选。炫耀你的新技能可以在部门内部树立威信，但是要成为一个裁员后还能找准自己位置的研究生，就完全不是一回事了。“你下周能给大家订餐吗？太好了！办公室合并以前，这些都是芭芭拉负责的。”

秘书这种职位依然存在。但是，现在只有高级别的管理者才会配备专职秘书，帮他们每天打理日常性工作。接受“真人”提供的秘书服务已逐渐成为社会精英的一种标志。实际上，不管是高级餐厅的特色服务，还是客服电话形式的语音服务，这些由真人提供的服务都属于21世纪的奢侈品。

如果工作内容还算有趣，那么有些组织还可以得到影子工作者的帮助。公民科学[③]的迅速发展就是一个典型事例。“星系动物园”项目是由美国约翰·霍普金斯大学、英国朴茨茅斯大学和英国牛津大学的天文学家联合主办的一次普查活动，该项目旨在征集业余天文爱好

① 米歇尔·福柯，法国哲学家、社会思想家和“思想系统的历史学家”。

② 萌发孔是指花粉外壁上的薄壁区域所形成的开口。

③ 公民科学是一种科研组织模式，是指大量没有受过专业训练的业余天文爱好者，通过网络组织的号召，去参与科研活动。

者的信息，并对他们通过天文望远镜观察到的星系按形状进行分类。在发起后的第一年里，超过 15 万人向该项目提供了 5 000 多万条分类信息，相当于每小时 6 万条。大卫·贝克尔是华盛顿大学的生物化学家，开发了一款名为“FoldIt”的在线游戏，希望吸引更多普通参与者自愿提供蛋白质折叠和分子伴侣的理论模型；这些影子工作者已解决了一些曾让超级计算机一筹莫展的难题。凯瑟琳·薛在《哈佛杂志》发表的论文中提到，在 2008 年启动的“大向日葵项目”中，普通农业工人将自己的日常工作记录发布到网上，以分享蜜蜂和黄蜂等传粉昆虫的数据信息。康奈尔鸟类实验室也建立了一个名为“eBird”的网络平台，号召业余鸟类观察者帮助鸟类学家跟踪全球的鸟类种群及其迁徙特征。于是，数千名影子工作者拿起望远镜走进田野和丛林，成为了鸟类学家的忠实助手。

19 世纪，纺织厂往往会雇用一家老小，父母和孩子同在一家工厂干活。在 1900 年前后，废除童工逐渐成为社会共识。1916 年，美国国会第一次通过禁止雇用童工的联邦法律，不过，最高法院在 2 年之后才开始执行该法律。直到 1938 年，富兰克林·罗斯福总统才签署《公平劳动标准法》，正式禁止企业（除农业企业以外）雇用 12 岁以下的儿童，并对雇用 12 ～ 18 岁未成年人的行为加以限制。

无偿劳动的实习生数量飙升

农业企业可以雇用移民中的儿童参与收割，如合法入境到美国从事短期劳务的墨西哥移民。除此之外，童工问题还有一个特殊领域，即实习生。儿童参加实习的情况确实很少见，但还是有些早熟的孩子。

不过，很多高中生、在校大学生和青年人在年纪不大时就会开始探索未来的职业，其中有些人甚至只有15岁。通常情况下，这些年轻的实习生不拿薪水，因此，他们还不是法律意义上的员工，因而不适用就业法。此外，由于他们的工作具有志愿性质，也不适用于废除奴隶制和强制劳役等无偿劳动的《美国宪法第十三条修正案》。其结果就是，一大批年轻人数月甚至是数年从事着影子工作，试图以一种无偿的方式进入就业市场。**庞大的实习生群体已形成一种巨大、普遍且制度化的影子工作形式。**

2011年，罗斯·珀林出版了《实习一族：如何在“美好”的新经济环境下找一份既不挣钱又学不到东西的工作》（*Intern Nation：How to Earn Nothing and Learn Little in the Brave New Economy*）一书，对美国实习现象的普及提出了尖锐批评。当下，很多大学生将实习经历看作是走向白领职业的必经之路：他们不再将实习定位于夏令营协调员、饭店服务生或收发室办事员等岗位上，在他们看来，这些工作与理想毫不相干。但实际上，收发室仍是很多实习生的现实选择。来自费城一所初中的教师伊莎贝尔说：“到餐厅找一份工作的确不错，但你需要的显然不是这些。”她曾在暑假里做过饭店服务生，但次年暑假就在华盛顿特区给得克萨斯州的一名女议员担任助理。她认为，只有从事助理这样的工作，“才能显示出你处理此类工作的能力”。如果说实习确实是通往某种职业的必经之路，那么，当前体系就是在将这种不平等待遇制度化和永久化，因为低收入者不可能用一两年，哪怕只是一个暑期去从事没有报酬的工作。

伊莎贝尔说：“在商业领域，雇主更有可能向实习生支付劳动报酬。在大学毕业之前，你可以利用暑假到公司实习，并争取在毕业后成为正式员工。但如果你未能在暑假结束后拿到正式的工作邀请，那么这绝对是一种糟糕的经历。”

根据珀林的研究，在目前四年制大学制度下，在校生总数为 950 万人，其中的绝大多数人（可能多达 75%）都曾在毕业前至少有过一次实习经历。大学及学院通常会与雇主合作，共同推动实习制度的兴旺，而且很多学校会将实习经历作为取得学位的要求。在荷兰的吕伐登市，一所学校要求学生在学习期间进行一次社会实践。于是，2011 年，2 名年纪为 14 岁和 15 岁的女学生决定在实习期间到红灯区做妓女。尽管她们从未到街头拉客，但确实和一名 35 岁的皮条客发生了性关系，该皮条客随后被逮捕。在总结此事时，这 2 名女孩都认为她们的决定是“愚蠢”的。

即便到了 1980 年，实习现象还是很少见，但自此之后，这种现象便一发不可收拾。每年，美国都会有多达 100 万人从事实习工作；在全球范围内，这个数字肯定多达数百万。准确数字很难统计，因为实习工作始终游离于正式工作与志愿工作之间，缺乏相应的法律定义。尽管雇主经常会对最低工资及加班报酬等规定视而不见，但这些违法行为却很少受到处罚，而且实习生本身显然也没有投诉的意向。

佛罗里达州奥兰多迪士尼乐园或许是世界上最大的实习基地，这里有多达 7 000 ～ 8 000 名大学生在实习，他们拿着最低工资，从事着卑微的工作。其中的大多数人会实习 4 ～ 5 个月。珀林指出：“这些实习生必须接受极为苛刻的工作规范。他们没有病假，没有休息时间，没有投诉制度，也没有正式员工应有的保障，更没有保护自身在工作中免遭羞辱和不公正待遇的较高职务。每天连续工作 12 个小时的情况很常见，而且很多人从早晨 6 点一直工作到次日凌晨。”

对雇主来说，雇用实习生有着显而易见的好处，因为后者是免费劳动力，或者说，至少是非常廉价的劳动力。雇主们可以招募一大批身体强健、精力旺盛，而且对薪酬或福利要求甚少的年轻影子工作者。始于2008年的全球经济衰退，又进一步强化了涌现实习工作的趋势。**于是，管理者以实习生取代全职雇员，在最大程度上优化企业成本管理的同时，加重了某些地区的失业危机。此外，以无偿的实习生取代有偿员工的做法，大大削减了企业的运营成本。**

就其实质而言，实习生或许只是雇主规避劳动法的旁门左道。雇主可以宣称，通过实习，实习生可以掌握对未来就业有帮助的知识与技能，而且优秀的实习生甚至可以一跃成为正式员工。但很不幸，这只是一厢情愿，现实很少会沿着这个方向发展下去。珀林在《实习一族》一书中这样写道："实习生们很快就会发现，与学习和未来就业相关的专门培训和指导正在消失，甚至几乎不复存在。"伊莎贝尔指出："大多数人最终只能依靠自己去摸索窍门，有心机的实习生或许还可以偷着学点本事。有些实习生每天都在端咖啡或接电话；有些干脆自己制作咖啡。大量实习生只是在地铁里浪费时间[①]。我本想写写国会议员在上议院说了些什么，但我没有机会了解这些。不过，有一点很清楚，从来就没有人直接指导我做过什么。"

更糟糕的是，实习可能会让年轻人丧失锐气，削弱他们对自身市场价值的信心。"一旦被告知，你的工作分文不值，你肯定不会再对自己的劳动感到自豪，也就不会再竭尽全力去工作，"珀林在书中写道，"当然，雇主或许能与实习生达成双赢的默契：你替大家煮咖啡，将来我给你写一封漂亮的推荐信。"

---

① 在华盛顿，人们可以乘坐地铁到达国会大厦和参议院办公大楼等主要政府机构。

未来 5 年里，在全球最领先的 15 个国家中，机器人和人工智能等新技术的使用会导致工作职位数量减少 510 万个。

——世界经济论坛

人工智能与人类智慧，谁将成为最后赢家？

在某种程度上，互联网正将人类的集体记忆外部化。换言之，在我们所知道的范围内，一切可以被称为“物种”的东西都可以记录在服务器上。记忆的存在形式表现为信息的轨迹，其载体是芯片或神经元。传统意义上的专家，就是比其他人更善于利用储存在他们大脑中的海量信息。如今，这种信息可以储存在硬盘或云盘上。

这种信息处理模式正在扩展开来，并贯穿于整个经济领域，从家庭维修，到旅游和会计，再到高等教育，概莫能外。今天，人类运用于项目上的技能组合，不再取决于他们所记忆的信息，也不再依赖于某种事实或纯信息。进入 21 世纪，我们需要大脑去做计算机和互联网不能胜任的事情。毕竟，人类更善于发现隐藏在现象背后的逻辑和规律。当代专家的核心能力在于识别表象背后的规律。因此，我们才可以说，人工智能永远都不可能与人类智能相提并论。

数字技术并不是特别擅长解决类比问题，也就是说，感受事物之间相似性的能力较差。比如，很多人曾试图让计算机创造诗歌，结果却无一例外地令人大跌眼镜。其中的原因多种多样，比如诗歌需要押韵，而计算机显然做不到这一点；但最关键的因素，则是计算机还不具备使用比喻性语言的能力。对芯片来说，进行“比较”实在太难了。让计算机写一首诗，无异于让一套家庭音响创作一首歌曲。

此外，要识别规模或模式，还需要长时间的记忆储备。传奇播音员丹尼尔·绍尔逝世于 2010 年，他曾在美国国家公共广播电台担任了 20 多年的资深新闻分析师。在加入该电台时，绍尔已年近 70 岁。他的经历表明，要想清晰地阐明时事，就必须以长时间的实践积淀为基础。在一次现场直播中，绍尔讨论的一条新闻涉及美国国会准备治理电视上的性泛滥及暴力节目问题。他是这样开始阐述的："我可以为他们节省很多时间。"紧接着，他指出，国会从 20 世纪 50 年代起就一直在讨论这些问题，但收效甚微。多次失败已经形成规律，这说明了一个事实，立法机构根本就没有能力对电视内容实施监管。因此，这种尝试本身就是在浪费时间，现在，他们只会再一次浪费时间。

对一名年轻记者来说，显然不可能像绍尔那样，将当前的时事与历史中的某个事件联系起来。计算机也做不到这一点，即便是最好的网络引擎也不例外：不管你选择自认为多么精确的关键字，最后的结果都只是无数毫无价值的网页。问题的关键在于，计算机只能依据数据的表面意义进行搜索，还不懂得隐喻的内涵。你可以搜索关键词，但无法搜索规律和模式。虽然你可以用若干标识，甚至是四字短语描述一种模式，然后勇敢地在"谷歌高级搜索"上进行探索，但你永远都不可能揭示出隐藏在关键词背后的那种只可意会不可言传的"关系"。相比计算机，丹尼尔·绍尔的类比能力就出色得多了。人类可以发现深藏在实践经验中的逻辑结构，这种结构显然是数据集所无法体现的：在这个问题面前，即便是所谓的"大数据"也只能一筹莫展。

从现在起，人类智能将依赖互联网的数据堡垒。机器和人分别拥有一种特长，它们相互补充：前者擅长数据的记录和恢复，后者善于揭示这些数据背后的意义，或者说规律。这种意义可以从一种设计模板、一种罕见病毒的感染病例、一个专利权侵权案的裁定或一部新开业餐厅的纪录片中获取。

未来，人们会发现，在数字游戏领域与计算机比赛，人类获胜的概率将变得越来越小。计算机控制力量的巨大膨胀，必将危及所有完全依赖信息指令的职业，即便是受过高等教育和培训的专业人员也不例外。

以药剂师为例，他们大多拥有学士学位，并接受过多年的专业培训。如今，医药和医疗健康行业规模庞大，发展迅猛，而且利润丰厚。因此，药剂师的未来似乎很有保障。但如果让一个小摊贩控制了大量医用吗啡，我们该如何阻止他到药店去推销这些处方毒品呢？对此，我们根本无能为力。

以伯克希尔健康系统公司为例，这是一家综合性医疗及健康保健机构，位于马萨诸塞州的匹兹菲尔德市。该公司对 3 500 名员工试行了一种医疗保健制度。2010 年，它创建的员工医疗中心正式开业，其中 70% 的药方都是对员工及其家属开出的。员工医疗中心发现，二、三班员工的工作时间与注册药剂师的工作时间是错开的，因此，它需要以更便捷、更有效的方式为员工提供医疗服务。为此，员工医疗中心安装了一台名为“处方中心”的自动售药机，用于接收药剂师在当天工作时间内为二、三班员工开具的处方，这就解决了双方工作时间上的冲突。伯克希尔健康系统公司指出，这种售药方式不仅节约了就医费用，也增加了共付医疗费形成收入[①]，更提高了雇员的满意度。尽管“处方中心”并没有给雇员带来影子工作，但它的确有助于药剂师的职能实现自动化。随着技术的进步，这种功能给未来的影子工作创造了条件。

① 共付医疗费形成收入是指开支超过扣除款项，由病人支付给保险公司的部分费用，形成保险公司的收入。

信息时代，哪些工作永远不会失业？

此外，影子工作者还可以通过分享专长来实现共同目标。以高等教育为例：大学教授显然属于受过高等教育并拥有特殊能力的员工。但他们已经开始将一部分工作转嫁到未接受过专业培训的学生身上，使后者成为影子工作者。

埃里克·梅热是哈佛大学的物理学教授，他率先提出以学生相互教学为内容的同伴教学法。按照这种教学方法，梅热向全班同学提出一个物理学问题，并要求学生们独立解答。随后，他再提出若干可能的答案。学生们使用无线鼠标或智能电话，从中选择自己认为正确的答案。之后，针对全班 30% ~ 70% 的学生找出了正确答案的问题，梅热再设法从中找出“有争议”的知识点。此时，他不会宣布正确答案，而是让回答正确的学生与回答不正确的学生两两配对，即如果选择了答案 D，你就去找选择了答案 A 或 C 的同学商量。随后，每对学生围绕各自得出答案的过程进行讨论。

自然，那些回答正确的学生几乎总能说服对手，梅热对此解释道，“在对方已经拥有正确答案时，几乎不可能说服他们接受错误答案”。他进一步指出：“更重要的是，与教授相比，同学教给他们的东西往往更容易被接受，这就是同伴教学法的核心。如果你是一名学生，而且你刚刚学会某项知识，你就一定知道其他同学的困惑在哪里，因为就在不久之前，你还在为这件事感到困惑。在 17 岁时，梅热教授也曾为此感到疑惑，但现在的他已经忘记那时有多么艰难了。他已经无法去理解起步者会面对怎样的困难了。”

梅热认为，这种互相学习的教学方法会让学生们受益，因为“在任何一门课程中，成绩最好的‘学生’就是老师”。这种教学方法的本质就是“让学生主动学习”。它重视学生在课堂上的表现：主动提出自己的观点，不只是被动地接受信息。因此，梅热不是在课堂上演说，向学生灌输信息，而是安排学生在课前阅读他的教学笔记。在课堂上，他给学生提出物理难题，让他们向同学寻求帮助。这种方法的教学效果得到了反复验证：按理论考试分数衡量，学生消化和吸收的知识增加了两倍；对知识的记忆得到了强化；引导学生扩大了知识面，鼓励他们选择科学、技术、工程及数学等专业。主动学习法与同伴教学法在各层次的教育中得到了广泛运用，甚至幼儿园也不例外。显然，这些学生是在通过影子工作进行学习。

此外，专业知识的普及也提出了一个问题：在信息技术的支持下，普通人到底不能从事哪些工作？令人称奇的是，在信息时代，那些需要具体技能的工作往往最保险。无论掌握了多少在线数据，你都不可能成为一名高水平的理发师或外科医生。这些工作技能只能来自于大量的重复实践，仅仅掌握信息和理论远远不够。如果想修复撕裂的旋转肌，你就必须经历数百次手术。

在快餐店和休闲餐厅的厨房里，自动化可以减少人类技能，甚至让员工丧失存在的意义。但是在精品餐厅里，大厨的角色或许永远只能由人来担任。他们凭借长期的训练和摸索，深谙各种食材和烹饪技术。职业运动员、舞蹈家、音乐家和演员应该永远都不会失业，他们独有的价值似乎不可替代。

如果没有景观建筑师，就没有人去建造支撑墙、移除树木和挖掘水塘，但景观设计师或许会发现，从事影子工作的客户完全可以凭借“实时景观设计”等软件包完成他们的工作。同样，要建设公司网站，企业家可以利用 Squarespace 软件，而无需一定要求助于网页设计师。毕竟，初创企业还不一定需要只有专业人士才能制作出的精美网站。即使没有会计师或是财务策划师，纳税人也可以利用特波税务软件(TurboTax) 编制纳税申报表。

那些可以由软件模板取代专业人员职能的工作，往往最容易受到冲击。在这些职业中，一个完善的模板至少可以从整体上满足工作的基本要求，并能让人做出相应的决策。这种职业需要的专长可以归纳为某种算法，利用这种算法，我们就可以设计出替代这种专长的软件。当然，由此获得的产品或许不及出自专业人士之手的产物，但至少可以满足大多数顾客的需求，而且成本也低得多。此时，对这些从事影子工作的顾客来说，他们只是根据自身需求订制产品模板，并利用这个模板满足自身需求，比如花园种植或建立新网站。

实际上,这些模板就是“破坏性创新”的示例,这个词语源自《创新者的窘境》(*The Innovator's Dilemma*) 一书，该书是哈佛商学院克雷顿·克里斯滕森教授在 1992 年出版的里程碑式著作。当一家新公司推出的产品比市场同类产品价格更低、生产步骤更简单或上市速度更快时，所谓的“破坏性创新”就出现了。例如，与底特律三大汽车厂商[①]的产品相比，丰田公司和本田公司推出的丰田花冠汽车和本田思域汽车价格更低、尺寸更小且无附加装饰物，这无疑是对底特律三大汽车厂商的破坏性打击。尽管来自日本的进口汽车不及来自底特律的车型——没有那么气派，也没有那么安全、舒适，更缺少美国车型的诸多特征，但它们对低端市场的很多驾驶者来说已经足够好了，而且价格更低廉，更易于操作。同样，一名收费 1 万美元的景观设计师

① 底特律三大汽车厂商指通用汽车公司、福特汽车公司和克莱斯勒汽车公司。

或许可以设计出优秀的园林产品，相比之下，一款 79.95 美元“实时景观”软件包设计的产品或许没有那么好，但已经能满足很多家庭的需要了，毕竟其成本只是景观设计师雇用费中的一小部分。

这种破坏性力量普遍存在，而且正在超越所谓权威的控制。在线填写的法律表格、家用怀孕测试纸和特波税务软件等例子都表明，技术创新或许会让专家的价值大打折扣。互联网为普通大众开启了一个巨大的工具箱，今天的人们正在学习使用这些工具。尽管这些工具不会让从事影子工作的业余人士拥有超越专家的能力，但它们带来的结果足以取代专家。

医疗信息化掀起医生去神化运动

几年前，我参加了一次由罗德岛艾玛·亚佛基金会赞助的身心类药物研讨会。会议的主题发言人是医学博士迪帕克·考普拉，他从心理神经免疫学的角度，介绍了一些针对医学院学生开展的吗啡研究。这些研究显示，心理状态或许可以从根本上让学生对考试期间的感冒病毒免疫。流行病学数据显示，考试结束后，他们马上就会受到更多感冒病毒的侵扰。显然，学生们都知道，在考试结束之前生病会给自身带来不堪设想的后果，因此，他们“决定”不生病。本次会议的最后议题是研讨，考普拉和其他几位医生都参加了讨论，其中一位医生对上述结论提出了质疑：“考普拉，请不要忘记，针对医学院学生进行的这次研究不具有可重复性，也就是说，还没有在人类身上得到普遍性验证。”

这位略带诙谐的医生道出了每位医生都懂的道理：“医学院学生

的需要与‘正常人’的需求并不完全相同。实际上，除军人这个特殊群体外，没有职业比医生更需要专业性培训，这些培训包括大学医学课程学习、医学院练习、在校实习、上岗实习以及贯穿职业生涯的所有训练。与医生相比，几乎没有哪种职业需要更多专业知识，或者说，即使有的话，也屈指可数。但影子工作正在威胁医学工作者的地位。**与其他众多专业领域一样，医疗健康领域的专业金字塔正在崩塌。**今天，无论是疾病治疗还是卫生保健方面，人们都承担着很多以前仅限于医务人员从事的工作。”

55 岁的安德森曾被诊断出患有重病，即非转移性结肠癌 2 期。随后，他和一名肿瘤学家进行了长谈。这位医生向他介绍了 3 种主要治疗方案，包括需要进行的手术、化疗和辐射治疗以及相应的风险、成功几率、副作用和治疗费用等。一种化疗药品杀死恶性癌细胞的效果较好，但却有可能给患者带来神经性疾病以及导致脚步知觉的永久性丧失。此外，这位医生还告诉安德森，这种药品的使用步骤极为复杂，甚至还要考虑政治因素，如实验性药品是否获得了美国食品药物管理局的批准。在做了事无巨细的介绍后，医生向安德森提出了一个简单的问题：“你想采取哪一种治疗方案？”

这位肿瘤专家提出了一个合理而且十分常见的问题。他将选择治疗方案的权力交给患者。如果是几十年以前，这位外科医生或许只需告诉安德森：我对你的癌症会采取怎样的治疗方法。如今，医生和患者则需要分担责任。医生的问题还是让安德森困惑不已，他想：“你是在问我吗？你难道不是专家吗？我觉得你应该考虑各种因素，然后告诉我一种最佳治疗方案。”

实际上，肿瘤医生将进行影子工作的责任转嫁给了安德森。这位医生可以补充一下，“是的，我的确具备这方面的专业知识，但只有你自己才知道，哪种方案最适合你和你的生活”。今天，医生仍需要相应的学术资格、协会认证以及从事医疗或进行手术的法定权力。但现在，很多患者会选择主动参与自己的医疗健康事务。此外，他们还可以上网搜索，甚至去查阅深奥的医学论文。因此，在某个具体问题上，他们掌握的知识甚至比自己的医生多。

一旦中年企业高管在年富力强时被诊断患有癌症，他们就会开始全身心地研究自己的病情，并在一夜之间成为“专家”。这种极富戏剧性的故事几乎已经司空见惯。如果不是自己身患重病，这些从事影子工作的患者就不可能成为专家。当生命和健康受到威胁时，没有人会在乎花费多少时间。只有在这些患者身上，人们才能分清大手术和小手术的区别：小手术就是别人的手术，自己的手术都是大手术。

以前，医生的身上始终披着无所不能和人间天使的花环。当然，总统和职业运动员也是一样。公众始终不会想着富兰克林·罗斯福是残疾人，或者约翰·肯尼迪曾调戏过女性，抑或米基·曼泰尔因与媒体约定保持缄默而酗酒。在那个时代，新闻记者给公众营造了一种氛围，让药品带着治病救人的光环。但是到了今天，医学作家看到的却只有医生的缺点和失败以及医疗行业一些丑恶现象的肆意蔓延。民众也越来越多地将目光聚焦到一些负面信息上，比如药品的趋利性、制药行业横征暴敛式定价、制药企业无所不在的广告和游说以及政治势力在医药领域扮演的角色，这些信息无疑削弱了医生的权威。在“质疑权威”的声音日渐高涨的时代，患者或许还尊敬医生，但已不再将他们奉为神灵。

这种社会趋势逐渐让医生回归凡尘，在某种程度上，也减轻了他们必须无所不能、完美无瑕的压力。医疗行业的“去神化运动”让患者和医生回到平等的位置上，但也为医疗领域的影子工作搭建了舞台：患者开始享有或担负起原来医生的权力、责任和工作。我的一位医生朋友在办公室墙壁上贴了一张漫画，画中一位患者告诉他的医生：“我已经在互联网上对我的病情做了诊断。我来这里只是为了验证一下，听听你怎么说。”

毫无疑问，无论在数量还是质量上，公众面对的健康和医疗信息量都出现了巨大飞跃，尽管有些信息可能还不够准确，甚至相互矛盾，杂乱无章。皮尤研究中心的报告指出，三分之一的美国人已经习惯于在网上给自己或别人作出病情诊断。此外，2013 年，72% 的互联网用户曾搜索过医疗健康信息。

作为全球第六大网站,维基网站提供了大量的医疗信息。实际上，在发表于 2014 年《大西洋月刊》上的一篇论文中，朱莉·贝克引用了艾美仕医疗健康信息研究院报告中的一种观点：无论是对于患者还是医生，医疗健康信息都是最热门的话题。50% 的内科医生曾在维基网站上查询信息，尤其是针对具体疾病的信息。

肺结核、肺炎、多发性动脉硬化、流行性传染病以及糖尿病，是 2013 年互联网用户最关注的话题。我们可以在维基网站上找到不计其数的医疗信息，这些信息越来越冗长，也越来越全面。例如，一篇介绍冠状动脉性心脏病的文章有 6 000 字之多，引用了数十份参考文献，内容涉及疾病的表象和症状、危险因素、临床诊断、预防措施、治疗方案、发病规律及研究成果。每天，在维基网站上，大批普通编辑都在新增或整改医疗信息。艾美仕医疗健康信息研究院对维基网站输入次数最多的 5 个关键词(糖尿病、多发性动脉硬化、风湿性关节炎、乳腺癌及前列腺癌）进行了研究，发现它们一直在变动：编辑平均每月会对相关页面进行 16 ～ 46 次修改。这很正常，因为新的研究会不断修正以前的结论，所有科学知识也都是不断更新的。

但问题的关键是，医生和从事影子工作的患者都在依赖一种不可靠的信息来源。2014 年，来自北卡罗来纳州坎贝尔大学的作者、医学博士罗伯特·哈斯蒂及其同事在《美国整骨期刊》发表了一篇文章，对维基网站上输入次数排名前 10 位的疾病进行了研究。他们发现，在这 10 个维基百科词条中，有 9 个与其他学者撰写的医学文献存在统计上的显著差异。有些时候，这也反映出维基网站编辑在专业知识上的欠缺，他们给用户传达了错误信息。

与此同时，即便是经过同行审查，而且得到一致认可的结论，也不是神圣不可侵犯的。或许有些偏差本身就是对传统医学理论的背离。毕竟，所有专业性共识是可以，而且也是经常被推翻的。比如，几十年来，医学界普遍认为，压力和辛辣食物会导致消化道溃疡，并主张将放松休息和食用温性食物作为治疗手段。但 20 世纪 80 年代初，澳大利亚科学家巴里·马歇尔和罗宾·沃伦却在发表的论文中指出，幽门螺杆菌可能是存在于胃中的一种感染源，而且 90% 的胃溃疡可能都是由幽门螺杆菌造成的。因为这一发现，他们获得了 2005 年诺贝尔医学奖。对此，一些制药公司，如当时生产销量最大的中和胃酸药物“泰胃美”的公司，与一直主张对胃病患者进行手术治疗的肠胃病学家，以及对压力性胃溃疡患者提供心理治疗的心理学家，无不强烈反对上述细菌致病假说。但大量研究显示，在给患者服用治疗幽门螺杆菌的抗生素后，其胃溃疡症状会马上缓解。即便如此，直到 1997 年，美国疾病控制中心才开始通过内科医生培训，提倡以抗生素治疗胃溃疡。

换言之，我们不仅不应该相信我们在报纸上读到的一切，也不能相信我们在《新英格兰医学杂志》上看到的一切。遗憾的是，这些未经培训、从事影子工作的患者根本就没有能力对现有症状做出评判，也无法对这些网络研究的科学性做出评价。

当下，有些专家正试图提高维基网站的科学性和准确性。作为一个合作性项目，维基医学（Wikiproject Medicine）是由内科医师、其他医学专业人士以及对健康问题感兴趣的网站编辑共同创建的，其目标就是要提高维基网站上医学类词条的准确性。这个项目表明，至少已经有部分医生意识到患者在维基网站上进行的影子工作。2014 年，加州大学旧金山分校甚至对那些在维基网站上编辑医学页面的大四学生提供学分。

作为全球互联网访问量排名第三的网站，YouTube 为用户提供了数千段医疗健康方面的视频，有些用户可能会对这些视频深信不疑。图像和声音的生动性使这些视频给用户带来的影响要远远超过维基网站上的文字。从根本上说，YouTube 是不受限制的，因为任何人都可以登上这条信息高速公路。医学博士尼雷·库马尔来自马萨诸塞州的剑桥健康联盟，他在 YouTube 搜索了与高血压有关的视频，最终得到 40 万段视频。最后，按照 YouTube 搜索结果的排序，库马尔的团队选择其中 209 段与高血压关系最密切的视频，让高血压研究人员对这些视频的准确性和实用性进行独立评价。调查结果显示，63% 的研究人员认为这些视频有一定的实用性，但却将三分之一的视频判定为不准确信息，比如，某些视频声称高血压与中风无关，并提出治疗高血压可能导致中风，或是食盐摄入量与高血压无关等。但具有讽刺意味的是，那些具有误导性的视频反而更能吸引观众的眼球，它们不仅能赢得大量的“播放次数”，而且获赞的评语数量也多于被专家认可的视频。

当然，准确性本身也是一种主观判断。库马尔的研究报告提到了一篇路透社的文章，文中指出，“以推广综合医疗及自然疗法为目的的视频是最常见的具有误导性的视频。一半以上的视频涉及广告，而且推销的替代性治疗方案均不被美国心脏病学会所推荐”。毫无疑问，在心血管疾病领域，美国心脏病学会绝对是最权威的参与者，但它所推荐的方案也绝对可以颠覆。因此，那些资金雄厚的大医药公司派出的说客，也不可能对心脏病学会的办公室一无所知。与其他领域一样，在医学世界，专业知识的普及同样会体现出一种趋势，即政治和商业势力必将影响社会公众对“准确性”的定义以及对这种定义的认可度。

当患者从事影子工作时，他们所依据的数据必然免不了存在差错的可能性。**无论是实力强大的制药公司，还是出售食用补品的营养品连锁店，都会通过操纵互联网来达到提高销售额的目的。**因此，只要是消费者能够看到的网站，就会存在虚假的网页、评论、博文和植入式点评。这些具有误导性的 YouTube 视频往往会刻意夸大某些治疗方案的价值，比如营养品的功效。在这种情况下，普通民众根本就没有能力从海量的网络噪音中提炼出名副其实的知识。

此外，太多的信息让患者无所适从。很多患者可能根本就无法理解网上的某些陌生概念。在《纽约时报》一篇名为《怀孕信息过量》的文章里，作者帕特里西娅·沃尔克提到，她曾陪同怀孕 6 个月的女儿去做孕期检查。一名医师告诉她们，胎儿“股骨长[①]偏短”。沃尔克说：“午饭后，我们回到家，我马上开始一场受虐狂式的搜索，在谷歌上

① 股骨长是医生利用B超（或彩超）给孕妇作孕期检查时，用来观察胎儿发育情况常用的指标。

输入‘股骨长偏短’后，网页上的文字显示，‘股骨长较短可能属于一种畸形，比如骨骼发育不良’。我发现，只要是在网上搜索与‘股骨长偏短’有关的内容，就别指望能得到什么好结果，比如异倍体性、肾盂扩张或是颈部透明层厚度偏厚。”当然，沃尔克的外孙女还是健康地出生了，而且完全正常。

美国是全世界仅有的两个政府公开禁止处方药电视广告的国家之一。[①] 1997 年，食品和药物管理局放松管制，允许电视播放此类广告，结果却一发不可收拾。在随后的 10 年里，制药行业用于药品直销的开支迅速暴增，每年高达 49 亿美元。现在，如洪水般来袭的处方药广告占据着美国的电视屏幕，让观众眼花缭乱。据估计，美国人年均收看电视药品广告的时间约为 16 个小时，再加上花费在广播、平面媒体和互联网药品广告上的时间，其结果令人震惊。至于被称为世界上最赚钱行业的制药业，其广告主要集中于少数几种知名品牌药物。通常情况下，这些药品的治疗对象为慢性病，如治疗高胆固醇的“瑞舒伐他汀”、治疗失眠的“安比恩”和“鲁尼斯塔”以及治疗骨质疏松的“艾维斯塔”等，毕竟，这些药品具有较为广泛且持久的潜在市场。在 1998 年推出的具有治疗阳痿疗效的“伟哥”，始终是播放频率最高的电视广告。

从表面上看，这些巨额的广告开支似乎令人费解，因为这些药品毕竟是处方药，而不是普普通通的非处方药。按理说，只有医生才能给患者开处方药。在推销药品的问题上，“大药厂”当然不会吝啬，不仅耗巨资针对医生做广告，还对他们花言巧语，提供大量的“优待”，比如邀请他们免费旅游或打高尔夫球。消费者不可能给自己开处方

① 另一个国家是新西兰。

药。即便是美国食品和药物管理局在1997年颁布的“大赦令”也没有赋予消费者这项权利。那么，直销广告为什么会在一夕之间风起云涌呢？

答案就在这些承担影子工作的患者身上，因为他们从事的影子工作发挥了巨大威力。药品广告也是一种“教育内容”，它是患者用身心痛苦换来的“知识”。当电视广告大肆向患者宣传“克敏能”等抗过敏处方药时，就是在说服患者：下次去看医生时，一定要提到这种药。医生也知道骨质疏松，而且知道“克敏能”和其他抗过敏药没有任何区别，但为了取悦患者（或者说顾客），她还是会欣然在处方上写下“克敏能”。于是，每个人都心满意足，当然制药公司，尤其是“克敏能”的生产商先灵葆雅制药公司更是称心如意。

即使没有患上危及生命的疾病，人们也会主动去做医生、护士和其他医务人员以前做的事情。糖尿病患者需要定期在手指尖取血，以检测血糖，有时甚至每天要多次取血。通过自助血压测量仪，我们可以给自己量血压。通过邮寄样本或是在自家洗手间取样验尿，患者就可以进行基因测试。2012年，一种家用艾滋病检测工具首次上市，价格仅为40美元。

对这些从事影子工作的患者来说，在家中进行自我治疗的同时，如果能与医务人员合作，或许还可以完成相对较为复杂的治疗方案。67岁的尼尔·瓦斯纳是华盛顿特区联邦政府的一位资深律师，曾患有急性前列腺炎，导致出现发热、尿频、尿急以及尿等待等症状。在口服3个疗程的药物后，他的病情依旧没有好转。不幸的是，这种治疗却使残存的病原体产生高抗药性。“我正在培养超级细菌。”瓦斯纳说。

随后，医生建议他再接受一个疗程（为期 6 周）的治疗，在家里自行注射另一种抗生素“厄他培南”。由于这种药品每天都能直接进入其血液，因而可直达病灶。“从业务分类来看，这属于一种药学服务。”瓦斯纳说。在实践中，这种治疗显然不只是服药，护士需要在瓦斯纳的手臂上安装一根经外周静脉置入中心静脉导管。一家全国性家庭保健公司和一家注册药品销售公司为瓦斯纳的自我治疗提供了帮助。

每天下午 6 点左右，瓦斯纳都要将一个装满药液的塑料袋连接到经外周静脉置入中心静脉导管上。“连接必须是无菌的，而且需要两只手才能完成，因此，我妻子还要帮忙。”瓦斯纳说。随后，药液从塑料袋中输入瓦斯纳的手臂静脉中，输液过程需要持续 1 个小时。输液之后，瓦斯纳自己拆开连接，用水冲洗皮肤，最后用盐水注射器注射一针抗凝血肝素，整个过程大约 90 分钟左右。

“第一次操作时，我感到有点毛骨悚然，”瓦斯纳说，“在每个环节，你都有可能犯错，比如，气泡进入导管。输液是在重力下完成的；有一次，我把塑料袋掉在了低于自己手臂的位置上，血液马上便涌入导管。这太疯狂了！因此，这么多药，还是应该由医生来把握更好，尤其是对于这样的疗程，医生的参与显得更加重要。”

这个疗程终于治愈了瓦斯纳的急性前列腺炎，但他表示“颈部确实疼得要命”。即便如此，他还是比很多患者顺利得多，有些人的输液疗程甚至持续了一年。

家庭妊娠试验或许是最简单的医疗影子工作。玛格丽特·克雷恩来自新泽西州西橘园一家制造公司，她于 1968 年发明了人绒毛膜促性腺激素诊断试剂，这种可刺激卵子生长的激素最早发现于 1930 年，它是怀孕的标志之一。20 世纪 70 年代，克雷恩的这项专利试剂在欧洲和美国上市。

目前，大多数家庭妊娠试验均采用以塑料棒检验尿液的方式。这种方法成本低，易于操作，而且如今的女性在看医生前通常都会进行这种测试。一般来说，受精后的 6 ～ 12 天，受精卵更容易着床。在这几天的时间里，人绒毛膜促性腺激素尚未分泌，因此，在此之前检验尿液可能会导致结果呈阴性。1998 年，《家庭医学文献集》期刊发表了一篇文章，对妊娠试验的准确性进行了研究，该文指出：在有专业人员协助进行检测的情况下，家庭妊娠试验的准确率高达 97.4%，与医学实验室检验相差无几；但如果消费者独立进行检测，其准确率马上就下降到 75%。研究人员认为，消费者之所以更容易得出错误结论，有可能是因为他们不理解“使用说明书”，也有可能是未按照“使用说明书”进行检测。换言之，这种影子工作的专业性太强，以至于它根本就“生产”不出专业人士。

同样，在 2014 年，美国食品和药物管理局发出警告：血压计臂套的尺寸不规范等因素，可能导致消费者在使用血压计时得到不准确的读数。此外，读数的可靠性还取决于人们测量血压时的姿势：后背必须有支撑，脚放在地上，双腿不得交叉，双臂平放在与心脏等高的位置上。此外，测量的过程中必须保持静止不动。

大多数情况下，家庭妊娠试验都不是在医学实验室里进行的，而且医生通常也不在场。以前，怀孕的女性本人绝对不是第一个知道怀孕消息的人；这个令人兴奋或意外的消息只能从医生办公室里传出来。

现在，女性可以最先知道自己是否怀孕，这就使她们拥有了更多的隐私权和主动权。此外，家庭妊娠试验将一件值得纪念，而且需要分享的大事，变成了女性与塑料棒之间冷冰冰的接触。

难辨福祸的患者自我诊断

首先，当下从事影子工作的业余人士已经进入某些高等专业领域，如医药。这造就了一种更平等的医患关系，医疗方案决策权的分享就是最典型的例子。长远看来，这种权力的转移可能会减少医疗事故诉讼的数量，因为医生在医疗事故中承担的责任相对减少了。

其次，医疗决策权的分享给患者带来了从事影子工作的空间。在获得治疗方案决策权后，针对是否需要服用“斯达汀”来降低胆固醇之类的问题，如果患者想与医生讨价还价，他们就会到互联网，尤其是维基网站和 WebMD 网站上搜索相关资料；或是咨询维基网站，获取网站的共享信息。

第三，目前，维基及其他在线医疗网站在信息提供量上已经十分可观了，但商业广告的植入影响了这些信息的准确度，存在医疗知识被扭曲等问题。未接受过专业培训的患者缺乏专业人士那种甄别信息真伪的能力。此外，过分夸张的 YouTube 视频可能会给普通用户留下深刻的印象，而医生则能很轻松地鉴别这些信息。

第四，如今，在患者承担的影子工作中，存在大量在医疗机构以外进行自我诊断和自我治疗的工作，其中甚至还包括一些比较复杂的活动。比如，每日进行静脉注射。很多企业似乎都愿意为这些患者提供专业性帮助，而且志愿者通常是接受过医药培训的注册医生或注册护士。进行处方药注射时，最合理的做法就是聘请接受过专业训练的人；但是在现实生活中，这种培训经历似乎根本就不重要，因为我们讨论的对象，只是从事影子工作的患者。

第4章

爆炸式增长

数字技术催生遍地开花的去中介化现象

你是否意识到这些事实？在自行自助终端自行点餐、取餐等于接管了餐厅侍应生的工作？在苹果论坛热心地给“果粉”们传授经验，其实是替苹果公司做售后服务？数字技术的革命掀起了商业领域内的去中介化浪潮。机器人技术的日渐渗透，不停地重塑我们的习惯，向人类灌输异于本性的行为模式。当下，人类该如何自处？

SHADOW WORK

The Unpaid, Unseen Jobs That Fill Your Day

　　机器人正在诱导我们，使我们的行为变得更像它们。

近年来，汽车旅馆如雨后春笋般涌现出来。每晚，我都会找一家舒适的汽车旅馆休息。现在，我开始在西部体验一种已经有些难以适应的生活方式，即自己动手做。早餐时，我要使用餐桌上那台烤箱自己烤面包吃。当开车抵达一家舒适而且便利的汽车旅馆时，登记并付完款后，我就被领进舒适的房间。此后，我几乎不会再和旅馆工作人员有任何接触。这里既没有侍应生，也没有行李员。整理房间的女服务员会悄无声息地进出。如果想要冰块，办公室旁边就有一台制冰机，我可以自取。凡事都很方便，设备都放在中心位置。但是，我感到非常寂寞。

——约翰·斯坦贝克，《与查理一起旅行》

机器人或将抢人类的饭碗？

我在新泽西州多佛港的高中读书时，戏剧俱乐部组织学生去纽约进行一年一度的实地考察。几十个学生乘坐大客车去百老汇观看类似《一步登天》那样的歌舞剧。

很多人对戏剧兴趣寥寥，但这趟旅行意味着我们可以游览一整天，不用上学，而且还有机会体验曼哈顿的繁华，那里距离我们生活的小镇仅有 40 英里，但却是个完全不同的世界。

我们在戏剧开始之前就抵达了那里，留出足够的时间吃午餐。在其中一次旅行中，我第一次在“霍恩 & 哈达特投币自助餐厅”用餐。这是一家老牌的连锁餐厅，也是乔·霍恩和弗兰克·哈达特于 1988 年在费城创办的首家投币自助餐厅，它的连锁店遍布纽约各地。他们的投币自助餐厅不同于我见过的任何一家。这里既没有女服务员，也没有菜单，墙上是闪闪发光的合金和玻璃：一列一列的小盒子，每个都有自己的门，通过一小扇玻璃窗展示食物。

透过这些小玻璃窗，你可以看到火腿、奶酪或金枪鱼配黑面包的三明治、碗装的绿色沙拉、带有奶油芝士的百吉饼、杯装的新鲜水果以及切成薄片的苹果派。每个盒子旁边有一台投币机。收银员（又称“5 分投币员”）会给你找零，分发购买食物所需的 5 分硬币。你需要往投币机中投入必不可少的硬币，旋转瓷芯的镀铬旋钮，打开小门，然后取出一小块你渴望的食物。一旦那扇小门关上，餐桌转盘就会旋转，带给你一块新鲜的三明治或其他食物。这是一家类似售货机的餐厅。

这是多么令人愉快的用餐经历！这里的食物与一般的餐厅一样，但价格更便宜，而且投币自助的体验是无价的。在投币自助餐厅，作为消费者的你，为自己服务。在一般餐厅用餐时，你坐在餐厅里，旁边站着服务员，拿菜单点菜，然后等待服务生端来饭菜，这是完全不同的体验。相反，在霍恩和哈达特投币自助餐厅，你自己选择桌子，而且能够选择自己想要的那片苹果派。在拿到食物之前你就支付了餐费，然后自己将食物端到餐桌上。那里没有服务员控制你的节奏，你可以尽情享受美食。等待的时间更短了，而且你可能会因省掉了一些多余的环节而感到满足。

作为霍恩 & 哈达特投币自助餐厅的消费者，我们承担了餐厅服务员的工作。**换言之，我们自己就是服务员。**我们不仅是自己的男服务员，还是自己的女服务员：拿自己的菜单，取自己的食物，并将食物送到自己和朋友选定的餐桌上。手里有一把硬币的我们，还是收银员：将硬币投入投币机，支付自己的账单。尽管在那时并不清楚，但我的确是在做影子工作。

自助服务终端大军

通常情况下，当技术创新使得某种商业活动可以减少一名或多名员工时，影子工作就登场了，比如饭店。这是商业行话“去中介化”的一种形式，是指取消商业活动中的中介机构，即去掉中间人。消费者可以采用技术直接处理业务，无需雇员的帮助。这对商家而言，节省了工资成本；对消费者而言，增加了影子工作。

霍恩和哈达特投币自助餐厅采用机械技术代替餐厅中的女招待、女服务员和收银员。这种富有独创性的做法，使得投币自助餐厅在计算机与信息革命到来之前很久就出现了。如今，数字技术为这种“去中介化”的业务提供了大量机会，随之而来的是影子工作的爆炸式增长。那些为我们带来更多欢乐时光的场馆和活动都在逐步向促进影子工作的方向发展，比如餐厅、旅游，以及许多人津津乐道的购物。机器人技术借助自助服务终端的触摸屏，代替人类完成了大量工作，改写了服务业的面貌。

实际上，一支自助服务终端大军正在奋勇向前，试图占领全国的驻地。这是一支占领军：一旦在某个地方安营扎寨，它们就永远驻扎在那里。它们占领了商店、街角、机场、学校、医疗中心、药店、超级市场、银行、赌场，以及收费高速公路的休息区。丰富的例子告诉我们自助服务终端承担的工作是多么的多样化：

◆ 2008 年，洛杉矶的 3 家药店安装了出售医用大麻的机器。符合要求的患者向药房提供证明文件和指纹，药房会向其签发一张可以插入机器的卡片。2012 年，经公投表决，科罗拉多州和华盛顿州娱乐性大麻合法化。此后，生产自动售卖机的公司——医药箱公司（MedBox）发现其股价在 5 天中从每股 4 美元暴涨到 125 美元。2014 年，第一代身份验证大麻自动售卖机出现在科罗拉多州的鹰城，它采用射频识别技术检查消费者的驾驶证。

◆ 2012 年，澳大利亚政府宣布将安装具有人脸识别技术的自助服务终端，以检查从国外归来的澳大利亚人的电子护照。自助服务终端接管了机场海关的入境检查职责，使得政府可以精简人员，节省开支：据称在 4 年中可以节约 1 190 万美元。达拉斯—沃斯堡国际机场宣称，自助服务终端使得 70% 的国际旅客自动通关，而且等待时间缩短了 40%，平均等待时间低于 14 分钟。

◆ 2014 年，加利福尼亚州的 PaleoExpress 公司推出了售卖传统减肥食品的自动售卖机，该公司是健康食品自动贩卖机的运营商。这种售卖机能提供生态肉、有机五谷杂粮制作的坚果燕麦片和燕麦卷、甜土豆、苹果酱以及运动饮料。同时，好莱坞的游客还可以在这种自动售卖机上支付1 000美元购买一罐鱼子酱。

◆2012年，拉斯维加斯的商品博览会上出现了“世界上首台用于酒吧的全自动血液酒精检测仪”，即IntoxBox。该设备引导用户通过体内酒量测定器的测试，然后提供给他们召计程车的触摸屏图标。IntoxBox还向用户发出挑战，让他们猜测自己血液中的酒精含量，猜对的人将收到一条下次免费测试的信息。

◆百事公司的新型自动售卖机像游戏机一样，屏幕上设计了一个动画人物。分发软饮料之前，在一系列的技术挑战中，他会模仿消费者的踢球动作。2014年世界杯期间，百事公司正式启用了该设备。

◆2012年，葡萄牙邮政服务公司在里斯本开设了一家永不打烊的邮局，全部工作人员都由自动服务终端担任，这种24小时工作的设备几乎能承担以前邮政柜台员工提供的全部服务。

◆斯坦克稀有货币公司在曼哈顿开设了一台黄金自动售卖机，销售金条和银币，售价每60秒更新一次。

◆2011年，德国伯恩市要求街头妓女在自助服务终端缴纳每晚6欧元的营业税。交税后，她们会收到收据，被允许从晚上8点15分至次日凌晨6点在街上工作。波恩市政的女发言人莫妮卡·弗伦布根说：“妓院和桑拿俱乐部等固定场所的妓女已经交了税，实施这项政策是为了税收公平。”

◆2012 年，拥有 3 600 名居民的内布拉斯加州的戈森堡批准 10 000 美元经费，用于在当地的墓地安装一台触摸屏自助服务终端，以打印墓地地图。已故者的家属可以付费在该台自助服务终端上发布照片或讣告，为小镇创收。

显然，自助服务终端已经成为一道社会风景，在众多领域接管了人类的工作。接下来，我们将一起来探讨自助服务终端大军催生的影子工作。

餐厅用餐曾经是受到广泛认可的社交场合。这种用餐体验可能开始于女店员热情地欢迎你，并安排你和同伴就座。随后，一名女服务员会走过来友好地与你聊天，为你写菜单。侍者会给你拿饮品，从厨房端来食物，并询问："一切都满意吗？"这名侍者会根据你的意见作出必要的修改，并在最后拿来账单。在用餐的每个阶段，你都在与她们沟通。你离开餐厅后，餐厅保洁员会清理餐桌。

现在，高档餐厅仍会提供这样的服务，在整个用餐过程中，顾客都会得到餐厅员工的帮助。但是，高档餐厅销售额仅占全部餐饮销售额的 10% 左右。近几十年来，麦当劳和塔可钟等快餐店、帕尼罗面包和墨西哥烧烤等快速休闲餐厅，以及橄榄园餐厅、苹果蜜餐厅和英国的收获者餐厅等休闲餐饮店在餐饮业中占据主导地位。当逐步降低对餐厅档次的要求，从较高档的餐厅换到较低档的餐厅用餐时，你会发现用餐体验变得越来越简单。

在快餐店，顾客不仅会节省花销，还会在较短时间内吃完食物，狂饮饮料。服务员的数量减少了，顾客则承担了更多的影子工作。这些简化的餐饮店分布如此广泛，使得外出用餐者的影子工作全面暴增。而且，现在的用餐者倾向于在筒仓中用餐，这意味着他们与服务员之间只有最低程度的接触，甚至没有任何接触。餐厅将其削减的餐饮服务转交给只有顾客和机器的终端，使消费者在一个巨大的“自动售卖机”里用餐。

高档休闲餐厅仍有女服务员提供用餐服务，但在较低档的餐厅，顾客需要自己找空闲的餐桌坐下。快餐店与快速休闲餐厅不雇用服务员，领取食物成为用餐者的影子工作。服务最小化的终极版本是带有扬声器的免下车服务：顾客甚至无需走进餐厅。韩国济州岛上的 SunSet&Hill 咖啡馆是极简主义的一种终极形式。这里的顾客自行冲泡咖啡或茶，自己做小吃、洗餐具，并根据诚信原则，自觉付账，其饮料价格仅为 2 ～ 3 美元。

在快餐店，顾客要到柜台的服务员那里下单；在快速休闲餐厅，他们通常要加入自助餐式的队列中，自行到餐台处领取食物，而厨房只负责向餐台补充食物。倒饮料成了影子工作：收银员只负责提供纸杯，顾客需要自己倒饮料和加冰块。可口可乐公司的新型触摸屏自动售货机 Freestyle 与百事可乐公司的 Spire 甚至让顾客自己制作碳酸饮料：他们可以使用这些自助设备将碳酸水与香料混合，制作 1 000 种不同类型的碳酸饮料。与此类似，苏打水制作器让顾客可以自行在家中制作苏打水或软饮料。

在快速休闲餐厅，顾客先付款后取食物，而不是先用餐后付费。许多快速休闲餐厅，比如帕尼罗面包连锁店，通常会递给顾客一个可以震动和发光的“桌面电子定位器”，帮助服务员确定服务对象，或召唤承担影子工作的用餐者拿菜单和取食物。

在高档餐厅，侍应生会将沙拉盘端到顾客的餐桌上。几十年前，这样的服务在美国任何地方都是常态。自助沙拉台的出现打破了这一常态，创造出另外一种形式的影子工作。有些报道称自助沙拉台最早出现于 1950 年，《韦氏大学词典》（*Merriam-Webster's Collegiate Dictionary*）则认为其可追溯至 1973 年。20 世纪 70 年代，许多休闲餐厅设置了自助沙拉台，而且现在也将其作为餐桌服务的补充。此外，它们还大量出现在美国全食超市等连锁超市中。

自助沙拉台将做沙拉的任务转嫁到顾客身上，让他们代替厨师完成这项任务，后者只需做一些准备工作。自助沙拉台给用餐者带来了更多工作，但也让他们可以自己选择材料，添加更多自己喜欢的配料。与此类似，喝咖啡的人自己在咖啡台添加糖和奶油，而不是让咖啡店的员工按照自己认为合适的比例添加。波特兰市的安德莉亚说：“当然，做沙拉的人是我，但他们所做的准备工作才是苦差事。另外，我不喜欢生洋葱、西兰花和胡萝卜，我干脆不使用这些食材，而且不必特意请他们帮忙。”

快餐店也将它们的顾客变成餐厅保洁员。你可能回想起那些清理餐桌上的碟子、杯子、餐巾纸、托盘、器皿，以及未吃完的食物与未饮用饮料的餐厅保洁员。的确，在高档餐厅中，男女杂工仍会从事上述工作，用餐者则使用银餐具享用盘中的美食，饮用高档玻璃杯中的饮品。所有的餐桌摆设都归餐厅所有，由它们负责清洗并重复利用，用餐者只是借用这些摆设用餐而已。

在温迪快餐店、星巴克咖啡店或唐恩都乐咖啡文化馆，顾客用纸杯或塑料杯喝饮料，用塑料餐具和纸盘用餐，这种用餐场景与高档餐厅形成鲜明的对比。麦当劳连锁餐厅甚至不提供纸盘，只是用上面印有麦当劳标志的透明薄纸包裹你的汉堡。当然，这些快餐店向垃圾填埋场输送了大量如雪崩般涌来的快餐残渣。当快餐店向你提供一次性用品时，它们就将这些物品的所有权转移给你。无论是否意识到，你都在购买食物的同时购买了这些一次性用品。这样一来，处理一次性用品就成为你而不是餐厅保洁员的工作。

在星巴克咖啡店喝完最后一口焦糖玛奇朵之后，你千万不要忽视清理餐桌的影子工作。一旦你在餐桌上留下残渣，其他顾客就可能会认为你懒惰而且乱扔垃圾。规则的改变足以使顾客完成原本由餐厅杂工承担的工作，一次性餐具促成了这样的转变。餐桌服务规范的变化甚至波及一些小饭馆，它们会使用含有三聚氰胺的碗碟，有时会使用陶瓷碗碟。

自助服务终端大军正向餐厅进军。多年来，在连锁餐厅，顾客看着服务员在电脑触摸屏上输入餐单，等待他们将信息发送到厨房。现在，餐厅设有自助点餐终端，将使用触摸屏输入餐单的工作转交给用餐者，使其从事影子工作，完全不需要女服务员。在美国餐饮协会的一项调查中，厨师把“电脑化菜单”看作是 2014 年最高等级的科技趋势。2011 年，麦当劳餐厅宣布，将在 7 000 多家欧洲麦当劳连锁餐厅中使用触摸屏设备代替收银员。

自助点餐的工作原理如下：在柜台前的出口处安装几台自助服务终端设备。设备上显示菜单，让顾客可以在触摸屏上输入他们的选择。可能需要一位收银员从柜台后走出来引导用餐者使用这些自助服务终端，就像喜互惠连锁超市的收银员一样，他们可以监管超市中的几台自助结账设备。在提供免下车服务的位置，触摸屏设备可能还会代替对讲机发出刺耳的声音。一项市场调查显示，63% 的快餐消费者愿意使用自助服务终端点餐和付款，96% 的年轻顾客（18 ～ 34 岁）

认为饭店的自助服务终端是有益的。

自助服务终端有助于降低用工成本，使经营一家餐厅所需的服务员数量降低 20% ~ 25%。它们提供迅捷而准确的点餐服务，能够为视觉障碍人士提供语音式对话菜单，为以西班牙语为母语的顾客提供双语菜单。有些设备上还有动画，让人感觉点餐过程像是在看动画片，给人一种不真实的感觉。正如自助终端销售商声称的那样，如果能让顾客"逃避现实"，餐厅就有可能增加 15% ~ 25% 的销售额。

与其他形式的影子工作一样，代替服务生的工作赋予顾客更多控制权，而且很多人喜欢这一点。自助下单系统可以削减菜单的选项，减少用餐者的选择，从而缩短用餐高峰期的等待时间，就像电影院将食品与饮料的选择降到最少一样。自助服务终端供应商普鲁泰克公司的首席执行官唐·特纳说："我们生活在一个快节奏、以自我为中心的时代。现在，要想取得成功，自助服务产业就必须顺应并掌控这一趋势。"其言下之意是，人与人之间的接触更少了。筒仓中用餐者的用餐速度是最快的。

罗纳德·沙伊克是帕尼罗面包连锁餐厅的首席执行官，他将车停在该连锁餐厅一家连锁店的出口处，领取他提前为孩子们预定的午餐。2014 年，他对《纽约时报》说："我突然意识到，这对首席执行官而言是一个如此绝妙的系统，但对其他 800 万从帕尼罗面包连锁餐厅订餐的顾客来说，这又意味着什么呢？他们必须先排队登记，然后再排另外一队，去玩'寻找食物的游戏'。随后，他们必须再去另外一个地方排队，以购买饮料；如果希望喝到任何一种特浓咖啡，他们就需要第四次排队。"这使得顾客穿梭在不同的队列中，等待取餐，所有这一切就是沙伊克所总结的顾客承担的影子工作。他决定投资 4

200 万美元简化帕尼罗面包连锁餐厅的用餐程序。他解释道："这次改革的目的是消除摩擦点，以使顾客有更好的用餐体验。"

高档的冰淇淋店总是多年如一日地向人们出售质量上乘的冰淇淋和冻酸奶。马萨诸塞州大巴灵顿的 SoCo 奶油公司是一家本地企业，通常会雇用年轻员工分发 24 种口味的冰淇淋。他们将满满一勺冰淇淋倒入锥形蛋卷筒中，然后撒上定制的配料。对于印度香料、伯爵红茶至尊或熏衣草蜜等不常见口味的冰淇淋，他们会欣然将品尝勺中的样品递给顾客品尝，然后作出选择。

机器人正在逼近这些年轻人的工作领域。采用自动化技术的冻酸奶店让从事影子工作的顾客完成大部分工作。比如，在新泽西州的海滨城市阿瓦隆，托平酸奶店出售脱脂的冻酸奶。该店嵌入墙壁中的喷嘴提供 6 种口味的冻酸奶，顾客需要自己将酸奶分发到塑料盘中。这家店只提供塑料盘，不提供锥形甜筒，因为价格取决于重量。顾客可以在柜台处提供的 20 种浇头[①]中选择一种或多种。收银员负责称重，然后按盎司[②]收费；她是在这里上班的唯一员工。这里没有免费品尝，6 只喷嘴仅提供大众口味的冻酸奶。阿瓦隆浇头公司提供产品，顾客提供服务。在芝加哥，U-Vend 公司已经安装 6 台自助冰淇淋售卖机，甚至无需收银员，并且计划在 2015 年再增加 40 台。

调酒师与顾客开玩笑让小酒馆充满了快乐，但他们也面临着来自机器人的竞争。一种叫做"IPourIt"的新型自助酒水系统将顾客变成了调酒师：顾客自行打开酒水水龙头，获得啤酒、葡萄酒或其他酒水，并自觉付费。与冻酸奶一样，这里的酒水也按盎司收费。在使用

① 浇头指浇在菜肴上用来调味或点缀的汁。

② 1 盎司约等于 28.35 克。

州立身份证登记后，顾客会收到一个射频编码的腕带，记录他们从墙上的一排酒水水龙头中领取酒水的量。该系统使酒吧能够根据顾客的身高和体重，对其酒水消费量及酒水中的酒精含量进行控制。

按盎司收费可以鼓励 IPourIt 的使用者在打开龙头接更多酒水之前品尝自酿的啤酒，而且无需调酒师在场，如此能加快赌场、游船和体育馆等繁忙场所的服务速度。2014 年，在明尼阿波里斯市举办的美国职业棒球大联盟全明星赛上，啤酒自助售货机 DraftServ 向那些持有成年人身份证的粉丝销售限时卡，让他们自己酿造啤酒，并按盎司付费。酒水行业一项惊人的统计数据表明：调酒师匆忙中倒掉的泡沫导致酒吧每小桶啤酒损失 27%。对从事影子工作的饮酒者而言，这项损失由他们而不是酒吧承担。

对于披萨等外卖食品，在线订购可以消除人与人之间的对话；顾客在他们的电脑屏幕上下单，然后接受送货或自取，90% 的订单会选择送货。1995 年，桑德拉·布洛克主演了一部惊悚电影《网络惊魂》，讲述了一名足不出户的电脑程序员，为一个网友修补网络漏洞引来杀身之祸的故事。在影片中，该电脑程序员在网上定购了一份披萨，首次在电影中展示了网络订餐。

高技术产业轻而易举地引领互联网订餐之路。1994 年，加利福尼亚圣克鲁斯市的一家必胜客连锁店测试互联网订餐的可行性，并在硅谷附近得以实现，因为科技人员经常在网上订购披萨作为晚餐，并选择送货服务，不必因离开电脑影响工作。在澳大利亚的悉尼市，庞贝的披萨公司在购物中心推出一款名为“PizzaGio”的披萨售卖机。它能在 3 分钟内制作一份 11 英寸的披萨，而且允许顾客不使用现金付款。该售卖机中存有 84 份冷藏的半熟披萨，顾客需要自行完成烘烤。

对于网上订购，明尼苏达州圣保罗市的市场营销专家梅勒妮说：“我可以按照自己的节奏订购，而且可以盯着菜单看，无论多长时间，只要我喜欢，并且从来都不需要等待。”另外，在一张网页上显示全部菜单似乎可以使订单量增加40%，因为饥饿的顾客会不自觉地购买更多的沙拉、酒水和配菜。网页可以提醒那些常客，查看他们最近的订单，进一步加速订购进程，因为我们中的多数人会习惯性地反复订购同样的东西。对披萨店而言,在线交易较少出现“弃单”的情况。

GrubHub是一家在线订餐网站，通过互联网将800多座美国城市与伦敦的外卖店的顾客连接在一起。该公司的口号更是直言不讳地反对社交，即“将所有美味与一切不与人交谈的伟大事业紧密结合在一起”。

众多快速休闲餐厅和休闲餐厅连锁店，比如红辣椒烤肉餐厅、加利福尼亚披萨厨房与波斯顿海鲜盛宴，已经开始安装类似苹果平板电脑的桌面装置，用餐者可以在座位上通过触摸屏下单，然后在座位上收到递送过来的食物。触摸屏下单提高了饭店的档次，其渗透的领域不仅局限于快餐店。但在高档餐厅，触摸屏下单仍不受欢迎，顾客还是坚持由人来提供“奢华”的服务。平板电脑下单在欧洲由来已久，美国则晚欧洲几年开始采用这项技术。

承担影子工作的用餐者在菜单输入板上下单，不必再等待应生提供服务，因为根本就没有侍应生。菜单输入板上可以显示下单期间所有的可选餐单，并提供小费指导，正在从事服务员工作的顾客可能被诱导付自己小费。

餐厅老板可以通过出售菜单板上的广告位增加收入。顾客在餐桌旁用信用卡或借记卡付账，节省了取支票与处理支票的等待时间。

对那些需要在一个小时内狼吞虎咽吃完午餐的人来说，这种结账方法明显加快了他们的用餐速度。艾伦是达拉斯市的一位保险精算师，用过平板电脑点餐系统的他说："我喜欢这种信用卡从不离手的消费方式，这让人感觉更安全，因为你永远不清楚将银行卡交给陌生人后，你的银行账户会发生什么变化。"对零售商而言，更快捷的服务意味着餐桌周转速度更快，从而可以增加用餐高峰期的销售额。这是一种非常有效的经营模式。

唯一失去的就是人性。

付小费？你在代替雇主支付员工工资！

对于接受个人服务，美国人陷入深深的矛盾之中。就此而言，美国与那些君主制国家截然不同。欧洲人习以为常的是：皇室成员、贵族与上层人物住在皇宫与豪宅中，使奴唤婢。的确，在英国、西班牙、卢森堡、比利时、荷兰、挪威和瑞典等国家，世袭的君主仍然在位。欧洲人一直生活在根深蒂固的等级观念中，其中包括"佣人阶层伺候更高阶层的人"。因此，一定程度上，这些国家的传统文化认可个人服务。

但在著名的《独立宣言》中宣布"所有人生来平等"的美国，皇室与世袭的统治阶级是非法的，而且阶层之间的流动即使不一定成为现实，也是这个国家的理想，因此个人服务会让人感觉不舒服。换言之，接受佣人的照顾与美国人的国家理想相矛盾。这种认知冲突可能也反映出他们对美国历史上南方的农奴制和卖身契的共同记忆。那时，殖民地的农场主付给跨大西洋而来的欧洲移民一定数量的金钱，帮助他们来到美国，以换取他们在一定时期内的无报酬劳动；在此期间，契约佣工用工作偿还债务。17 世纪和 18 世纪，在移居到美国的移民中，超过半数成为契约佣工，其平均充当佣工的时间为 3 年。19 世纪，新移民及其下一代通常会承担其他人家里的家务劳动，这往往是不同家庭之间的某种劳务交换。的确，家庭中有太多的家务劳动，若无外援实在难以处理。

为了减轻负罪感，美国人付小费给侍应生、酒店女服务员、理发师和出租车司机等工作人员，他们提供的服务给我们带来了享受，就像家里的佣工，比如厨师、管家、女佣和司机曾经带给我们的一样。这些服务往往包括做饭、整理床铺和打扮等。在餐厅用餐时，顾客直接付现金给女服务员，而不是经过老板转交，可以减轻他们接受陌生人提供个人服务产生的愧疚感。尽管他们并非家里的仆人，但许多这类员工的收入低于最低工资标准，并期望小费能够弥补工资的不足。**付小费已经成为一种盛行的影子工作：顾客接管了雇主的核心任务——支付员工工资。**

如今，欧洲国家也实行了长时间的民主制度，但在接受个人服务时，欧洲人的矛盾心理却没有美国人那么强烈。因此，在欧洲大陆，欧洲人付小费既不是自发的行为，也没有美国人那般慷慨大方。与美国的标准相比，欧洲人付小费可能是非自愿的，比如法国餐厅收取账单金额的 15% 作为“服务费”；或者只是支付最小金额的费用（5% ～ 10%，通常是 0%）。在美国，15% ～ 20% 的小费已经成为惯例，并且与服务人员收入较高的欧洲相比，美国人付小费的范围要广泛得多，比如代客泊车。欧洲根据账单计算服务费的风俗，使得付小费成为非个人行为，因为顾客无权决定小费的金额以及付小费这件事本身。这种付小费的方式简直就是商品交易，与愧疚感无关。

在美国，小费的金额似乎越来越大，或许是为了应对工资滞涨。近年来，小费盒出现在甜甜圈店和便利店等店铺的收银机旁。它们试图倡导一个新规则：为收银员拿走你的钱支付小费。

付小费和个人服务既与社会地位直接相关，又与等待有关。谁等待别人或者被等待？答案简单明了：地位低的人等待地位高的人。王室成员和电影明星可以随心所欲地迟到，我们只能耐心地等待他们的到来；病人等待能为他们减轻病痛的医生；诉讼当事人等待法官；女服务员在餐桌旁等待，使自己的工作配合顾客的用餐节奏。我们轻视那些等待的人，认为那些勇往直前的成绩优异者不会是等别人的人。

从这个意义上说，影子工作可以暂时消除社会阶层间的差别。当顾客自己为自己服务时，将淘汰相关的“佣人”。在加油站，较富有的司机可以每加仑油多支付几美分，以引起“服务式加油站”工作人员的注意。而旁边那些承担影子工作的顾客则支付较低的价格，自己加油，由于他们按照自己而不是加油站工人的节奏加油并付款，可能会减少等待时间。通常情况下，更少的等待意味着社会地位更高。无论如何，这些影子工作者可以最小化等待时间，从而消除几分钟的地位差别。

自助服务终端攻陷旅游服务业

现代旅行，无论是出差还是度假，都涉及自助交易。现在，自助服务终端与影子工作代替了许多原来由旅行社和酒店员工完成的

工作。旅行时，人们不可避免地需要接受他们在家里并不需要的服务，比如交通、住宿、餐厅用餐和旅游，自助服务终端帮助他们处理上述业务。不久以后，可能我们通过机场时，没有一次人际互动。

实际上，在到达火车站或机场很久以前，影子工作就已经开始。乘飞机旅行的游客可以在他们的移动设备或家里的计算机上办理登机手续，用自己的打印机打印登机牌。这就将航空公司的打印工作转移到承担影子工作的旅行者身上。到达机场后，他们向自助服务终端大军的一名成员而非机场工作人员展示登机牌。现在，77% 的国际旅游者乘坐飞机时会使用自助服务终端办理登机手续。原来办理登记手续并出售机票的机票代理商，如今只能做一些行李托运工作，甚至这样的工作也在慢慢消失。2012 年，阿拉斯加航空公司让顾客自己从自助服务终端打印行李签，并贴到行李上。这样一来，该公司就可以减少一名安全检查和装载行李的员工。2014 年，赫尔辛基的芬兰航空公司、波士顿的联合航空公司和中国天津机场安装了行李自助服务终端；90% 的欧洲机场已经配备或计划在 2016 年以前配备行李签自助服务终端。

当然，将承担影子工作的旅行者转变为行李搬运工的结果并不理想。在阿姆斯特丹的史基浦机场，荷兰皇家航空公司安装了一台自助服务终端，用于托运行李。福瑞克·乌吉斯特是一名荷兰籍美国记者，正打算从荷兰飞往美国，这是她第一次遇到这种新型的影子工作。荷兰皇家航空公司的自助服务终端不仅要求旅客打印自己的行李签，还要求他们自行称重、粘贴行李签，并将行李运送到传送带上进行安全检查，然后运到停机坪。不幸的是，这些新任务让许多旅客迷惑不解，导致大量恼怒的旅客排起了长队，队伍的移动速度非常缓慢。乌吉斯特灵机一动，离开自助服务终端队列，步行几英尺找到一位空闲的航空公司代理人，后者非常乐意为她托运行李，面带微笑地帮她完成所有托运工作。乌吉斯特担心自己的行李箱有点超出免费托运的重量限制，但该代理人免除了她的超重费。乌吉斯特说："这位代理人运用了人类的判断，而自助服务终端会直接收取超重费。荷兰皇家航空公司没有取消全部人工服务，我为此感到庆幸。"

从前抵达旅馆时，旅馆老板会和你握手表示欢迎，并递给你房间钥匙，而如今却大不相同，自助服务终端大军中的机器人会代替旅馆老板迎接你。多年来，希尔顿、凯越和喜来登等连锁酒店都安装了自助登记服务终端。预定酒店的顾客可以在这些自助设备上选择、更换或升级房间，为房间钥匙加密，甚至付账离开。自助服务终端还具有提供指示和问路等门房服务功能。雅乐轩酒店已经用平板电脑代替礼宾台。对旅客而言，自助服务终端不一定给他们带来了影子工作，但的确减少了住店体验中与服务人员的接触次数。在这一点上，它们就像挡风玻璃上的射频转发器，让汽车司机可以快速通过收费高速公路：消除那些耗时而且易于出错的人类交流，付款变得越来越容易，越来越快。

你可能会发现欧洲所有的火车站都是自助的，没有任何服务人员为旅客提供帮助或回答问题。这些地方将旅客抛给了自助服务终端大军。在荷兰，除主要城市外，你无法从火车站工作人员那里买票。你的 VISA 卡无法使用：机器仅接受荷兰的借记卡或欧元硬币。在荷兰的大城市，如果你从代理人那里购票，荷兰的铁路公司就会对每张车票征收 50 欧分的附加费。在荷兰，这项费用被称为"阻碍政策费"。其实，被阻碍的是人与人之间的联系。

对旅行者而言，火车站自助购票消灭了旅行中偶然发现一些趣事的机会。来自马萨诸塞州布鲁克莱恩的劳蕾特是一位私人教练，也是一位母亲，她说："我以前非常享受与友善的火车票代理人练习法语的过程，但现在很难找到他们了。"更加重要的是，机器人技术可能将老人和缺乏使用自助服务终端所需操作或认知技能的人排除在外。这些不幸的人，可能必须向其他旅客请求帮助，虽然开启了现场对话，但同时为其他旅行者创造了影子工作，因为他们接管了过去铁路职员的工作。

自助登记与自助结账也缩减了汽车租赁公司的工作时间。显然，影子工作开始影响以"汽车共享"为理念的全球网上租车公司——热布卡公司（Zipcar），该公司将其汽车停放在城市、社区和机场的指定位置上。会员支付每月的会费后，可以按小时或天数租车。他们用会员卡打开车锁，使用后将汽车开回原来的停车位。对车主而言，这是一种实惠的选择。与赫兹公司（Hertz）等汽车租赁公司相比，热布卡公司的高效率部分可归因于其停车位没有员工进行管理。热布卡公司的顾客和数字技术接管了本应由公司员工完成的工作。

优步公司（Uber）的情形与此类似。自 2009 年成立以来，它一直与出租车行业竞争，并取得一定成就，如今已经开始国际化运营，在全球 200 多个城市提供服务。该公司通过应用软件将需用车的顾客与司机直接联系在一起，省去了出租车调度员和车库。这种做法让顾客担任自己的调度员，是去中介化的一种形式。

在美国人作为坚定的个人主义者，坚持自己购物，无需店员。无论在超级市场购买香蕉，还是在运动品商店购买网球拍，他们都无需代理商的帮助。同样，他们也无需景观设计师提供树木修剪服务。购买新车涉及复杂的保修条款、融资协议或租赁条件，可能是多数人自己做出的最大一次购买决定。除此之外，交易的物品越昂贵，过程越复杂，就越适合找代理商帮忙。房地产正是我们熟知的例子。买卖房屋时，支付 5% 的佣金给房地产经纪人似乎是一项非常有价值的投资。

旅行没有规律可循。尽管旅行费用可能非常高，但多数旅途可能仅花费几千美元，甚至几百美元。过去，许多旅客往往会找旅行社购买机票、预定旅馆房间、租车和预定旅游。交易的复杂性使得旅客需要利用旅行社的专业技能。比如，航空公司的机票价格“高深莫测”，甚至旅行社都不是特别清楚。作为旅客，让旅行社购买机票至少能让人放心。它们可以让你避免掉进机票价格的陷阱。

在 20 世纪的大部分时间里，随着全球人口的增长，交通运输尤其是航空运输条件的大幅改善，全球旅游业迅猛发展，旅行社的生意持续兴隆。纵观旅行社的发展历程，就会发现它们的经营依赖于交通运输业和旅游业的发展，使得它们容易受到供应商与客户去中介化的双重不利影响。20 世纪 90 年代，互联网开始破坏旅行社的信息利基[①]。此后，旅行社逐渐走向消亡。归根究底，其消亡受到多重因素的影响，其中包括旅客影子工作的出现。

旅行社的根基，从某种程度上讲是精神上的。1841 年，为带领 540 人参加戒酒会议，英国浸礼会前会长托马斯·库克组织了一次 11 英里的铁路之旅。他们每人支付 1 先令[②]（包括午餐费用），成为旅行社的第一批客户，尽管库克当时的动机是做善事而不是赚钱。不久

① 利基是指针对企业的优势细分出来的市场，这种市场较小，而且没有令人满意的服务。在确定利基市场后，企业往往会运用更加专业化的经营来最大限度地获取收益，以此为手段在强大的市场夹缝中寻求自己的出路。

② 先令是英国的旧辅币单位，1 先令约等于 0.7 元人民币。

后，他开始组织愉快的短途旅行，按照火车票价格收取一定比例的费用，并因此大赚一笔。当他宣布带领16.5万名游客到伦敦参加1851年的万国工业博览会时，他的旅行社生意取得了突飞猛进的发展。后来，库克创办的旅行社发展成为国际旅行社；截至1888年，托马斯·库克旅行社在全世界设立分支机构，其中包括澳大利亚的3家办事处。1919年，库克首创了愉快的飞行之旅。1927年，他组织了首次团队飞行之旅，带领旅行团从纽约飞到芝加哥，观看杰克·邓普西与吉恩·滕尼的重量级拳王争霸赛。如今，托马斯·库克集团仍是世界上最大的旅行社之一。

1850年，美国运通公司在美国成立，主要从事运输业务，将货物和包裹运往美国西部，并因此得名。该公司于1891年率先推出旅行支票，并于1915年进军旅游行业，最终成为世界上最大的旅行零售商之一。1888年，另一家美国大型旅行社"问福斯特先生旅行社"（Ask Mr. Foster Travel）在佛罗里达州的圣奥古斯汀斯成立，后来发展成为嘉信力旅运公司，该公司是排在美国运通之后的第二大美国旅行社。早期的旅行社还包括许多"梅布尔在餐桌旁"(Mabel at the table)的业务。这些旅行社的经营商中有一些空巢母亲，她们有足够的时间经营一间既有趣又有利可图的小旅行社，让自己能够放眼世界。

旅行社赚取航空公司、轮船公司、铁路部门、酒店和汽车租赁公司的佣金。佣金比例为5%～10%，而且通常情况下，各个旅行社代理不同的交通运输公司与酒店。旅行社员工基本上属于外包的销售人员。

第二次世界大战后，航空旅游业急速发展，截至1950年，旅行社包揽了70%的海外航空预定业务。喷气式飞机提高了旅客容量，运送了数百万人。旅行社为顾客提供护照、签证、汇率、购物、观光、天气、娱乐和休闲等方面的建议。1978 年，航空管制的解除再一次促使旅行社业务激增，因为航空公司数量突然大幅增加，使得飞机票价不仅吸引着旅行者，还使他们感到困惑。此外，商务旅行的增加，也促进了旅行社的发展。

1976 年出现了第一个全球分销系统（GDS）。旅行社利用这种自动化系统安排航空旅行、住宿与汽车租赁业务。一套 GDS 不会自己保有库存，只是让旅行社实时与供应商的数据库相连接，使它们可以直接进入加盟航空公司的电脑预订系统，即刻预定该公司的机票。最终，美国只有 4 家国家航空公司存活下来：美国航空公司、联合航空公司、捷蓝航空公司，以及它们的小兄弟美国西南航空公司。目前，美国主要的 GDS 公司有 Travelport、Amadeus 和 Sabre。

20 世纪 80 年代，旅行社处于繁荣时期。美国旅行社的数量在 1977 ~ 1985 年里增加了 1 倍，高达 27 000 家。顾客视旅行社为“专家”，能够收集到公众无法获取的专业信息。它们确实很专业，不仅利用 GDS 预定旅行机票，使客户的成本或时间最小化，还能规划出复杂的、让不明情况的旅客无所适从的旅游活动日程。那时，通过旅行社购买的机票大约占航空公司收入的 75%。

航空公司非常乐意直接向乘客出售机票，但不会提供辅助服务或建议。当然，它们在定价时也不会参考自己竞争对手的价格。直接从航空公司购票仅能享受到必要的票务服务，你只是希望价格合适。机票本身是一种特殊的文件。马萨诸塞州坎布里奇市旅游合作机构的旅行代办员卡罗尔·派因说：“纸质票印在官方的特种纸上。机票从诞生开始直到你拿在手里，需要经过太多的工序和手续，这意味着，你手里的机票是实实在在的贵重之物。”

1995 年，美国航空公司开始限制机票代理佣金，旅行社的黄金时代随之结束。以前，航空公司按照机票价格的一定比例向旅行社支付佣金，此时国内机票佣金上限为 50 美元，国际机票则为 100 美元。后来，航空公司将佣金上限分别降至 25 美元和 50 美元，再后来就完全取消了佣金。20 世纪 90 年代中期，互联网吸引了人们的视线，航空公司能够通过互联网直接向顾客出售机票。另一位旅游合作机构的旅行代办员托姆·马尔赫恩说 ：“当意大利航空公司打出‘不要找旅行社’的广告时，我们感到震惊，认为这是世界末日。”当航空公司的收入之源枯竭时，旅行社试图从消费者身上征收机票附加费，但遭到了后者的强烈反对，因为他们以前从来没有为机票支付过额外费用。这些消费者问道 ：“为什么突然要求我为你们的专业服务付费？”

互联网催生出大量的旅游网站，比如全球最大的在线旅游公司艾派迪（Expedia）、旅程网和卡雅网（Kayak.com）。顾客可以访问这些网站，输入旅行目的地与日期，比较机票价格。他们可以在网上看到可选航空公司、线路和价格信息。同样，他们可以在 hotels 等住宿网站查看酒店信息。顾客认为他们在网站上看到的与旅行社掌握的信息一模一样，但实际上，二者不尽相同，旅行社会使用 GDS。2012 年，市场调研公司 eMarketer 的一项研究显示 ：3 600 万人在移动设备上搜索旅游方案，其中有 1 600 万人会预定。同年 9 月，赫兹公司发布一款应用软件，让用户可以在手持设备上搜索、预定和修改租车信息。

旅游网站数量的增加产生了两方面的影响 ：一是促使曾经给旅行社带来信誉的独家专业知识大众化，二是导致旅客承担了如潮水

般涌来的影子工作。这明显是去中介化的典型范例：在钳形攻势[①]之下，航空公司和网站将旅行社排挤出局。美国旅行社的数量从1996年33 715家减少到2010年的15 564家（部分是因为合并），数量上后者不及前者的一半。1997年，旅行社出票占国内航空业务的比例骤降至52%。承担影子工作的顾客任命自己为旅行代办人。

然而，这样的结果并非总像旅客认为的那么美好。马尔赫恩说："当看到旅程网或卡雅网的广告时，你会认为这是可以获得的最好信息。的确，这些网站推销自己的工作是令人钦佩的。"他表示，作为专业的旅游代办人，他从不查阅旅程网或卡雅网。他说："这不是一项选中并点击即可完成的任务，顾客实际上处于信息匮乏的环境中。在GDS设备的帮助下，我可以看到库存、时间范围，并清楚地了解哪些航班价格较高，甚至可以看到现行价格下剩余座位的数量。"

尽管机票定价不合理，但通常适用于供求定律。旅行代办员卡罗尔·派因认为，一旦某趟航班剩下许多空位，机票价格就会下降。她进一步补充道："艾派迪与旅程网显示的只是它们希望旅客看到的信息，这些信息并不全面。但我可以打开显示器看到波士顿—芝加哥的航班信息，然后与我的顾客商量是否可以提前45分钟起飞，晚30分钟飞回，这样他可以节省125美元。"或者，旅行社可以告诉客户中等价位轿车和全尺寸豪华轿车的租车价格仅相差1美元。

国际航线强化了旅行社的专业优势。有时，已经预定海外旅行的顾客向派因咨询，后者会询问"你是否知道有18个小时的经停时间？"这类问题。派因解释道，当顾客忙于查看旅游网站时，他们未必总能理解屏幕上显示的所有信息。他们可能忽略一些异常现象，比

① 钳形攻势是一种重要战术，将己方队伍分成两路，从两个方向向对手进攻。

如2张单程机票比1张往返机票便宜，而卡雅网可能并不会将这些信息告知顾客。

另外，当计划有变时，有经验的代理人就能派上用场了。马尔赫恩说："芝加哥正在下雪，你的航班被取消，你前面有52个人正在排队等见客户代表。而参加旅行社的你可以立即给代办人打电话，告诉他'让我乘下一趟航班到迈阿密，这样我就可以去里约热内卢'。然后，你的要求会在20秒钟内得以实现。这多么有趣！"

商品零售业：实体货架的成功关键在于开辟数字货架

商品零售业及其女服务员、客服代表见证着人工的消失。在这个遍布大超市的时代，你走进沃尔玛超市、塔吉特百货或史泰博的购物店，试着找人帮忙购买一台打印机，其结果会如何？祝你好运！只有你一个人徘徊在超市的过道中，寻找着空闲的超市店员。在大型超市寻找销售人员，就像在加拿大北部行政区育空领地荒野中寻找人类居住地一样困难。更加重要的是，即使你足够幸运找到了店员，他或她也可能对商品一无所知。华盛顿特区一家中介公司的主管爱德华说："毫无疑问，购物中最令人烦恼的是销售员掌握的知识越来越少，他们甚至没有尝试了解一些有关货物的知识，至少让自己看上去有见识。"

在零售领域，曾经有一种被称为"店铺巡视员"的工作岗位。在20世纪中叶百货商店的鼎盛时期，店铺巡视员盛极一时。通常情况下，店铺巡视员身穿制服，系着领带，正如其职位所描述的那样，在零售店里走来走去，监管销售员是否有帮助顾客找到后者所需商品。当时，店铺巡视员之所以盛行，是因为零售商雇人帮顾客购物，而不只是收钱。

在如今的大型超市中，顾客成为无需监管、不领薪水的店铺巡视员。这意味着顾客承担了影子工作。他们必须了解有关产品的知识，包括产品特点、限制、要求、竞争优势与劣势、质量保证等。有些顾客在家通过网络搜索相关信息，大量购物者（84%）就在店里用智能手机完成查询工作。2012 年，谷歌购物者理事会针对 1 507 名智能手机用户的一项调查显示：三分之一的购物者宁愿使用智能电话查询商品信息，也不愿意咨询店员；智能手机的最大任务是查找有关商品的信息，82% 的调查对象选择此项。

针对同样的商品，53% 的调查对象用手机查询其他商家的价格，这种做法被称为“展厅现象”。手持智能手机的购物者视传统的商店为展示所售商品的陈列室。在实体店选定商品后，他们会在手机上查看网购价格，如果看到较低的价格，则在线订购，让实体店“竹篮打水一场空”。2013 年，美国针对 750 名消费者的一项调查显示：在最近 6 个月中，近四分之三的受访者有过先逛实体店后网购的经历。诚然，一旦他们身在实体店中，最简单的办法就是在店里购买。但现在，智能手机加剧了零售业的竞争。谷歌的亚当·格鲁尼沃尔德认为，“要赢得实体货架的成功，关键在于还要拥有数字货架”。

店员的减少使超市提供的服务最小化，但也延长了顾客在大型百货商场漫步的时间。来自马萨诸塞州北安普顿的心理治疗师布伦特说：“无论何时去史泰博，我都非常清楚自己的目的是购买计划好的两三件商品。你在过道中间走来走去，寻找自己想要的商品，然后找到它们。上一次我购买的是一盒可擦笔和一盒空白 DVD 光盘。”有些超市似乎总在改变货架的位置，让顾客在过道中徘徊，以寻找商品，因此延长在店内的时间，以增加购买其他商品的概率。

传统意义上，零售是指产品的三阶段流动：从制造商到批发商再到零售商。20 世纪 80 年代，好事多、山姆会员店（沃尔玛公司所有）和 BJ 仓储式批发俱乐部等“会员店”巨人迈出了重要的一步，为其出售的商品提供低折扣。顾客支付年费就可以加入会员俱乐部，通常年费约为 50 美元。这些店铺允许会员大量购买商品，其上限几乎接近批发量。只有小型车的顾客就不必申请了，因为车太小，货物装不下。这些仅提供必要服务的销售点，没有便利的超市货架，没有不常用的产品，没有音乐，没有免费样品，也没有销售员。搬运货物的是叉车，而不是青年人。

仓储会员店成功的秘诀是去中介化。传统上，零售价是批发价的两倍，这是关键。去掉零售商，允许商品批发，使得这些会员店可以大幅降价。没有便利设施可以降低日常管理费用。仓储商店是网络商家的一种选择，极少的管理费用有助于降低价格。

对顾客而言，仓储会员店意味着能提供廉价商品与影子工作。除购物车与收银员之外，仓储式超市不提供其他帮助。因此，请自行携带购物袋。然而，最费力的影子工作出现在顾客将特大号购货车推到车道之时。他们必须找到空间存储每包 12 卷的纸巾若干包，以及找到像餐厅器皿那么大的容器盛放番茄酱、西红柿和咸菜。更加重要的是，他们的家成为售后仓库。好事多连锁超市没有租赁仓库存储货物，而是将卖出的货物存储在顾客家的地下室，如此一来便无需支付租赁费。

在线客服、用户论坛、众包与客服成本的秘密

寻找提供超市导购时，人们仿佛进入了育空领地。如果在采购中遇到困难，那么你只能靠自己解决。对于亚马逊和易趣网等在线销售商，你必须点击“帮助”或“联系我们”按钮来寻求帮助，而不是拨打联系电话。这些网站在设计上就与顾客保持了一定的距离，而不是尽可能地与顾客建立联系。电子邮件成为它们与顾客打交道的首选方式。

如果你以某种方式找到一个电话号码，并顺利打通了，电话那头通常会要求你输入账号等信息，或者回答多选问题。接下来是长时间的等待接听，背景音乐或录好的广告词不断在你耳边重复播放。来自加利福尼亚州的高尔夫球具店销售员格温多琳说：“当我终于等到一位客服代表时，她却让我提供账号。实际上，在电话接通之初，我就已经输入过了。”

这些都是影子工作，但与数字化时代到来之前的影子工作相比，二者间的差异很大。针对客服电话事宜，来自加利福尼亚州埃斯孔迪多市的陶乐茜·梅耶尔（82 岁）对《纽约时报》说：“过去，一旦你拨通客服电话，就会有人接起电话并问你‘我能为你做什么？’”作家凯蒂·海芙纳表示，梅耶尔“仿佛描述的是火星上的生活”。

几年来，我一直使用大通银行的蓝宝石信用卡。我尤其喜欢它的客户服务。产生疑问时，我会拨打一个容易记住的电话号码，很快就会有口齿清晰的人工客服接听电话。这种服务如此珍贵，让我感觉自己成了贵族中的一员。

通常情况下，“在线聊天”是在线客服所能提供的最佳服务。这

意味着顾客要实时与一个据称是“客服代表”的人进行沟通。我之所以用“据称”一词，是因为在线聊天让人不可避免地想起了“图灵测试”，这是英国数学家、计算机科学家阿兰·图灵在1950年发表的一篇论文中设计的实验，用于测试计算机的“思考”能力。

“图灵测试”的具体内容为：通过键盘输入、显示屏显示纯文本的方式，先由一个人向计算机发问，然后等待5分钟，由另一个不知情的人根据回答判断另一端是计算机还是人。如果一台计算机被误认为是一个人，那么它通过了“图灵测试”。反之，另一端的人如果被误认为是计算机，那么他显然没有通过“人类测试”。真正成功通过“图灵测试”的计算机极其罕见。从在线聊天的经历来看，我还没有遇到机器人通过测试的情况，至少以我的学识还从未遇到过。如果与我实时聊天的是真人，那么即使缺少声音等信息，他们对我的帮助依然很大。与真人对话相比，和机器人对话通常会延迟30～60秒，以等待“客服代表”回复。

威瑞森电信公司的电视广告就带有哄骗意味：你甚至可以与真人对话。这句广告词出现后，广告马上切换到一段顾客与其客服代表的在线实时对话。请威瑞森电信公司注意：键盘对键盘的交流并非“与真人对话”。该公司试图忽略两者间的某些差别，并重新定义语句，目的是为了提高顾客对其服务的认可度。

一般而言，企业会设法避免顾客直接与员工交谈。最好的方式是在网站上列出“常见问题解答”（FAQ），让顾客自行查找，如此一来后者就承担了影子工作。即使他们有幸找到答案，也是样板化的结论，而不是询问他人得出的结果。有些公司对那些希望与员工而不是机器人打交道的顾客进行额外收费。2000年，第一芝加哥银行和信托局

（First Chicago Bank &Trust）宣布，向那些要求由银行职员而不是自动取款机提供服务的顾客征收 3 美元的费用。2003 年，美国西南航空公司开始向通过代理人办理常旅客[①]机票的顾客额外征收 50 美元，这笔费用是网站或自助服务终端办理费的 2 倍。

20 世纪七八十年代，个人电脑进入市场时，制造商面临的一项艰巨任务就是教会人们使用这种新设备。那时，大多数用户不懂电脑，还有很多疑问。IBM、苹果、微软，以及它们的软硬件供应商通过免费电话提供技术支持：技术娴熟的客服代表负责解答用户的疑问，经常与他们进行长时间的对话。连续几年，销售商都在提供这样的免费服务，但这样不仅需要大量劳动力，而且成本极高。

几年后，各家公司逐渐淘汰了这种艰苦的售后服务。客服代表们不再使用电话，而是通过互联网指导用户。后者可以在网站上查阅“常见问题解答”，也可以发电子邮件进行咨询。这种客户服务的基本理念就是让公司员工脱身，把技术问题返还到顾客身上。

下一阶段，制造商开始将解决用户问题的工作移交给资深用户：本质上是将技术支持工作众包出去。比如，苹果在线社区包括大多数苹果软硬件产品的用户论坛，涉及 iTunes 和苹果支付等软件知识，以及苹果手机、苹果平板电脑和麦金塔电脑等硬件信息。用户可以加入论坛，并就苹果产品相关问题提问。随后，资深用户会站出来，尝试在线解答，当然是免费的。通常情况下，论坛的版主也是资深用户。这些用户承担着重要的影子工作，对苹果公司大有裨益：该公司正在收获全球热情的苹果用户带来的红利。

微软公司、惠普公司、Quicken 公司和其他供应商也拥有类似的

① 常旅客是指经常坐飞机的人。

论坛，以利用顾客的专业知识，他们往往掌握了高难度的技术。用户在线支持论坛不仅局限于高科技产品。2014 年，我在宝马汽车论坛上提出一个问题：宝马汽车的 528 蓄电池是如何断开的？这是导致汽车收音机无法运行的原因吗？论坛用户的回复蜂拥而至，最远的来自新西兰。有些回复对我帮助很大，有的甚至提供了宝马车配电板的照片和图解。最终，这样的互助帮我发现汽车丢失了一根保险丝，很明显是技师拆掉后忘记安装所致。就这样，问题得以解决，收音机也恢复正常了。

这些宝马车司机是真正的热心人，他们的热情与那些渴望与他人分享经验的业余爱好者不相上下。其他汽车制造商也设有相关汽车及其驾驶员的论坛。这些论坛对顾客而言是免费资源，的确具有较高的价值。然而，对那些慷慨地帮助陌生人解决问题的用户而言，这些论坛是影子工作之源。

公司之所以希望顾客承担影子工作而不是向职员咨询，其原因是显而易见的。2004 年，弗雷特斯研究公司指出：一名客服代表处理一个客户电话，可能需要花费公司 35 美元；相比之下，提供在线查询服务仅需 75 美分，这意味着每笔交易可以节省 98% 的费用。在线查询业务迅速增长。2003 年，惠普公司每个月接到的顾客咨询电话超过 100 万次，而 500 万～ 600 万名顾客使用惠普的在线支持网站寻求帮助。无需借助惠普公司的计算器，你也能算出在线查询服务为公司节省了多少钱。

最小化时间投入不仅能激发顾客购物的积极性，还能促进公司的发展。细想一下，礼品卡极大地简化了礼品馈赠过程：你不需要赠送实物，仅需送给对方一张印制的卡片或一份可以在线制作的数字化文件。收到价值为 50 美元的礼品卡后，他或她可以在梅西百货公司、“维多利亚的秘密”零售店、唐恩都乐连锁店或你购买礼品卡的任何地方消费。除了无法像现金那样可在任何地方消费以外（局限于特定的卖家），礼品卡的用途几乎与现金一模一样。

无论企业的规模有多大，它们几乎都会提供礼品卡，其原因显而易见。与多数购买行为不同，礼品卡在交付商品之前就已经付款。对卖方而言，这是直接存入银行的现金，而且在礼品卡使用之前，不需支付任何费用，尤其是很多礼品卡从未被使用。2007 年年底，《美国消费者报告》发布的数据表明：1 年前签发的礼品卡中，有 27% 尚未被使用，通常是因为人们没有时间去消费，或者是他们忘记了卡片，又或者是礼品卡过期或丢失了。2011 年，据权威咨询机构 TowerGroup 的商业报告，2004 ~ 2010 年未领取的礼品卡商品价值高达 411 亿美元。换言之，礼品卡可能成为商人的自动取款机，他们只需收取费用，不需要拿任何东西去交换。因此，卖方当然乐于推广礼品卡。礼品卡收到了，礼物却未到，因为收礼者还未承担随之而来的影子工作。

在社交层面，礼品卡颠覆性地重新界定了馈赠行为。曾经，我们费尽心思给挚爱的亲友挑选礼物，礼品的好坏反映出馈赠者对受礼者的了解程度。送礼要求人们准确地把握收礼者的喜好或需求。对那些足够幸运收到礼物的人来说，这样的礼物非常令人感动，因为这意味着某人花费很长时间，只为给你挑选一份礼物。

在另一个极端，我们发现了礼品卡，其设计更多考虑的是馈赠者与商家的便利，而不是收礼者的快乐。除了知道收礼者在哪里购物之外，礼品卡丝毫没有或极少顾及个人的感受。比如，唐恩都乐连锁店的礼品卡往往适合所有喝咖啡的人。

另外，礼品卡不经意间还带来了影子工作。馈赠者不必花时间去商店购买礼物，礼品卡将这项工作移交给了收礼者。我认识的一位高管就曾收到一张礼品卡作为圣诞礼物，这张礼品卡甚至附有威廉姆斯—索诺玛公司的产品目录。尽管精心挑选一件商品可能很有趣，但使用礼品卡购物更像是一次邮购，而不是收到一份礼物。伴随着其他形式的影子工作，礼品卡可以让你得到自己真正想要的礼物，因为你接管了购买礼物的工作。同时，我们失去了与重要的人进行沟通的机会。

失落的人性

1961 年，纽约城市国家银行（花旗银行前身）引进了一台试验性的“Bankograph”，这是自动柜员机的雏形。这台机器能够接收现金，查询存款余额，但没有现金分配功能。6 个月后，由于得不到顾客的认可，银行搬走了这台机器。20 世纪 70 年代早期，能够分配现金的自动柜员机出现了，并取得了一定的成效。那时，某些银行高管担心顾客可能会不放心让机器处理他们的钞票。

此后，自动柜员机成长为自助服务终端大军中的主力军团。它们甚至占领了小店铺，那里没有任何店员。**自动柜员机正在逐步淘汰柜员，承担影子工作的顾客将不得不自己处理所有银行业务。**

1984 年，我父亲从新泽西州小镇银行的首席执行官岗位退休时，自动柜员机仍是一种非常新奇的设备。在他的退休晚宴上，我在发言中提到他曾问我的问题：“当银行营业时，为什么还有人使用自动柜员机？”在柜员窗口工作多年后，他能理解自动柜员机在晚上和周末的重要性，但不能理解当银行大堂有愿意提供服务的柜员时，顾客为什么还会选择一台机器处理业务。

在某种程度上，人类商业的历史就是问题的答案。小镇和村庄的人们一直是面对面进行日常交易，在交易中了解他们的邻居，尽管交易的过程可能很简短，但通常情况下足以构筑邻里之间的友好关系。“商业”一词可能是指买卖或社会关系，或者包含这两种含义。因此，日常接触非常重要，它使整个社区的民众紧紧联系在一起。在我的家乡多佛尔小镇，银行柜员是一个真人，而不是机器人，对许多生活在那里的人而言，那个人就是我的父亲。

相比之下，如今可以在没见到任何一位银行职员的情况下完成银行业务，更不用说见到他们的微笑了。银行甚至不再需要自动柜员机。人们坐在家用电脑旁或者拿起智能电话，就可以办理存款、开支票、支付月供、缴付账单和下载报告。这是筒仓中的银行。只有涉及古老交易媒介现金的业务时,你才无法在屏幕上办理。对于现金业务，还有自动柜员机可以处理。

机器改变了我们与银行的关系。银行营业时间变得无关紧要，因为无论银行职员是否上班，自助服务终端和互联网每天都会 24 小时运营。尽管自助服务终端被认为是一种交互式设备，但实际控制相互交流的是算法。自助服务终端不会像银行柜员那样与我们建立联系。人可以随机应变，而且会付出感情，关注的不仅仅是手头的工作。我们不会与自动柜员机建立和谐的人际关系。自助服务终端大军和机器人技术不停地渗透，重塑我们的习惯，逐步灌输异于人类本性的行为模式。换言之，机器人正在诱导我们，使我们的行为变得更像它们。

机器人风格的行为包括没有感情，从不犯错。由于自动柜员机分发真实的现金，因此制造之初就设计了100%防错模式。如果自动柜员机分发了200美元现金，而顾客的收据上仅记录下100美元，银行就损失了100美元。银行没有追索权。因此，这些自助服务终端设计了标准化的运作流程，几乎与我所接触到的其他机器一样完美。

但自助服务终端完美的性能可能会宠坏我们。它建立起新的机械标准，并提高了我们人类的标准。我们开始期望人类拥有同样完美的表现：为什么他们不能表现得像机器人一样优秀？这是一种微妙而且无意识的比较。大部分数字技术的失误率非常低。实际上，人们之所以可能为计算机的错误感到沮丧，恰恰是因为它们很少犯错。比如，顾客拿到的高质量唱片往往毫无瑕疵，而且该唱片甚至还能设置混响音效，这是音乐家在现场表演中无法再现的。

自助服务终端大军可能让我们对人类的错误失去耐心，在人际互动中增加易怒的因素。与机器人不同，人类有大脑，而且大脑中储存的信息远多于即时任务所需的信息。大脑赋予我们偶尔犯错的特征，还有自我修正的能力。不幸的是（或许是幸运的），人非圣贤，孰能无过。

在某些方面，作为沟通媒介的互联网也提高了绩效标准。亚马逊网站刚建立不久，首席执行官杰夫·贝佐斯就宣称：对在线零售业来说，无可挑剔的服务至关重要。他认为，如果在街角小店遇到糟糕的服务，消费者就会将这次经历告诉5个或10个朋友，但在互联网上遭受糟糕服务的顾客会将这种遭遇告诉100万名网友。

当有人作为情感纽带而不仅仅依赖一台受控的机器时，事情就可能发生变化。波士顿的汉堡与啤酒餐厅老板曾经告诉我，为吸引一名新顾客到餐厅消费，他需要花费大量资金进行广告宣传。如果顾客品尝食物后觉得美味，他就有可能再来。若是出了差错，结果会如何？此时，餐厅服务员如何与这位不满意的顾客的沟通就非常关键了。如果女服务员没有处理好他的投诉，那么这位顾客就再也不会光顾。相反，如果她迅速纠正了错误，或者给顾客一些补偿，比如取消一项费用或提供免费的甜品，其结果甚至比没有犯错还要好。解决问题确实是构建顾客忠诚度的最佳方法。

机器人与人在本质上是有区别的，比如后者需要休息。适时地关闭计算机，让芯片和电路冷却，这样做的确有好处。但机器人可以不睡觉，它们的电子线路每天可以工作 24 个小时；人却无法做到。互联网从不睡觉：亚马逊、易趣以及其他网店任何时候都在营业。再加上贸易全球化的影响，我们发现自己永远身处市场之中。

从周一到周五，纽约证　交易所会在上午 9 点 30 分敲响开市钟，下午 4 点敲响闭市钟。这意味着每个交易周为 32.5 个小时。但每周你却有 168 个小时（7 天，每天 24 个小时）去购买、销售或选择股票、债券、基金、商品、金融衍生品，以及任何公开交易的理财产品。尽管开市之前，上述交易无法执行，但除此之外，它们与其他贸易相同。如果现在是凌晨 2 点，而且你又在赶时间，那么你只需要委托一位在东京证券交易所或德国法兰克福证　交易所拥有席位的经纪人代理买卖。

24 小时营业既影响员工，也影响顾客。大部分岗位仍实行传统上的 8 小时工作制，但顾客却可以随时随地“工作”。这一事实种下了影子工作的种子，因为顾客可以在任何时候进行交易。你无法在午夜到安·泰勒专卖店或布鲁克斯兄弟零售店找到一位销售员，帮你买一件夹克，但网店随时欢迎你自己完成上述工作：观察不同角度拍摄的服装照片，检查面料成分和尺寸，比较价格。在凌晨3点钟，你不必走出家门，就可以从爱尔兰科克郡的Barry’sTea订购一箱茶包，并免费运到美国，几天后就到货了。

似乎我们没有足够的时间或精力完成所有想要完成的任务。你想知道自己为什么疲惫不堪吗？答案只有一个，那就是你在夜以继日地工作，要么在做有报酬工作，要么就是忙于影子工作。或者说，永不停息的市场反映出人们的睡眠时间更少了，由此使美国成为睡眠不足的国度。

大多数美国人现在的睡眠时间少于一个世纪甚至半个世纪以前的人们。2005年，美国国家睡眠基金会的一项调查表明：美国成年人周日晚上的平均睡眠时间为6.8个小时，根据哈佛医学院睡眠医学部主任查尔斯·切斯勒的观点，这比他们需要的睡眠时间少了1个多小时。他的同事，哈佛大学精神病学教授罗伯特·斯蒂克戈尔德说："我们生活在历史上最大的睡眠剥夺实验中，所有人都是实验的一部分。我可以想象，人们将发现这个实验会产生严重的社会、经济和健康后果。睡眠剥夺没有任何正面效应。"

影子任务也可能让我们精疲力竭。2007年发表在《职业与环境医学期刊》的一份美国劳工电话调查报告显示：38%的工人感到疲劳；每年，雇主需要为员工疲劳耽误的生产时间付出1 364亿美元的代价。虽然难以统计多少员工疲劳来自于影子工作，但它无疑是影响因素之一。

永不关闭的市场也会对人们的心理形成一定动力。只要有机会购买、出售、交易、调研和评论，或以其他方式与市场相连，这种可能性就会萦绕在你的脑海。或许你没有进行交易，但大脑的某个部分

为顾客节约每一分钱，这可以为你创造新的竞争优势。

——山姆·沃尔顿

知道你可以。这种认知会转移你的注意力，使你在阅读图书和可能在线进行股票交易之间左右徘徊，毕竟股票价格每秒钟都在变化。互联网用户会不断地询问自己：我错过了什么？还能做什么？应该做什么？

无限的选择诱使人们进入多重任务的陷阱。为了避免错过任何机会，我们尝试一次做几件事情。处理多重任务与分散注意力可能比集中精力做一件事情更让人筋疲力尽。长时间坐在电脑屏幕前，不断点击多重窗口，使我们感到疲劳。**这种精疲力竭的感觉大多来自于现代生活中不断累积的影子工作。**

自助结账——21 世纪新型影子工作

购买食物是现代社会的产物。人类历史上曾经几乎不需要购买食物。在本杰明·富兰克林所处的时代（18 世纪），绝大多数美国人从事农耕。他们自己种植苹果、豌豆和胡萝卜，在可能的情况下腌制食物，饲养并宰杀家畜，自己挤牛奶。此外，他们还会与邻居交换自己没有的农产品。

有些农民生产过剩，于是小城市中很快就出现了市场。约翰·温斯罗普州长早在 1634 年就在波士顿建立了市场。如今，这个市场仍以“波士顿法尼尔厅市场”的形式存在，它附近的干草市场专门进行食品交易。1643 年，每逢赶集的日子，这类大型而且集中的市场会将农民、乳牛农场主、屠夫和其他卖家聚集在一起。购物者提着篮子从一个农产品柜台走到另一个柜台，从一个卖家的摊位走到另一个卖家的摊位，然后将购买的食物带回家。那时每座城市只有一个市场，除此之外，它们与现在的农产品市场十分相似。

出售“你需要的一切”的杂货店出现于17世纪。1690年，费城共有29位杂货店店主。在小城镇，杂货店为店铺周边地区的人们提供服务。随着18世纪的到来，一些城市商人开始专门经营杂货店。通常情况下，店主的家就在店铺附近，因此他们的通勤时间很短。顾客将采购单交给店主，后者从货架上取下物品，或者从桶里舀出坚果和谷物等散装食物。

镇里的人们在杂货店相遇，开展社交活动，这是除工作地点和家以外的“第三个场所”。杂货店在几个世纪里都发挥着这样的作用。在其1917年发表的小说《夏天》（*Summer*）中，伊迪丝·华顿将背景设定在19世纪末，书中描绘了这样的场景：住在马萨诸塞州西部小镇的律师罗亚尔走进对面街角的杂货店，店主凯瑞克·弗里总是会给他留一把椅子。在充满绳索、皮革、焦油和咖啡豆味道的店铺里，罗亚尔总会发现一两名市政议员靠在长长的柜台上。聚会者甚至会劝说店主拿出一些小点心分给大家品尝，这再寻常不过了。1825年，密苏里州的一位杂货店店主对一家报社说：

> 我是一名杂货店店主，一些讨厌的、游手好闲的人让我极为恼火。他们有个习惯，就是每天在我的店里聚集，坐上好几个小时。只要看到我的书，他们就会翻阅。此外，他们还会无礼地询问一些与自身毫无关系的生意，并时不时地暗示我分享一点烈酒。

有时，这些不请自来的客人还会私自拿走店里的饼干。这种不恰当的做法，以及人们围坐在杂货店火炉旁度过光阴的社交活动与社区构建，都随着连锁店的崛起消失殆尽了。连锁店的组织架构与管理模式破坏了悠闲的生活方式。

1859 年，位于纽约的大西洋与太平洋茶叶公司成立了。最初，它经营茶叶生意，从纽约码头购买大量的茶叶，然后进行大范围的零售。后来，该公司还经营很多其他杂货，并发展成为美国第一家大型食品连锁超市。1879 年，机械式收银机问世，美国国家收银机公司很快将其售往全国各地，成为杂货店现金交易中占统治地位的设备。

19 世纪 80 年代，伯纳德·克罗格在辛辛那提开办了连锁店。他也是通过大宗采购降低商品价格。杂货店成为薄利多销的行业，因为低价是竞争的核心，时至今日仍是如此。杂货行业的规律是：杂货店出售的许多商品是到处有售的名牌产品或一般商品；利润率低至 1% ～ 2%。

早期的杂货店通常是“柜台—墙壁”设计，顾客聚集在店铺中间的空地上，观察侧墙货架高层的待售商品，不允许走到货架前的柜台后面去。守在柜台的营业员负责为顾客取下商品。这是一种劳动密集型的系统。在小型杂货店，一名店员就可以帮顾客去取采购单上的每件商品。在大型杂货店，店员们在规定的区域巡视，并帮顾客获得特定的食物，比如肉类。这种购物体验令人愉快，但该系统运行缓慢，劳动成本高，对店主而言支出过大。

1916 年，克拉伦斯·桑德斯在田纳西州孟菲斯市开设了首家小猪扭扭超市，采取了一项创新性举措。他拆除了“柜台—墙壁”系统。取而代之的是，顾客通过十字转门进入小猪扭扭超市，拿起一只购物篮，沿着一条单行道经过店里的每个货架，将选择的食物放进购物篮。

这种设计迫使顾客观察超市里每一件待售商品。最后，顾客在收银机旁排队付款（只收现金），然后离开。小猪扭扭是第一家现代化超市。

桑德斯的新系统将以前由店员完成的工作分配给顾客，这是影子工作的历史转折点。正因为有了那些承担影子工作的顾客，桑德斯雇用的店员少了许多。节约下来的成本让他可以“消灭恶魔般的高价”，正如他向顾客允诺的那样。在 6 年的时间里，他在美国 29 个州开设了 1 200 家小猪扭扭超市。

一些上流社会的顾客认为自我服务有失体面，因为这让他们像工人一样，而不是等待佣人侍候的社会名流。但多数人不介意额外的付出，而且享受自助服务的自主权。由于没有店员约束，他们可以根据自己的节奏购物。有些顾客竟然感觉自己在偷东西，因为此前只允许店员触摸商品。超市并没有完全信任顾客：现在出口处的收银员会确保顾客为他们所携带的每件商品买单，代替店员对顾客的监管。

1923 年，桑德斯的迅速成功吸引了华尔街的注意力。信奉机会主义的投机商们，包括一些来自美林证券公司的投资者，确信小猪扭扭的股票估价过高。他们不仅做空该公司股票，还主动压低股价，这一策略被称为“大量沽空”。在美国南方一些银行的帮助下，桑德斯成功阻止了这次突袭，并拉高股价。于是，投机商们迫使纽约证券交易所改变其规则，认定桑德斯囤积小猪扭扭股票。最终，该证 交易所妥协了，允许他们 5 天而不是 24 小时内交出桑德斯购买的股票。他们的操纵取得了成功，不仅使桑德斯损失了 300 万美元，还迫使他宣布破产。此后，桑德斯不再与小猪扭扭超市有任何关系。尽管如此，小猪扭扭仍是一家活跃的连锁超市，在美国 17 个州设有 600 家店铺。

克拉伦斯·桑德斯富有远见，他的想法足足超前了几十年。在

1953 年去世时，他仍致力于研究一种更为先进的零售概念。执行这种零售概念的超市将实现完全自动化，也就是现代自助结账的前身。进入这家超市，顾客会收到一台小计算机。他们可以将其插入欲购买商品旁的小槽中。封闭的玻璃展示柜自动推出顾客选择购买的商品，并在他们的小计算机上记录价格。在购物之旅结束时，总账单已经计算完毕，顾客只需将计算机交给收银员。桑德斯希望在孟菲斯开设第一家这种超市，此地距离小猪扭扭超市的创办地仅有两个街区，但不幸的是，这种未来主义的超市从未开业。

在此期间，作为伊利诺斯州克罗格公司的员工，迈克尔·库仑于 1930 年给两家连锁店的董事长写了一份洋洋洒洒的计划书，建议他们支持自己扩大超市的想法：大型的低价商场，自助服务，不送货，做广告宣传商品价格，外加充足的停车场。库仑建议将 300 种商品按成本价销售，用“亏本商品”吸引顾客光临。他预测这样的商店开业“将引发一场骚乱，我不得不呼叫警察，并且一次只允许部分顾客进来。我将带领民众摆脱高价的束缚，走进低价的乐土”。库仑预计，他会使传统的克罗格公司与 A&P 公司的销售额和利润增加 10 倍。遗憾的是，这两家连锁店的董事长都没有采纳他的建议。

于是，库伦决定自己创业。他辞去了克罗格公司的工作，举家搬到长岛，承租了皇后区繁忙商业街附近的一间空车库。1930 年 8 月 4 日，他的第一间金库仑商店开业。广告宣传称金库仑公司是“世界上最伟大的价格清障车”，并勇于让连锁店“看到这些价格并因此哭泣”。很快，他取得了成功，金库仑商店吸引了周围数英里的顾客。多年以后，史密森尼学会认定位于牙买加大道 171 号的金库仑商店为“美国第一家超级市场”。

金库仑公司仅提供必要服务与出售最低价商品的模式被证明是大萧条时期正确的经营理念。广泛宣传商品及其价格使顾客在进入超市之前就掌握了产品信息，因此可以提前拟定购物清单，而且不必向店员咨询。影子工作将掌握信息的任务转移到顾客身上，有助于库仑削减员工数量，降低费用，以保持低价。金库仑公司取消送货服务和拒绝赊购也极大地削减了成本。由上可知，库仑仅提供必要服务的经营模式不仅将影子工作转嫁给顾客，还成功降低了商品价格。

库仑将其商店延伸到废弃的工厂和仓库等大型旧建筑中。截至1936年，17家金库仑商店每年的收入为600万美元。52岁那年，库仑在阑尾炎手术后突然去世，其店铺扩张的速度也随之变慢。尽管如此，金库仑公司仍有39家店。

众多连锁店，比如拒绝库仑建议的克罗格公司与A&P公司，很快就跟风而上。到他去世时，85个城市中共有1 200家这样的超市；1950年，该数字激增至1.5万家。一段时间后，超市开始在国外流行起来；英国的杂货连锁店塞恩斯伯里超市在1950年开业，最初雇用女服务员为顾客提供帮助，介绍自行选购商品的理念。

大萧条见证了另一种赋予超市消费者更多影子工作的创新：带轮子的购物车。出生在俄克拉荷马州的席尔瓦·戈德曼是第一次世界大战的退伍老兵。战后，他和兄弟一起进入杂货行业。1920年，他们在塔尔萨开设了俄克拉荷马州第一家超市，采用了桑德斯在小猪扭扭倡导的模式。1934年，兄弟俩搬到俄克拉荷马市，购买了“矮胖子”连锁超市。

戈德曼提出带轮购物车的想法，以解决女性购物过程中的一些问题：母亲们经常难以兼顾孩子与购物篮。移动购物车解放了她们的双手，不仅让她们可以在购物时将孩子放到购物车中，还不必担心那些已经放进车中的商品。

戈德曼希望顾客每次来超市都能更容易地采购更多商品。他临时设计了购物车的原型：将篮子放在木制的折叠椅上，将脚轮固定在椅子腿上。技师弗雷德·杨改进这一设计时，增设了带有上下金属篮的网架；另一位技师开发了装配用的金属线，并将其焊接到购物车上。1937年6月4日，戈德曼在俄克拉荷马市的“矮胖子”连锁超市推出了第一辆购物车。这项在英国、加拿大以及其他国家被称为“购物手推车”的发明使戈德曼变得更加富有了，出售这种购物车甚至比经营超市更赚钱。如今，购物车在全世界无所不在，不仅存在于超市中，还出现在家得宝等大型零售店里。

支付并打包商品后，顾客就可以推着购物车将这些商品送到自家的车上。在美国的许多超市，顾客可以将购物车放在停车场。店员，通常是十几岁的青少年，把购物车集中到一起，让它们在商店门前排成长队。其他超市会提供指定的购物车返还区，要求顾客从事归还购物车的影子工作。除要求他们遵守社会规范外，多数超市对此没有采取任何激励措施。这些超市要求顾客将购物车送回存储区，使它们能够削减工资单上青少年的数量，或者可以将他们重新分配到其他岗位。

遍及欧洲和加拿大的押金制度激励顾客将购物车送回中央仓库：超市的顾客投入作为押金的硬币，才能将购物车从车架上解锁；归还购物车后方能取回押金。这个系统有助于防止“淘气”的购物车自己转来转去，碰坏停放在一旁的汽车。它还强迫顾客将购物车归还到原来的位置上：他们必须承担这项影子工作，否则没收押金。

21世纪初，自助结账作为新型的影子工作开始出现。扫描技术能够读取商品的条形码，并立即在数字收银机上记录商品价格，再加上电子支付技术，使得自助结账成为可能。多年来，超市收银员都要扫描货物进行结账。为什么不把扫描仪交给顾客，让他们代替收银员完成这项工作呢？瞧，这就是自助结账。

通常情况下，超市在出口处安装4或6台自助付款扫描器，并安排一位超市职员监督顾客扫描。如果那些只购买了少量商品的顾客不希望在有收银员的队列排队，他可以选择在自助收银口结账。顾客可以自行扫描并打包采购物品，包括需要自行称重并在小键盘上打印条形码的生鲜产品。尽管可以使用现金支付，但信用卡与借记卡简化了支付流程。偶尔，机器人会发出类似“不明物体出现在打包区”[①]指令，以提醒从事影子工作的顾客，这种指令后来还成了幽默的T恤衫标语。

自助结账让人爱恨交加。英国零售商森宝利的首席执行官贾斯廷·金宣称：“自助结账就像酵母酱，你要么喜爱，要么极度讨厌它们。”自助结账会成为未来的潮流，还是消费者会拒绝采用该技术？这取决于你相信哪类报道。2014年的一项调查发现：45%的英国顾客在自助结账时总是或经常需要店员协助，只有2%的人声称他们从不需要帮助。当可以在自助服务终端和收银员之间进行选择时，购买几件商品的顾客中只有55%会选择收银员结账。在65岁以上的顾客中，有82%更愿意选择收银员结账，而18～24岁的顾客中这一比例仅占42%。

伦敦一家咨询公司零售银行研究公司2009年的一项调查显示：截止到2008年年底，全世界在使用的自助结账终端有92 600台（其

①“不明物品”往往是指顾客不小心放在结账台的手提包或双肩背包。

中 80% 在北美），该公司预测这一数字将成 4 倍增长，到 2014 年将达到 43 万台。在弗若斯特沙利文咨询公司发布的 2012 年自助结账终端实际与预测出货量分析报告中，确定 2014 年年初这一数字为 19.43 万台，不及零售银行研究公司预测数字的一半，同时也指出 2009 ~ 2013 年平均每年销售增幅为 6.5%。自助结账终端的最大生产商全美现金出纳机公司大力支持推进该项技术的发展。该公司认为自助服务终端为超市带来了更多回头客，使排队时间缩短了 40%。2011 年，它声称 22 个国家超过 150 家零售商安装了自助服务终端，预计这个市场每年将增长 15%。但在巴西等劳动力成本较低、工会势力强大的国家，事实表明自助服务终端不那么受欢迎。

与此同时，有些超市拆除了自助结账设备，以提高客户服务水平。比如，在康涅狄格州和马萨诸塞州经营 61 家超市的大型连锁型百货商店 Big Y Foods，在 2011 年秋季宣布逐步淘汰自助收款机。它联合其他区域性连锁超市以及一些国内同行，比如在美国西部和南部经营着 217 家超市的艾伯森公司，共同减少自助收款机的使用量。2011 年，艾伯森公司宣布拆除 100 家超市的自助收款机，以支持标准或快速结算通道。该公司的女发言人克里斯汀·威尔科克斯说：“我们只是想有更多与顾客沟通的机会。”

自助结账对超市老板有诸多好处，而且至少为某些顾客提供了便利，但这些设备没有眼睛、耳朵和大脑，必然会导致一些问题，比如顾客行窃。食品行业利润率低，入店行窃会给超市带来的后果非常严重：如果窃贼偷走一罐豆子，超市就必须卖出 24 罐豆子才能弥补损失。自助结账使盗窃变得更为容易。2012 年，英国网站 watchmywallet.com.uk 对 4 952 名顾客的调查表明：接近三分之一的受访者承认在自行扫描商品时有过从商店盗窃的经历。常见的盗窃手段是输入洋葱等低价商品的条码，实际称重并打包的却是鳄梨等高价商品。自助服务终端的天平只能称重和输入条码，无法分辨天平上实际称重的商品。

有的顾客打包商品后根本不进行扫描，这是更恶劣的盗窃行为。由于没有收银员在场监督，很多人发现这种盗窃行为是非常诱人的。即使是知名人士，比如英国某电视节目的主厨安东尼·沃拉尔·汤普森也曾在这种诱惑下犯禁。监控录像抓到他在 16 天之内先后 5 次在乐购超市的自助结账台偷走葡萄酒和奶酪，随后他收到了警方的正式警告。还有些窃贼更加厚颜无耻，他们的偷盗范围远远超出了葡萄酒和奶酪的范畴。一家电器商店发现，一名男子将一台平板等离子电视的价格标签换成了价格仅为 4.88 美元的 DVD 价格标签，并试图带着价格 2 000 美元的电视通过自助结账终端离开商店，他因此被捕。

超市会采取一些措施应对这类盗窃行为。监管自助结账终端的店员可能随机抽查顾客，以确保他们已经为所有带走的商品付款。店员还会直接观察顾客是否扫描了商品。

另外，自助服务终端也不清楚顾客的身份。因此，孩子和青少年可能购买香烟和含酒精的饮料等有年龄限制的商品，而自助服务终端对此一无所知。现在，针对购买上述商品的顾客，店员可能检查他们的身份证，但这招并不总是有效；可能最终指纹或虹膜识别技术能解决这个问题。

超市可以采取巧妙的激励措施引导顾客自助结账。其中一项措施是在几台自助结账服务终端旁开通 2 或 3 个收银员结账通道。这会使收银员结账通道排起长长的队列，给人一种自己扫描商品速度会更快的印象。这是一种形式的“等待误解”，即通过心理操纵扭曲顾客对“等待时间”的认知。除非顾客只有几件商品需要扫描，否则自助结账可能一点都不快，部分原因在于，与顾客对于打包和扫描的技巧非常笨拙，而专业的收银员和打包员速度则快得多。但是，由于这些承担影子工作的顾客是“主动参与”这一过程的，因此他们可能并不介意自己放慢了工作节奏：自己做事花费的时间似乎总是比等待别人做事的时间要少些。“等待误解”扭曲了顾客对时间的认知。

近些年，Shop-Rite 等超市在尝试创造一种更为彻底的影子工作。拥有超市忠诚卡的顾客可以借一支电子扫描笔，用来扫描店中所有商品的条形码并记录价格。供顾客使用的几十支扫描笔就挂在超市入口附近。顾客走过过道时，可以使用这支笔扫描购买的每件商品。他们还可以在购物时自己打包购物车中的商品，并按照自己的意愿进行分类。选购完成后，他们只需将扫描笔交给收银员，支付记录的全部账单，然后就可以带着打包好的商品离开。

顾客携带自助扫描笔进入食品通道，这种形式的影子工作使购物之旅更为迅速。扫描笔可以动态显示总额，让他们在购物时可以了解自己花了多少钱，为那些希望控制预算的顾客提供帮助。除接受结账服务外，顾客承担了收银员和打包员的全部工作。本质上，这个系统实现了克拉伦斯·桑德斯 70 年前提出的电子化食品超市的愿景。

具有讽刺意味的是，21 世纪购物的另一个特点是回到了美国杂货店购物之初的体验。在农贸市场和社区支持农业 中，顾客在收获季节到来之前付款给农民，以分享其在夏季过后收获的农作物。这种模式效仿的是殖民时代的公开市场，几乎没有技术含量，仅仅是取消了食品购买过程中的中间商环节。

凭借自身的优势，这些中间商已经成为交易流程中的重要一环。农贸市场和社区支持农业通过去中介化淘汰了他们。

农贸市场和社区支持农业不仅在食物种植者与享用者之间建立了联系，还可以减少批量生产的食品带来的疏远感。通常情况下，农贸市场没有购物车，也没有结账台或数字技术设备。挎着购物篮的人们在各种摊位间漫步，可能产生时空旅行的感觉，彷佛回到了 18 世纪以前的购物场所，并从影子工作中解脱出来。

引进自助服务终端的利与弊

第一，人类从狩猎采集者进化而来，民以食为天，对人类而言，没有什么比获得食物更加重要。对食物的追求永远是人类最基本的功能活动。从历史的角度来看，公共市场、综合超市和杂货店不仅是购物场所，还是聚集和社交的场所。20 世纪，超市纯粹的经济性驱逐了这种社交性。

购物中没有了社交，社区和店主都付出了代价。比如，与超市分发免费样品的店员聊天可以提升购物体验，帮助店主战胜竞争对手，赢得回头客。社交性可以为店主构建商誉。通常情况下，零售商都会想尽办法招揽顾客。让顾客再次体验“采集食物”过程中的社交活动，这种具有创新性的做法可能对零售商有所帮助。

第二，在某种程度上，杂货店的工作是一场零和博弈：要么店员做，要么顾客承担。早期的“柜台—墙壁”系统是高度劳动密集型的设计，因为店员为顾客取每件商品。将这项工作转交给顾客意味着必须设计一个市场，并明确具体商品的位置。超市不得不对顾客进行培训，帮助他们掌握相关信息。金库仑公司首创了在报纸上打广告的方法，让顾客知晓待售商品及其价格。这些广告将产品信息传递给顾客，减少了他们向店员提问的次数，还可能缩短了超市的客户服务时间。

第三，购物车等简单的技术产品可以增加顾客的影子工作。那些能识别出顾客需求的零售商可以采用使购物简单化的工具吸引消费者，比如席尔瓦·戈德曼为带孩子购物的母亲们设计了带轮子的购物车。

第四，社会规范对构建影子工作大有帮助。简单地在停车场指定购物车归还区，超市就能让顾客接管归还购物车的影子工作。多数经过良好社会化的成年人具备较好的合作精神，他们会主动完成这项工作。

第五，自助扫描结账系统等高技术赋予从事影子工作的顾客更多自主权。这些创新工具必须简单且易于操作才能吸引顾客。店员可以对那些不擅长使用自助扫描器的顾客进行指导。

对零售商而言，顾客自助可能会带来一定的风险，比如行窃。当顾客控制包括付款在内的整个结账流程时，盗窃行为更容易发生。某些防止盗窃的措施在理论上可行，但可能会带来疏远顾客的风险，比如在自助服务终端处抽查顾客的箱包。

第六，那些通过自助服务终端而不是收银员结账的顾客可能会疏远超市。人际交往的减少可能侵蚀顾客对店铺的忠诚度。如果购物由机器人引导，就会降低购物“温暖而且舒适”的体验；毕竟，自史前时期以来，收集食物这项活动就一直是个人与其他成员一起，以最高效而且最愉快的方式进行的。

第5章

当免费成为潮流

大数据时代的消费狂欢

上淘宝购物老老实实地填写商品评价？免费办理超市会员卡后邮箱里躺着N封很合你口味的商品推介？微博凭什么免费为你提供社交娱乐功能？答案就是用户在使用期间免费为平台和商家提供了各种数据。在互联网时代，你免费提供的内容在悄然间完成了商业化转换，成为商家创收的来源。

当下，即使只是确保个人数据“私有化”，也需要你承担大量影子工作。

集权化和全面信息化已成为趋势，一旦拥有全部的信息，你就让完全控制变得轻而易举。

——杰里·布朗

大数据分析：横空出世的新时尚！

2014年春天，在密歇根州的庞蒂亚克市，承包商在检查一栋因未按时还款而被取消赎回权的房子时，意外地在车库后方发现一具尸体：皮亚·法伦科夫死在一辆吉普车的后座上。法伦科夫在5年前就已经去世，如果还活着，她当时应该是49岁。她到底是怎么死去并且一直无人知晓呢？

法伦科夫没有丈夫，没有孩子，也没有任何宠物，而且已经很久未与其家人联系了。2008年，她辞去了在克莱斯勒财务公司的工作，因此不可能是在工作中失踪的。邻居们表示，法伦科夫经常因公出国旅行，他们很少能看到她。据《今日美国》报道，当法伦科夫门前的草坪长得太高时，邻居们会以为她又在出差，就会偶尔帮她打理一下。因此，修剪草坪的最后时间自然会比法伦科夫的死亡时间晚很多。

在死亡之前，法伦科夫一直通过自动划款的方式支付购买房产的贷款及水电费，由于她的银行账户余额较大，使得银行可以在很长时间内自动扣款。2013 年，这个银行帐户上的钱被扣光，由于无法再支付贷款，银行便决定查封她的房屋。随后，银行雇用的承包商在检查房屋时，在车库内发现了她的尸体。如果银行账户还能继续偿还贷款，那么法伦科夫的尸体或许还会躺在车座上，无人知晓。

从死亡到尸体被发现，法伦科夫“就像‘薛定锷的猫’[①]，也就是说，尽管在生理上已经死亡，但她还以某种方式活着，继续支付房贷和水电费，‘存在’于自己的住所内”，纽约客网站专栏作家卡门·玛利亚·马查多这样写道，“在尸体被人们发现之前，法伦科夫与这些机构的‘联系’是她‘活着’的唯一证明”。马查多认为，法伦科夫身上体现了所谓的“双重存在”，而且我们每个人都有这样一种存在方式，比如在社交媒体上发表文章、在线采购、发送电子邮件、用互联网支付日常账单和银行贷款或是进行其他金融及技术交易时，我们就是以这种形式存在的。

实际上，生活在今天的每个人都是“双重存在”的：我们有两个身体，一个是生理上的肉体，另一个身体则是以信息化的形式存在着。两个身体既相互联系，又彼此分离，法伦科夫死亡事件为我们提供了一个鲜活的实例。这意味着，罪犯即使不接触你的肉体，也可以侵犯你的“信息身体”，成为所谓的“身份窃贼”。因此，绑架肉体或

①“薛定锷的猫”是一项关于猫既已死亡又活着的著名实验，由奥地利物理学家薛定谔于 1935 年提出。

许还是20世纪的事情。“信息身体”存在于信息空间，表现为存储在计算机和云系统内的数据，在很大程度上处理着你的金融事务，甚至是社交活动，比如我们在脸书做的事情中，很大一部分就是通过“信息身体”来完成的。

人类的身体由肌肉、血液和骨骼等组成，可以划分为若干循环系统。比如，血液系统就是一个完整的体系，动脉、静脉和毛细血管与身体的大小和形态完美地匹配在一起，我们甚至可以仅根据动脉和静脉就能确定一个人的身份。

相比之下，我们的“信息身体”完全是由信息构成的，而且这种身份的识别仅限于经济上的意义。社会保险和收费账户号码、医疗和信用记录、电子邮件、社交媒体账号以及在社会机构的记录，这些信息的总和就构成了一个成年人的“信息身体”。不过，这个“信息身体”或许不像指纹或视网膜扫描图那样独一无二。尽管如此，这些信息足够让我们支付账单，在这个世界生存下去。此外，我们还可以借助“即时警告”功能,防止我们的信息被他人篡改,以防“身份盗贼”偷窃并利用这些信息。一旦信息被更改，商业机构会马上要求我们的“信息身体”提供更多验证信息。经济机构最感兴趣的是数据，而不是血肉之躯，就像皮亚·法伦科夫一样，肉体与她死后的“存在”几乎没有任何关系。

2009年，谷歌的首席经济学家哈尔·瓦里安曾在《麦肯锡季刊》发表了一篇评论，其中提到这样一句话：“我一直认为，未来10年最‘性感’的身份是统计学家。”这句评论旋即提升了统计学家的社会地位。

的确，这些“性感”的数据处理大师让我们心驰神往，在冷峻的外表下面，是奇妙的样本和回归系数，试问谁能抵挡这样的诱惑？更不用说标准差了。那么，这种极具杀伤力的“性感”背后，又隐藏着怎样的秘密呢？

提及这个问题，不免让我想起亨利·基辛格在1973年说过的一句话：“权力是最好的春药。”数据代表力量，信息则是成功的原材料。如果就其本身而言，原材料一无是处，它需要被处理和加工。至于对信息的解释——挖掘信息的含义及其如何将信息用于现实世界，则是创造价值的过程。计算机当然不会做这件事，至少不能独立完成这件事。“发挥数据的作用本身就是一种挑战，”瓦里安说，“这往往需要人类来完成。”这也是统计学家的专长：对他们来说，事实就是泥土，他们将泥土雕成某种形态，然后再解释这种形态的含义。他们的撬棍以力量为支点，以打开信息的宝库。你不觉得这样的工作很“性感”吗？

新兴的大数据①现象只是统计学的冰山一角。大数据的内涵涉及数据组的组合与分解，其规模绝非标准软件工具所能比的。如今，技术收集和存储的单位是太字节（约等于1万亿字节）和拍字节（约等于1 000万亿字节）。海量的数据或飞涨的计算机处理能力还不是大数据真正的魔力。在某种程度上，它的神奇之处在于将海量的数据组链接到一起，发挥协同效应的巨大威力。而后，作为进行计算的具体步骤，算术的作用在于解释事实背后的含义。这才是解析大数据内涵的关键所在。

哈佛大学政府学教授加里·金对《哈佛杂志》的编辑乔纳森·肖

---

① 大数据或称巨量资料，指的是需要新处理模式才能具有更强的决策力、洞察力和流程优化能力的海量、高增长率和多样化的信息资产。

说过，宇宙中始终存在某些周而复始的规律。这些规律的发现始于一群顶级的专家，他们是主宰某个学科的权威。某一天，一个对该学科知之甚少的人出现了，他用统计数据和代数计算向专家们的理论发起挑战，并提出一个令人目瞪口呆的观点。算术是另一个让专家无地自容的工具，它以数据的革命性力量推翻现有的权威。

圣路易斯华盛顿大学的法学教授西奥多·鲁格曾与3位同事进行过一次比赛：预测2002年美国联邦最高法院的案件审理结果。这3位政治学教授细致分析了此前众多案件的审判结果，归纳出6种常见的案例特征。在此基础上，他们建立了一个统计模型，这个模型不考虑具体法规的详细规定以及实际的判例。在这次“友谊第一”的比赛中，他们将该模型得到的结果与87位法学教授的专业判断进行对比。在这些法学教授中，很多人有着丰富的出庭经验，他们熟知法理学、案例法以及针对各种案例的实际判例。这次比赛的结果令人大跌眼镜，该结果发表在2004年的《哥伦比亚法律评论》期刊上：统计模型对75%的案件审理结果作出了正确预测，而法学专家作出正确预测的概率却只有59.1%。

统计学的神奇不需要依赖大数据或高效的算法。对此，我们不妨考虑一个非常简单的统计学定律，即帕累托定律。就其本质而言，该原则就是一种统计方法，因为它的核心就是简单的百分比。这个百分比的威力足以令人瞠目结舌。

1941年，来自罗马尼亚的管理咨询师约瑟夫·朱兰偶然关注到意大利社会学家、经济学家维尔弗雷多·帕累托的理论，并在此基础上，提出了“80/20法则”。该法则的核心观点在于，在众多现象中，80%的结果来自20%的原因。朱兰将这一法则命名为“帕累托定律”。

通过观察花园里的植物，帕累托发现 80% 的豌豆来自 20% 的豆荚。作为一名经济学家，他发现这个不可思议的比率竟然适用于大多数环境。1906 年，帕累托发布了自己的研究成果：在意大利，20% 的人拥有 80% 的土地。此后，80/20 法则逐渐在越来越多的领域得到验证。比如，1992 年，联合国开发计划署以国内生产总值为标准，对全球收入分布情况进行了研究。调查结果显示，在全球范围内，最富有的 20% 人口占有本国 82.7% 的收入。对企业来说，80% 的利润来自于 20% 的顾客，而且 80% 的投诉也来自于 20% 的顾客。同样，20% 的患者消耗了 80% 的医疗资源。犯罪学家也发现，五分之一的罪犯犯下了五分之四的罪行。所有这些结论无一例外地为改善资源配置方式提供了启示。比如，为削减医疗成本，应将成本削减的重点集中在消费最大的 20% 患者身上；为减少犯罪，应将教化的重心集中到 20% 的累犯身上。

20 世纪 60 年代，广告文案的设计者将帕累托定律介绍给舍费尔啤酒。市场研究显示，20% 的啤酒消费者喝掉了 80% 的啤酒。这背后传递的信息很明确：去找酒鬼吧。它最终成就了那句流传至今的著名广告词："当你喝完一瓶还想再喝一瓶时，舍费尔就是你要喝的啤酒。"（Schaefer in the one beer to have when you' re having more than one.）实际上，这样的例子远不止于此。

统计学给世界带来的重要影响显然不仅限于卖啤酒。我们不妨回想一下有关吸烟的社会规范自 1965 年以来的变化。据统计，1965 年，42% 的美国人是烟民。当时，吸烟者几乎可以随时随地点燃香烟，餐厅、酒吧、办公室、夜总会、学校、体育场和公共交通工具等公共场所概莫能外。在摇滚音乐会上，整个会场都笼罩在烟雾中；当然，这并非全是由吸烟造成的，但它无疑是重要因素。酒吧更是少不了售烟机，因为吸烟会引发口渴：为了解渴，顾客会消费更多的酒水。那时，即使是医院，也会在候诊室和餐厅销售香烟。

2014 年，美国疾病控制中心测算的吸烟率下降到 18.1%，售烟机彻底从人们的视线中消失了。依照法律法规，几乎所有公共场合均为禁烟场所。这些数据及统计分析结果揭示出人们生活方式的变化。

具体来说，变化的过程是这样的：20 世纪 50 年代及 60 年代初，流行病学研究确定了吸烟的致癌作用，尤其是导致肺癌的效应。1964 年，美国卫生局发布了一份具有里程碑意义的报告，首次以美国政府的名义确认了吸烟对疾病和死亡的影响，并提出禁烟建议。该报告的发布，再加上公共健康机构对禁烟的大力推动以及对烟草征收的罪恶税[①]，共同遏制了烟草的吸引力。香烟的公众形象发生了翻天覆地的变化，变成了疾病的化身，而不再是让劳伦·白考尔和亨弗莱·鲍嘉等电影明星变得更性感迷人的装饰物。实际上，作为一个烟鬼，鲍嘉在 57 岁时便死于食道癌。

然而，真正促使人类改变生活方式的原因在于针对被动吸烟的流行病学研究。通过对吸二手烟者的大量研究，一个无可置疑的结论浮出水面：即便你自己从不吸烟，吸入烟草燃烧散发的烟雾也可能让你患病，甚至死亡。这个结论直接诱发了反吸烟群体的出现，他们大力推动立法者制定在酒吧和餐厅等公共场合禁烟的法律。他们的法律依据就是普通法的基本要旨："你拥有向四处挥舞拳头的自由，但如果你的拳头碰到了我的鼻子，你的自由就终止了。"你有权吸烟挥霍自

① 美国将消费烟酒等行为称为"罪恶消费"，对其征收"罪恶税"。

己的健康，但无权让别人和你一起遭殃。数十年来，一大批科研人员、公共健康专业人士、游说团体、部分政府官员和普通民众一直致力于赢得这场抗烟之战，统计学家是他们当中的主力军。这些“数据骑士”奋勇向前，将“烟草公司”巨人击倒在地。他们的武器就是相关系数和 F 检验[①]。

就这样，这些统计学家披上了“性感”的外衣。数据分析以权力中心的姿态横空出世，成为新时尚，也让那些拥有统计学功底的年轻人成为倍受追捧的弄潮儿。于是，学生们开始涌入课堂，争相学习统计学或是其他可以让他们追赶大数据潮流的工具。1997 年，针对统计学教学，美国大学理事会推出一种更先进的考试方法。在 2001 年后的 10 年时间里，参加这门考试的高中生数量翻了 3 倍。2012 年，这个数字已高达 149 165 人。在 2010 ~ 2011 学年，美国的大学向近 3 000 名本科毕业生颁发了统计学学士学位证书。2013 年，哈佛大学的一门数据科学课程吸引了 400 名学生，其中不仅有本科生，还有来自法学、商学、政府学、设计学和药理学等专业的硕士生。在加州大学伯克利分校，统计学专业的学生数量在 10 年间增加了 4 倍，从 2003 年的 50 人增加到 2013 年的 250 人。

这种对学生有着强大吸引力的研究领域，本身就是我们应该重视的一种标志，也是社会的未来发展趋势。2013 年，《华尔街日报》一篇报道的标题引用了威廉姆斯学院数学及统计学教授理查德 · D. 德沃的一句话：“学数据统计的孩子成了当今校园里最酷的学生。”被问及工作时，德沃表示，“20 年前，我一直想讲点统计学以外的知识，

① F检验又称方差齐性检验，是由英国统计学家费希尔提出，主要是通过比较两组数据的方差，以确定它们的精密度是否有显著差异。

但现在绝对是做统计师的最好时期”。事实也的确如此。人们对统计结果的胃口越来越大，要填饱他们的肚子，就需要更多的数据。**人们对数据的需求已经掀起了一轮新的影子工作大潮。**

使用脸书、微博，真的免费吗？

尽管“信息经济”这个词已成为时尚，但很少有人追溯数据的源头。这些不断冲刷日常生活的信息湍流当然有源可循。你可以在镜子里看到这个源头，它就是你自己。机构寻觅、积累、分析以及不断更新的数据，主要就来自于它们的客户。

任何机构都会意识到，大多数人都愿意免费提供关于自身的数据。他们在提供这些数据时，就是在做影子工作。

数据逐渐演化成为一种自然资源，就像水、石油和铁矿石一样。我们走过了信息经济的初始阶段，这个阶段可与 19 世纪石油热潮的前几十年相媲美。储藏在地下的石油是大自然母亲赐予人类的宝贵资源，它静静地在地下埋藏了很久，等待人类去发掘和利用。获取石油时，石油公司不需要向地球付费，主要的费用就是开采成本。

同样，今天，免费数据也如自然资源一般，静静地停留在我们当中，等待人们去发掘和利用。要获得数据，机构的唯一费用也是采集成本，它们不必向提供信息的影子工作者支付任何酬劳。他们唯一的开支或许是心理上的：在了解我们自己和我们的看法时，数据搜寻者也在抚慰我们内心的那个“自我”。

脸书和领英（LinkedIn）之类的社交媒体之所以心甘情愿地为会员提供免费服务，就是为了获取他们的信息。凭借着用户数量超过

我坚信互联网已经影响了世界，已经影响了社会，并且在未来 50 年将会进一步影响社会经济、人类文明发展的方向。

——马云

13.5 亿，脸书已经建立起一个庞大的数据库，为商业机构提供形形色色的消费者信息，从他们的姓名和电子邮件，到财富分布情况以及他们对音乐、电影、礼品及其他事物的偏好，再到他们所属的社会群体，甚至是他们使用的应用程序和游戏软件。当然，最重要的是他们的“朋友圈”。因此，脸书始终鼓励用户在网络上发布更多的文字、图片和视频数据，在他们的好友列表中添加更多的朋友。从事影子工作的用户总会积极响应，将 21 世纪的“石油”源源不断地注入脸书的油库。

完全可以认为，脸书的用户发布文字形成网站内容时，就是在做影子工作；这些用户只知道，自己在享受社交娱乐。脸书将这些数据输送到市场时，实际上就是将这些由用户生成的内容进行商业化转换，使这些娱乐时间开始散发出影子工作的味道。在 2013 年接受《纽约时报》采访时，商业咨询公司奥特米特集团的分析师耶利米·欧阳指出：“这些网站的商业模式就是让用户自己创造内容。创建内容者是它们的用户，归根究底，它们的决定性要素是品牌和来自广告的收入。它们的产品就是用户的信息。”

脸书有权这样做。绝大多数人不会去阅读该网站上那份 4 000 字的“服务条款协议”，但只要接受了这份协议，他们就只能对脸书的特权听之任之了。如果用户“喜欢”网站上某个事物，脸书甚至会允许广告商在这些用户与其好友的信息流中投放广告，让所有好友都能看到这个“喜欢”的事物。该网站称这种广告为插入式“赞助内容”，网站用户不能拒接这种广告。

通过给用户的朋友圈推送这种“赞助内容”，脸书在人的心理上进一步取得了掌控权。这相当于我们接受建议，雇用某个人，或是让他加入某个俱乐部并成为会员；确切地说，这份“加盟邀请”来自网络空间中的一个“好友”。通过这种方式，你告诉好友自己“喜欢”脸书上的某个事物。与电视或互联网广告相比，你的好友显然更愿意相信你发布的信息。该网站曾告诉它的投资者，如果一个“好友”以附带的形式发出一则广告，消费者记住这则广告的概率就会增加50%。

2012年，来自爱荷华市的多媒体制作人尼克·博格斯了解到这种“赞助内容”的投放方式。情人节当天，他在亚马逊网站上看到一件商品：55加仑装的“私用润滑乳”。这种润滑乳的分量较多，可以多次使用。博格斯觉得如此大容量的性爱用品有点滑稽，于是他在脸书上发布了一条评论，根据《纽约时报》的报道，这句话是这样的：“献给情人节，每一天都在用，享用终生。”很快，他就在网上看到了这条评论，还附有他的名字和照片，连同广告一同出现在脸书的网页上。该网站将这条玩笑性质的评论变成一则广告，或者说转化为一条“赞助内容”。当然，脸书没有事先征求博格斯的意见。博格斯后来在博客中坦承，这件事的确让他“有些恼怒”，但又补充道，“我知道使用脸书的代价。你不需要花费一分钱，但它会窃用你的大量个人信息”。互联网行业有一句名言：如果你无需为某件产品付费，那将意味着你就是这件产品本身。

2012年上市时，脸书对自己的估值为1 040亿美元，但当时仅公开发售了160亿美元的股票。为此，部分用户公开质问：“我们创造的那些财富去哪里了？”他们已经意识到，网站用户的影子工作为脸书创造了价值，而且网站创始人马克·扎克伯格及其商业伙伴将这些价值转让给了投资者。遗憾的是，这些用户既无权索取他们创造的那部分财富，更无法组织起来向脸书施加政治压力。

此外，用户确实在脸书上得到了好处，而且没有支付任何费用。该网站永远不会收费。用户就是脸书最主要的资产，因此它不会为新用户注册设置障碍。这类似于一种易货交易：影子工作者为脸书创造有价值的内容，换来免费的社交娱乐。

用户点评：商家的免费营销策略

作为无组织的公民群体，我们还以其他方式提供各种各样的无偿内容。比如，互联网鼓励顾客对产品进行评价，这背后的道理很简单：你阅读了一本书，在某个餐厅吃了一顿饭，聘请了一名管道工，或是在百思买超市购买了一台电脑，然后，你在互联网上发表一条评论。随后，你的评论就会尽人皆知。20 世纪 90 年代，亚马逊以读者评论的形式率先开通了网站评价功能，这种评论很快就让专家的评估黯然失色。目前，亚马逊允许顾客对网站销售的所有商品进行评价，电子牙刷、猫粮和狗粮等概莫能外。

在评价和评级服务商萨加特网站（Zagat）的官网和商品目录印刷品中，全部内容均来自用户，包括后者对 18 座城市所有餐厅的用餐体验及评分。有些餐厅甚至会在窗户上贴大字广告吹嘘“萨加特网站的评分对象”，似乎能被该网站评分就是一种值得夸耀的优势。这无异于一场吹嘘“属于尼尔森公司[①]评估对象”的电视秀。点评网站 Yelp 的草根用户对餐厅的评论被誉为“真人、真评论”，并且已渗透到全球的购物、医疗、汽车及其他领域中。点评网站 Angie’s List 的注册用户已超过 200 万户家庭，用户只需支付 10 美元年费，

① 尼尔森公司是著名的市场研究公司。

就可以了解其他消费者对当地家庭护理、医疗卫生、汽车、宠物及其他服务的评价。通过互联网，消费者可以对任何产品或服务进行评论。

在这些讨论日常琐事的网站上，我们没有必要听专业书评人、餐厅评论家或科技作家高谈阔论。甚至可以说，这本来就是草根大众的事情。顾客赞扬自己淘到的东西是最直接的体验，这种草根本性的评论也更让人信服。有时，专业评论家可能与被评论对象形成利益共同体，但业余评论者不会因评论得到任何回报，或者说，至少在专业上或经济上与被评论对象没有联系，因此我们认为他们的评论是公正的。此外，顾客评论更有助于触发平民情结：作为“读者”，我们更有可能认同和我们一样的消费者——“这些人和我一样”。

毋庸置疑，顾客的评论是公平的，但凡事总有例外。这些消费者点评网站对所有人都平等开放，因此评论者也可以是被评论对象。有些卖家通过远程代理服务器，伪装成顾客在网站上大肆夸赞自己，恶意攻击对手。当然，每个商家都有动机这样做。2011 年，哈佛商学院教授迈克尔·卢卡发布的一项研究成果表明，在 Yelp 网站上，“用户评分”每提高一颗星（5 星代表最高评分），就可以让一家餐厅增加 5% ~ 9% 的收入。康奈尔大学的一项研究则显示，在旅游点评网站 TripAdvisor 上，每增加一颗星就意味着一家酒店或汽车旅馆的房间等级提高 11%。

那些面对激烈竞争的酒店和餐厅不可避免地要利用这些评价系统耍点花招。2013 年，卢卡和他在波士顿大学的同事乔治奥斯·泽瓦斯共同发表了一篇名为《假装成功，直到真正成功：声誉、竞争与 Yelp 评论欺诈》的文章。通过分析消费者在 Yelp 上对波士顿餐厅发表的 316 425 条评论，他们发现，其中 16% 的评论是虚构的，而且这些评论被网站的内部程序标示为“可以发帖”。Yelp 确认了这项研究的结果，表示虚假评论的比例甚至要高于这个数字，并宣称在该网站 42 万条评论中，25% 被它的过滤软件标示为“虚假评论”。Yelp 并没有彻底删除这些评论，而是在相关的商家页面中将这些评论标示为“暂时不允许评论”，并在该商家的星级评定中不予考虑。当然，没人知道到底有多少虚假评论逃过了网站的过滤系统，和真实评论混杂在一起。

2013 年，纽约州总检察长埃里克·史奈德曼公布了一项裁定，19 家声誉管理公司因通过远在菲律宾和孟加拉国等地的代理服务器发布虚假评论，被判罚款 35 万美元，并停止此类违法行为。纽约州总检察长办公室曾为此展开了为期一年的调查，甚至采用钓鱼手段：一名侦探伪装成一家布鲁克林游艇销售公司的老板，并声称自己需要在点评网博取更多有利评价。很快，他就找到了一家公司，对方可以在 Yelp、谷歌、CitySearch 及其他网站上代发这种帖子，并确保不会被网站删除。

卢卡和泽瓦斯认为，虚假评论往往比真实评论更极端：要么是过分肯定，要么是过分否定。口碑不佳或经营不善的餐厅更有可能借助这种手段，尤其在竞争非常激烈的地区更为常见。消费者评论对连锁餐厅的影响不大，因此这些餐厅很少会借用虚假评论为自己造势。最后，这两位研究人员得出如下结论：诱发虚假网络评论的主要因素是竞争和市场动机，而不只是商业道德问题。

研究者无法直接甄别评论的真假，因此，学术界常以 Yelp 过滤系统的结果作为判断标准。这种过滤器或许在筛选虚假评论方面已经做得很好了，它对评论者作出的“已确认”和“可信”的评价已成为鉴别可疑评价的标准。Yelp 并没有公布其过滤系统的工作原理，因为那样做可能会让造假者找到可乘之机。但我们不清楚的是，其他数百个消费者点评网站是否也拥有虚假评论过滤系统。

我们只能谨记一句忠告：买家当心。

“过滤系统与造假者之间的较量是一场道高一尺魔高一丈的比赛，”卢卡认为，“造假者总会想方设法找到骗过过滤系统的办法，这就要求点评网站不断改进。总体来说，Yelp 上的内容还是相当准确的。我们的一项研究就曾发现，只需采用 Yelp 的评论，我们就能以非常高的精度找出哪家餐厅可能存在卫生违规问题。如果评论数据本身没有价值，那么我们根本无法开展这样的工作。”实际上，卢卡就是在利用评论数据帮助一些城市确定需要进行检查的餐厅。通过这种方式，评论者在 Yelp 上从事影子工作，实际上就承担了卫生监督人员的职责，而且还节省了市政成本。

但网站上还存在一块灰色区域：餐厅老板可以鼓励心情不错的顾客发布帖子。尽管 Yelp 在表面上反对这种做法，但这些评论确实不能在技术上被判定为“虚假”，而且商家这种做法也无可厚非。iPads 订餐之类的新技术为即时评论创造了条件。SelfService 是一家为自助技术及行业提供在线服务的机构，它建议：“顾客离开餐厅之前是让他们评论就餐经历的最好时机，因为这段时间有助于挖掘顾客对就餐细节的描述。而且在刚刚接受服务后，顾客提供反馈的意愿也最强烈，即便是最满意的客人，随后评价用餐体验的热情也会大打折扣。”

Bazaarvoice 是一家总部位于得克萨斯州奥斯丁市的跨国公司，

也是全球知名的用户点评及电子商务平台，在美国各州、欧洲、亚洲及澳大利亚等地都设有办事处。其网站提倡潜在用户“通过鼓励消费者点评、提问、回答问题和分享消费经历的方式，提高产品销量”。为了达到这一目的，Bazaarvoice 将雅芳和 LG 等厂商网站上的用户评论移植到沃尔玛等零售商网站上。这种做法可以极大地扩大用户评论的影响。卢卡认为，这个过程可能会歪曲随机性顾客对某种产品的实际看法，从而“对市场造成一种巨大的扭曲”。

用户点评是一种自愿性的影子工作。和其他影子工作者一样，这些用户确实也得到了回报，只不过这种回报不体现为金钱。一般的点评者是没有意图的，或者说，至少在理论上，他们只是想和其他人分享自己的感受而已。亚马逊或 Yelp 的网站允许评论人拥有个人网页，这些网页不仅可以收集他们发表的评论，还可以提供个人信息、住址、兴趣爱好、电子邮件以及对食品、音乐、书籍和电影的偏好等。对一个评论人来说，这种在网络上的存在形式确立了他们影子工作者的身份，这种身份在某种程度上实现了他们的自我价值。

普通评论人的行为当然不完全是自发的，更多的动力来自于很多发布消费者点评信息的机构。比如，在浏览完口碑评论网站 Angie’s List 上的评论后，我光顾了一家汽车修理厂，还请了一名管道修理工。随后，该网站敦促我对这家修理厂及其员工的服务作出评价。在邮箱里，我意外收到一封消费者手册网站发来的 6 页调查问卷，这封不请自来的邮件中还附带一份说明：“请对汽车修理厂、医生、管道工、汽车保险公司、屋顶修理工、地毯清洁员及其他你接受的本地服务作出评价。”完成这份影子工作的“回报”，就是得到他们免费赠送的一本“波士顿支票簿”。

有些媒体甚至会按照评论的发表数量或阅读次数评选出“最佳点评人”。“这种做法就是一种激励手段，可以给这些‘最佳点评人’某种认可——他们是最出色的，”弗罗斯特研究公司的分析师苏查理塔·穆尔普鲁说，“拥有观众，这本身就是一种获得自我满足感的方式。”那些发表积极评价的人，实际上就是影子工作者，因为他们间接发挥了营销作用，促进了网站产品的销售。因此，尽管他们进行点评的本意不是为了促销，但事实上却促进了产品的销售。评选“最佳点评人”这种激励方法似乎是有效的。从评论的数量来看，有些人几乎成了名副其实的职业评论人，他们以影子工作的形式完成的工作，丝毫不亚于那些拿薪水的职业评论人。

这里还有一点需要指出：心怀不满的顾客总是比感到满意的顾客更急于表达自己的情绪。对市场上的任何一种产品来说，无论多么物有所值，它都要不可避免地受到批评。如果有人诋毁价值40万美元的劳斯莱斯“幻影”汽车，那么他只能抱怨它太耗油或转弯不灵敏。不过，这款产品数量有限，而且劳斯莱斯的买家绝不会将消费者的评论作为决策的依据，因此这些负面评论影响不大。当然，我们可以举报评论者出言不逊或恶语相向，但除此以外，我们确实没有办法消除这些毫无根据的偏见，因为网络本身还没有“看门人”去监督这些评论者。

据《纽约时报》记者吉姆·温多弗的报道，TripAdvisor的网民“Produce59”发帖称，在弗吉尼亚州弗雷德里克斯堡的康福特茵酒店套房里，“直流取暖设施外形精致，噪音低，但恒温器却安装在了墙壁上，因此直接转动空调旋钮根本就不可能调节温度”。这真是一个天大的漏洞：竟然将恒温器安装在墙上！但恒温器不安装在墙上，还能装到什么地方呢？对于肯塔基州的伊克诺汽车旅馆，网民“Tropicandan”认为“早餐的份量还算可以，但不够精致”。有人可能会问，在肯塔基州凯夫城伊克诺汽车旅馆这种档次的地方，到底什么样的早餐才算得上精致？根据这些网站评论，温多弗得出了一个结论：“美国的消费者确实变得越来越令人讨厌。”

“用户满意度调查”的猫腻

以前的售货机似乎只是一台机器，是属于20世纪的有形设想，与互联网的数据世界格格不入。但今非昔比，新的销售模式以神奇的方式让售货机和互联网融为一体。2012年，百事可乐公司与美国女歌手碧昂斯签订了一份价值5 000万美元的赞助合同。2013年，在碧昂斯的安特卫普演唱会上，智能设备“百事可乐爱机器”第一次露面。使用智能手机的用户可以在这台机器上登录likepepsi网页，并在该网页上直接链接他们的脸书账户，这就相当于建立了一个“百事可乐公司的脸书”网页。只要链接成功，这台机器就会给该用户免费发放一瓶可乐。没有智能手机的用户可以在这台机器的42英寸触摸屏上登录脸书，登录成功后可免费获得一瓶苏打水。

作为回报，百事可乐公司收集了大量宝贵的用户信息。对百事可乐这样的品牌来说，让消费者“喜欢”它的产品似乎不再重要，但是通过链接脸书账户所实现的广告定位，却有可能给它带来意想不到的财源。“百事可乐爱机器”体现了当前企业对收集顾客信息的重视程度：企业免费发放产品的目的，归根到底还是为了获得某些数据。

信息可以转化为金钱和实力，因此企业必然会不遗余力地从顾客身上“榨取”数据，最终的结果是这些企业不断提高现有渠道的信息收集能力。似乎每个人都想了解更多你的信息，每个机构都会恬不知耻地向你提出各种各样的问题。在线调查、电话调查和邮件调查等调查如潮水般冲击着我们，它们无不厚颜无耻地要求我们无偿贡献自己的时间和信息。“百事可乐爱机器”至少还会免费送你一瓶饮料。要应对这种巨大的信息搜集网，或是要逃避它的围捕，我们就必须投入影子工作，但不管怎样，消费者绝对不是受益者。

以前，只要我们为购买的商品付款后，购买行为即告结束。但是今天，商业行为又多出了一个无休无止的尾声，即售后调查。通常情况下，商家会以“顾客满意度调查”的名义将调查信投入你的邮箱，征求你对产品、服务、交易过程或收购服务的感受。此外，调查也可以采取书面问答的形式，这些问题不可避免地要涉及个人信息，以便让商家了解自己的顾客群体。一份报告曾指出，数据研究者分析这些调查信息后发现，客服人员与女性消费者的交流时间，通常是与男性顾客交流时间的 1.7 倍。康涅狄格州雷克维尔镇的银行家哈特说：“每次去看医生、解决收费问题或在线购物，我都要应对讨厌的顾客调查——问我有何感受。这些调查没完没了，我为什么一定要评论所有事物呢？”

调查猴子是一家位于加利福尼亚州帕罗奥多市的在线调查网站。2014 年年中，该网站每天处理的调查问卷回复数量高达 220 万条，比 2013 年年初每天 100 万条的处理量增加了 1 倍多。自 1999 年创建以来，该网站已开展了 4 300 次调查。如今，起草调查问卷变得非常简单和便捷。调查猴子甚至开发了一款手机应用程序，人们可以使用这款软件随时随地开展调查，比如看完一场高尔夫球赛后，人们就可以聚在乡村俱乐部里组织一次调查。

这里有一个极端的例子：杰夫·费雷拉是波士顿的一名设计师，仅仅在两个月的时间里，他就接到了同一家零售店发出的15份调查问卷，这让他难以忍受。当时，他以600美元的低价在网上购买了一张镜面桌子，但到货时却发现它已经损坏，为此，他投诉了5次。然而，按照《波士顿环球报》援引费雷拉的话，每次投诉后，“我的邮箱马上会收到3份调查问卷。我从来没有填写过这些问卷，因为我在电话里已经和他们吵够了”。

现在，企业通常会要求从事影子工作的顾客提供个人信息，并以此作为完成交易的条件，甚至是购买商品的前提。为了在线购物，顾客首先要在书店、银行、报刊亭、公共机构、球队俱乐部、服装零售店或网络电话服务供应商等处开立账户。每户商家都希望消费者在它那里开设账户，因为这意味着这些消费者必须提供一个联系方式以及其他个人数据，而后，商家就可以跟踪他们的每一笔交易，并针对他们建立个人信息库。这个信息库可以让商家随时激活“产品推介发动机”。一旦网站程序检测到你的历史购物记录，亚马逊网站就可以向你介绍你可能喜欢的图书或台灯，Netflix则会向你推荐最新可出租的电影。在我的计算机上，只要打开亚马逊网站，就会弹出称赞比尔·布莱森书籍的评论，这是因为我购买过他写的书；还会看到大量有关制药公司的新书广告，只是因为我浏览过这类书籍。此外，该网站上还会出现时钟收音机、压力锅和埃及纯棉毛巾——这些都是我在亚马逊上买过的商品。**你有过购物经历甚至只是有过购物意愿的网站上，都会出现针对你的个性化广告。**

以前，广告商只是声嘶力竭地为他们的产品摇旗呐喊：“快，快，都来买吧。”今天的商家知道你是谁，也知道你喜欢什么，更知道怎样的悄悄话最能打动你。这些信息让商家得以进行目标销售：它们让广告商可以直接将目标锁定在有可能成为潜在买家的人群身上。这种巡航导弹般的推销必定有更高的成功率。

此外，你的信息库不仅会把广告引到家门口，还能让店家根据你的腰包调整商品定价。假如你持有一张连锁超市的积分卡，店家就可以利用这张积分卡上的数据了解你的历史购物情况，并调整某些商品对你的价格。比如，如果你经常购买斯纳普牌冰茶饮料，商家就可以给你更低的折扣价，刺激你增加购买量。只要拿着积分卡到收银台结账，店家就会自动识别你的身份，并主动为你提供折扣价。此外，商家可能还会提供可在以后购物中使用的“斯纳普优惠券”。如果你的邻居从未购买过斯纳普牌饮料，他就享受不到这种价格优惠。

根据你提供的人口数据，或是由销售系统根据你购买的桶装燕麦片份量作出的推论，如果超市了解到你有个大家庭，它就会向你提供优惠装的大袋洗衣剂或大份冷冻食品。商家还可以通过消费者购买狗粮这一线索推断出宠物主人，或是根据购买纸尿片的信息锁定新生儿父母。数据甚至可以帮助店铺对突发事件作出反应。比如，据《纽约时报》报道，在2012年的华盛顿特区大面积断电事故发生后，西夫韦超市就向消费者发放冷冻食品优惠券，鼓励他们在恢复用电后重新储藏冷冻食品。

在零售行业，几乎每一家超市、药店、五金店、家具店或办公设备连锁店都鼓励消费者办理积分卡，凭卡享受折扣及其他优惠。所有积分卡必须经消费者申请后才能获得，而且他们需要提供简单的信息。

医疗健康领域直接关系着人们的生老病死，该领域的巨额开支成了财务负担。医疗健康领域也收集了最庞大的顾客信息。每次看医生时，只要这家医院不属于现有医疗网络，助理医师就会递给你一支笔、一块写字板和一份调查问卷。这份足有几页长的问卷不仅包括你的就医记录和病史，还覆盖了你直系亲属的相关信息。当然，更少不了你以前住过的医院、做过的手术、过敏源、开过的处方药及其他方方面面的信息。与此同时，医务人员还会“不辞劳苦”地查阅保险公司提供的医保材料。他们必须认真检查这些材料，因为后者或许会影响到某些决策，甚至是法庭的判决。当然，这些材料也可能成为你的绊脚石，很多政治家的事例都说明了这一点。

政府也需要收集公民信息，因此给公民带来了更多影子工作。建筑许可证、学生贷款、营业执照、机动车登记证和驾驶证的申请表及其他不计其数的官方文件，将公众掩埋在无边无际的影子工作中。

税收进一步加剧了这种负担。美国国税局或许是最大的影子工作缔造者。当然，我们别无选择，必须承担国税局交给我们的影子工作，因为这是法律的规定。无论我们是否可以自由选择，依法纳税都是名副其实的影子工作。2004 年一次美国国税局研究会议发布的报告称，根据国税局在 1998 年的估计，纳税人“每年大约需要花费 60 亿个小时从事纳税活动，如进行纳税规划、账务处理和填写表格等”。截至 2010 年，填写 1040 表格的纳税人（相当于 70% 的纳税人）每年从事影子工作的平均时间约为 23 个小时。

在满足这种无止境的“数据饥渴症”的过程中，影子工作这条洪流的闸门也开启了，我们不妨把这条洪流称为“亚马逊河”。毋庸置疑，大多数数据的收集是有意义的，比如送货必须用到地址。在传统意义上的零售店中，顾客走进商店，支付现金，不需要留下自己的名字，而如今的购物方式却截然不同。现金的匿名性使得消费者可以完全保护自己的隐私。当然，他们也需要付出代价，因为与信用卡不同的是，现金永远都不会给顾客带来“现金优惠”。相比之下，使用信用卡和借记卡进行交易则完全可以被记录、被跟踪。无论是服务器上的信息记录程序，还是便利店中的视频监视器，它们都可以将我们的行为从私人空间转移到公共领域。

生活被“监视”的确有一定的益处。当恐怖分子在 2013 年波士顿马拉松赛终点处引爆炸弹时，我的第一个想法是：“怎样才能抓到这些可恶的家伙？”几天后，警察就找到了这伙犯罪分子，击毙其中一人，并抓获了其余同党。破案过程中，最关键的因素就是安装在马拉松赛终点线位置的监控录像：录像清晰地记录了恐怖分子安装炸弹的经过。

即便如此，我们中的大多数人还是钟爱自己的隐私权，希望自己的生活能远离政府的监控。换言之，我们更喜欢守护个人信息，更喜欢自己的私密空间。我们在互联网上披露的信息越多，留给身份盗贼的攻击点就越多。以前，隐私是我们默认的设置，我们的个人数据只属于自己。只有我们刻意分享部分个人信息时，这些信息才会被披露。但信息革命彻底颠覆了这种模式：**今天，保护隐私需要主动承担影子工作。**

我们的“信息身体”存在于一个开放的世界里。比如，当脸书在 2009 年允许用户公开分享其评论时，该网站给新用户设定的默认设置是允许所有人查阅他们的评论。以前，脸书曾为用户提供过复杂的隐私控制手段，这样一来，用户可以对每种类型的个人信息设置单独的“控制开关”。后来，在多方压力下，脸书加强并简化了这些控制手段。

新注册网站账户时，网站都会要求我们填写一系列的联系方式，而且程序化的自动填写功能也让这个过程变得异常简单，只需几秒钟即可完成。账户申请成功后，我们还要在账户中录入诸多档案资料，这些数据库既给我们构建了一种有意义的连接，也让我们多出了一个容易遭到攻击的漏洞。在 2013 年圣诞节前发生的塔吉特顾客个人信息泄露事件中，黑客窃取了 4 万张信用卡和借记卡的号码以及多达 700 人的个人数据。没人知道，黑客的下一个目标是哪里，但有一点毫无疑问：哪里存储的信息更多，就更有可能成为下一个“塔吉特”。

信息泄露最终的结果是，影子工作这条“亚马逊河”越流越宽广。为保护我们的隐私不受侵犯，我们必须有所行动。这意味着，我们需要投入大量的时间和金钱。在发表于《纽约时报》的一篇杂文中，《天罗地网》（*Dragnet Nation*）一书的作者朱莉亚·安格温甚至提出这样一个问题：隐私是否已成为一种“奢侈品”？她在文中写到，2013 年为了维护自己的隐私权，她花费了 2 200 美元和“无数个小时”的时间，得到的是一种计算机加密服务、一款保护笔记本电脑免受黑客入侵的过滤软件、使用期为一个月并且可以防止个人数据被转售的特殊邮件地址及电话号码。作为信息安全领域的专家和《华尔街日报》的前记者，安格温当然对保护个人隐私有着更强烈的诉求，而且她支付的 2 200 美元或许是可以在税前扣除的，但她为此付出的努力却足以让我们接受一个事实：当下，即使只是确保个人数据的“私有化”，也需要你承担大量影子工作。

请输入用户名与密码——最日常的网络奴役

当然，任何硬币都有两面。一方面，各种机构为我们构建起不计其数的数据库；另一方面，我们也在自己的计算机里积累形形色色的数据档案。这些文件、书签、音乐和视频下载记录、相册、邮件信息、申请书以及其他各种各样的数据，都需要我们进行维护、加密、更新和组织。当然，还有文件本身的备份。**无论你喜欢与否，我们每个人都成了从事影子工作的卑微之人。**

数字技术正在以指数增长的方式创造着新数据。一份文件的产生，就意味着另一份文件的出现。比如，文件备份技术让被备份的数据自动翻倍。每份文件都会形成不同版本的草稿，每段视频都会出现长度不等的片段，这些文件相互依赖，大量堆积在我们的硬盘驱动器里。通过邮件发送的文件需要进行复制，变成邮件的附件，而且接收者可能会再次存储或继续转发这份文件，克隆出更多的副本。这样一来，一份文件就被复制成了若干份。

如今，消费者已经将储存和监督这些海量信息的任务“据为己有”。我们给自己喜欢的每张网络大门都设置了一个数字开关——进入这个网站的用户名和密码。我们要不断地更新和保护这些开关。如果你把这些用户名和密码保存在自己的计算机里，侵入计算机的黑客就能马上进入你的所有账户。因此，我们必须采取有效的反黑客措施。有些人通过支付月费的形式，对密码进行在线加密。我的应对策略是将用户名及密码列表打印出来，并随时更新存储在移动优盘上的数字文件，保证这些账户随时处于离线状态。

这种“网络奴役”带来了一种现代综合征：“密码疲劳”。2002

年在英国进行的一项调查表明，普通的互联网用户人均拥有 21 个账户。到现在，这个数字很可能已经翻倍，而且极有可能超过美国。几乎所有网站入口都要求用户注册一个新的账户，并要求他们记住账户密码，以保证个人账户的“安全”。这些无休无止的要求让我们疲惫不堪，最终结果就是“密码疲劳”。懒惰的人总是不在少数，有些人甚至用“密码”这个词作为账户的密码；或许你不信，但“密码”这个词的确陆续 2 年成为网民最常使用的密码，而且直到 2013 年，它才被另一个“天才横溢”的密码（123456）所取代。2010 年发布的一份《消费者报告》指出，超过三分之二的网络用户对所有账户使用了相同或相近的密码。

“网站每天都在提醒它们的用户创建新账户，或是登录老账户，即便是最简单的任务也要输入你的用户名和密码，这样的事情每天在全世界要重复数十亿次，”梅根·凯尼里在发表于《伯克希尔鹰》日报的一篇杂文中写道，“输入密码已经成为我们每天生活中不可或缺的工作，但也是最痛苦的工作，这不仅是为了保住我们残存的一点秘密，也是进入我们生活的钥匙。”凯尼里的这句话表明，我们的信息存在在很大程度上取代了我们的生理存在，我们的在线生活也名副其实地成为我们的“生活”。处理密码绝对是一件令人痛苦的事。凯尼里在文章中写道：“除了每天绝望地无数次输入密码外，我们还要面对另一个问题，每个新密码都有它具体的要求，比如必须是 8 ～ 10 个字符，含标点符号或不含标点符号，包括大写字母，不可以使用你的名字等。这些全都是废话！”

这些要求简直就是制造影子工作的大工厂。按经验来说，越安全的密码越难记住。网络安全专家肯定喜欢“2LiP!LvR”这样的密码，而不是“tuliplover”[①]。但大多数人更喜欢将看上去稀奇古怪但又容易记住的字符串作为密码。

喜剧演员特雷西·尤尔曼曾对《纽约时报》的记者雅各布·伯恩斯坦说：“这真是一场噩梦啊！密码变得越来越长。”作家保罗·路德尼克则认为，为了找回他在时代华纳有线电影网上设置的密码，他的经历“丝毫不亚于电影《伯恩的身份》中的情节”。对此，伯恩斯坦的结论是：“最终的结果是，找回密码绝对是一种搜肠刮肚的经历，你几乎要翻遍电脑里的每一份文件，把每一个能想到的字符串胡乱地记在便签纸上，但最后很可能依然一无所获。实际上，对现在的每一个互联网用户来说，如果没有计算机专业的学位，就免不了在‘登录’问题上一筹莫展，让自己陷入崩溃状态。”

密码过期则让这个问题变得更加复杂。哈佛大学曾经要求教职工每年更新密码，但与每3个月就要求其员工更换一次密码的企业相比，这样的规定只能算是小儿科。企业强制性地要求员工频繁更换密码：把密码记住3个月，然后必须忘掉它，再设计并记忆一个新密码。某些员工干脆缴械投降，每次登陆公司网站时就直接选择“忘记密码”选项，这样一来，他们就可以直接使用服务器发送到他们电子邮箱中的新密码了。

记住用户名是另一种煎熬。注册新账户时，网站会要求用户设计一个用户名，这个名字当然和你的真实姓名无关。你的真名可能很简单，但用户名却有可能让你费尽心思。尽管现在全球的网民人数已经高达70亿，但使用真实姓名做用户名的人可能还没有。无论你自认为自己的用户名多么古怪、多么独树一帜，都不要自以为是，因

① “tuliplover”拆分成“tulip lover”，意思为“郁金香爱好者”。

为别人有可能早就想到了。因此，当想出“Asdrubal Sandomirsky17”这个精妙绝伦的用户名时，你不要沾沾自喜，要作好别人已经抢先一步的心理准备。于是，你还得绞尽脑汁，再想出一个你觉得自己还能记住的用户名，或许不到半个小时，你无意中又会发现，已经有人在使用你的“新”网名了。谢天谢地，现在的大多数网站都允许直接将电子邮箱地址作为用户名，毕竟这个地址是唯一的。

随后，我们再来看看网站的第二个保护措施：更令人心惊胆战的“安全问题”设置。在这个环节上，网站会要求你填写自己真实的出生地或你母亲的姓名，这种做法的初衷是良好的，但有些“安全问题”可能需要你绞尽脑汁，因为连你自己都无法确定答案。比如，你高中时最喜欢的动物是什么？天啊，我在3所学校读过高中，喜欢过狮子、老虎和黑熊，你说我该选择哪个呢？你的初恋男友或女友叫什么名字？我在小学四年级就有了心上人，高中二年级迎来真正意义上的情窦初开，而第一次正式约会则是大学时的事情，你说我的初恋应该是谁？

软件升级也会制造大量影子工作。每个拥有计算机的人，都会经常收到升级已安装软件的提示信息。这些软件升级通常是免费的，但需要耗费大量的时间，而且常常要求你退出正在浏览的页面或操作的其他应用程序，这难免会影响你的正常工作。理论上，这些调整会提高已安装软件的性能或安全性，但绝大多数情况下，我并未发现升级软件的好处。或许真正重大的事情是我们这些凡夫俗子感受不到的。

购买软件的感觉注定会不同于购买餐具。购买餐具时，你能得到实实在在的东西，每天都要使用和清洗它。但购买软件的感觉就不同了，你觉得自己拥有了这种软件，但实际上只是和开发商共同分享它，而且开发商会一直对这个软件进行更新和升级。你“手里的”软件在不断地进行自我升级，这就像如果脚下的地面一直在运动，你如何站得稳？通常情况下，在软件升级问题上，你别无选择。开发商发布升级软件的信息后，如果你没有即时升级，那么不出几天，你就会发现很多关键性的功能无法正常使用了，因为“演变”了的网站数字环境已经“不再支持”你最初购买的操作系统。这就像有人告诉你，一定要买一辆发动机功率更大、速度更快的汽车，因为高速公路已经改建，最低时速已经提高到 80 英里。这真是逆水行舟，不进则退。当然，这也是开发商总能卖出软件和硬件的主要原因。

升级软件不可避免地带来影子工作，因为升级的过程会要求你重新学习很多原来已经掌握的知识和技能。这意味着你必须投入大量的时间，或许你会觉得自己很无辜，又或许会气愤得咬牙切齿，甚至破口大骂。但就像保险理赔一样，大多数情况下，最终的结果还是你作出让步，默默地把升级前做过的事再重做一遍。软件开发商似乎永远都不会考虑到，他们的产品“学习曲线”会把消费者拖入影子工作的污水池，其原因很简单：这些工作的成本并不是他们来支付。

2012 年，微软公司推出了 Windows 8 操作系统，新版软件操作起来很便捷。比如，用户在进入软件时无需再点击“开始”按钮，而且取消了以下拉式菜单显示其选项的做法。这种系统需要用户再次学习他们已经知道该如何做的事情，即从事影子工作。来自纽约市的 59 岁打字员凯文·麦卡锡只用了几分钟，就学会了如何使用这个新操作系统编写邮件。他对《纽约时报》的记者说，这种感觉让他觉得自己是“有史以来最伟大的业余计算机使用者”。在他看来，Windows 8 操作系统“拥有最简洁的外观，所有按钮都显示在屏幕上，真有点像宜家家具的组装说明那样生动直观，让人一目了然”。

你每年花费 9 小时删除垃圾邮件！

此外，消费者还要不断清除他们“数据房间”里的垃圾。以垃圾邮件为例：几乎没有人喜欢垃圾邮件，但它们却无休无止地涌入你的邮箱，既有动辄百万美元的大奖，也有阴茎增大术的广告，更有不计其数不请自来的职位邀请函。截至 2012 年，全球垃圾邮件已发展成为一个价值 20 亿美元的产业。因为在收到垃圾邮件的用户中，会有 11% 的人阅读这些邮件的内容。

电子邮箱是垃圾邮件的最终载体。21 世纪，如果离开了电子邮件，那么能生存下来的人屈指可数。这就意味着，我们必须学会识别并删除垃圾邮件。垃圾邮件过滤器可以自动完成这项工作，但效果并不完美，而且有可能将真正的邮件也转移到垃圾邮箱中。因此，本来就无孔不入的垃圾邮件一样能做到无所不在。

况且，删除垃圾邮件也需要时间。马里兰大学商学院进行的一项研究表明，美国成年人平均每天需要花费 1.4 分钟删除垃圾邮件。这个数字听起来似乎微不足道，但你想过把这些数字累加起来会有多大吗？它意味着你每年都要把原本可以用来散步的 9 个小时浪费在这种毫无价值的事情上。有人估计，在我们接收到的全部电子邮件中，有 50% 甚至是 80% 都算是垃圾邮件。2009 年的一项调查报告则认为，每年人们浪费在删除垃圾邮件上的时间，相当于增加了 216 亿美元的经济成本。偶尔，垃圾邮件发送者会提供“取消订阅”的选项，让用户免遭垃圾信息的折磨。这种做法当然值得提倡，但还是会带来另一种类型的影子工作：为你提供一个不起眼的“取消订阅”链接，在你点击链接后，它会要求你填写邮箱地址，或是更新一个“邮件偏好”网页。我有时会想，为了取消订阅，我向这些垃圾邮件发送者坦白自己的邮箱地址、偏好有没有必要？

把收到的垃圾邮件扔进垃圾箱似乎比取消订阅更省事。在这里，最关键的问题在于，我们每个人不仅会有一个装满信件、账单、杂志和广告的常用邮箱，还会有另外一两个乃至更多需要照料的邮箱。整理这些不常用的邮箱同样需要时间，也会给我们带来更多影子工作。

不计其数的沟通渠道催生了另一种类型的影子工作。以前，要找到一个朋友，你可能需要邮寄信件或明信片，或在家里给对方打个电话。如今，这些沟通方式都过时了。随着工作与私人生活开始出现更多的重叠，你在办公室就可以拨通朋友的电话。当然，这仅限于简短地聊天。后来，电子邮件出现了，它开启了一种全新的沟通方式。现在，我们又有了移动电话，可以发短信。当然，我还没有学会使用可以即时分享图片信息的 Instagram 软件。

我们有了如此多的沟通渠道，当紧急情况下需要找到某个人时，会发生怎样的事情呢？举个例子：你打算带女朋友拉丽莎去看一场演出，在剧院的网站上，你看到 2 种可供选择的票，甚至像选择飞机座位那样，能直接看到座位号。你发现其中 2 个座位号很不错。

这的确让人欢欣鼓舞，但前提是其他条件没有发生变化。世界上的每个人都可以浏览这个剧院的网站，看到完全相同的信息。因此，你实际上在和地球上的其他70亿人争抢好座位。谢天谢地，幸好我们只是同时在线，而不是一起在排队！幸运的是，某个星期五的晚上，至少在孟加拉国达卡市的1 400万居民中，不会有很多人急着到马萨诸塞州剑桥市的某个剧院去看意大利剧作家路伊吉·皮兰德娄的《今夜，我们即兴》，最多也只有一部分有品位的人会这样做，这让你少了一大批竞争对手。然而，还是有很多人对他的歌剧情有独钟，这意味着，在任何一个时间点，也会有其他人想着抢到这2张门票。如果想和心爱的女友在歌剧院度过一个美妙的夜晚，你必须赶紧动手抢！

随后，你迎来了影子工作的新形式：全媒体轰炸。你可以拨打拉丽莎的手机、家庭座机和办公室座机，并给每个号码语音留言。你可以给她的家用邮箱和工作邮箱发送电子邮件。最后，再给她发送一条手机短信。由上可知，为了给拉丽莎传递一种信息，你利用了6种不同的渠道。当然，这是一件好事，因为在20年前，我们根本不可能接收到如此多种信息轰炸。但这也不全是好事，这种数据的“登陆日”大进攻，必然会让你多出几分钟的影子工作时间。与此同时，这也给你的心上人拉丽莎增添了一份影子工作：她要打开接收信息的设备，接听你的留言，删除多余的信息，如果你走运，那么她还要在你的诸多邀请中，选择一个作出回复，这又需要她拿出一点时间。如果你再幸运一点，买到这2张票还需要你花费一点时间。

每个网民都要经受得起广告的“进攻”。你可以对不感兴趣的广告视而不见，但很遗憾，事情根本不会如我们想象的那么简单。互联网广告绝不会像报纸和杂志上的平面广告那样，静静地躺在那里等你去唤醒。对于报纸和杂志上的广告，喜欢的话你可以选择性地翻阅，不喜欢则可以一带而过，继续看自己感兴趣的故事。相比之下，互联网广告显然更具侵略性。它们效仿了电视广告，其拥有的视觉和听觉冲击力远比电视节目强烈。很多网站采用了弹出式广告，这些广告会突然弹出在你的屏幕上，不仅具有更强烈的视觉和听觉冲击力，还会遮住你原本想阅读的内容，你别无选择，只能去关掉这些广告。更令人讨厌的是，某些广告直接弹出在屏幕上，开启一段视频，而且其音量会大得出奇。此时，恐怕你只能迅速拿起鼠标，去点击广告页面右上角的“X”按钮，关闭这个你从未想过要打开的广告窗口。但这又把你引入广告商的另一个页面。到了这一步，要回到屏幕上弹出广告前的页面，恐怕就需要耗费更多时间了。

想一想，在报纸上看新闻和在电视上看新闻有何本质区别呢？翻开一份印有大量广告的报纸，你可以选择只读自己感兴趣的内容，看什么都是你自己的选择。这种逻辑总体上也适用于在线报刊，但具体要看网站的设计。

然而，看电视新闻的人就没这种自由了。美国广播公司的《晚间新闻》和《洛杉矶时报》呈现新闻的方式截然不同。电视新闻和电视广告的传播方式在时间安排上是线性的，同一个时间只能播放一条，因此我们忽略一条新闻或广告的唯一方式，就是按下遥控器的静音键，这至少可以让我们不被这则新闻或广告的声音所打扰。决定节目播放顺序的是电视台，而不是观众，你只能默默地坐在那里等。电视的模拟信号和声道是打包传送的，你没有选择节目播放顺序的自由。

同样，在 YouTube 或其他新闻网站看免费视频时，你都要忍受一段广告。在这一点上，你除了接受别无选择。2014 年发布的美国

《消费者报告》显示，三分之二的被调查者无法接受网站的这种做法。广告成为所有视频的序幕，就像今天的电影院一样，每场电影开播前都要播放广告。在以往，看电影不会像看电视那样需要忍受广告，这曾经属于那些购票看电影者的特权。YouTube 和电影院都拥有广告商看重的优势：有大量想走却没法走的观众。有一次，我在 YouTube 上看一段视频，作为观看这段视频的代价，网站要求我回答一个多选问题：这 5 家企业中，你见过哪家企业在网上做过广告？有时，这种半路杀出的调查“控制”着你想看的内容，如果不予理睬，你就无法观看视频。

在某些对用户较为友好的网站上，至少还允许他们在广告播放几秒钟后，以快进的方式跳过随后的广告内容，直接观看视频。这些网站的动机无一不是为了吸引消费者观看网站的广告，广告商将这种动机称之为“吸引眼球”。有线电视和卫星电视出现以前，这还是广播电视公司讨价还价的手段：要免费收看电视节目，就必须先看广告。当然，电视节目还是需要有人买单的，这些人就是广告商。如何“消化”这些广告就成了一种影子工作。这些广告可能会让你花钱，因为一旦被广告打动，你就要掏腰包购买他们的产品。但仍然有些人喜欢观看广告，毕竟广告的每秒钟制作成本要远远高于电视节目，很多广告不仅精彩，还不乏娱乐性和笑点。美国娱乐与体育节目电视网那句令人捧腹大笑的电视广告词“这里是体育中心”真应该制作成 DVD。无论你作何决定，广告永远都会像垃圾邮件那样，存在于你所接触的每一种媒体中。当然，搜集用户信息的那张大网也是无处不在的。

婚恋网站如何替单身人士介绍对象?

数据大淘金运动正在如火如荼地进行着。随着信息经济的发展，技术创新不断带来更先进的新型数据收集方式，因此这场运动还将继续进行，甚至会升级。与此同时，对影子工作的需求也会随之增加，越来越多的问卷和调查还在等着我们。由于电话、信用卡、自助加油泵、超市会员卡、有线电视机顶盒和计算机等都可以在你不参与的情况下，自动收集你的个人信息，因此已无需再借助你来从事影子工作。正如乔纳森·肖发表在2014年《哈佛杂志》上的文章所言，公路收费站等城市基础设施也可以记录你的数据，具有同样功能的，还有“安装了传感器的建筑物、火车、公共汽车、飞机、桥梁和工厂”。他在文中写道：“数据飞速传播，我们在2012和2013年得到的数据就可以用‘泽字节[①]’来计量，这足以让此前人类文明所积累的数据相形见绌。”

处于数据源位置的人往往对数据的来源、去向及用途浑然不知。比如，连锁快餐店收银台收集到的数据，很可能直接传输到连锁店的总部，分店的老板却对这些数据一无所知。随后，总部可以将每家分店的数据与全国分店的平均水平进行比较。这样一来，总部就可以对各分店的经营状况一目了然，并指出问题所在：“你的员工去洗手间的时间太长，他们每去一趟平均花费5分钟。”大多数分店老板会接受这种考核，并据此为员工立规矩。

售货亭可以采用指纹或视网膜扫描技术作为识别用户的手段。这种技术可以收集到大量数据，并与医疗健康领域的供应商、市场研

① 计算机存储容量单位，英文ZettaByte，1泽字节大约等于1万亿GB。

究机构和人寿保险公司的数据进行对比。今天，利用全球定位系统（GPS），卫星可以通过你的移动设备随时随地跟踪你的精确位置。大量车载智能终端将交通数据上传到 GPS 中心，将这些数据综合到一起，人们就可以了解每个地点的交通状况。比如，通过计算新泽西州高速公路 13 号出口和 17 号出口之间的车辆平均时速，就可以识别该段公路是否发生了交通堵塞现象。

这张巨大的“信息搜索网”为集中式数据银行的出现创造了条件，该银行将通过不断侵入我们每个人的隐私空间，积累起越来越多的信息。我们的“信息身体”生长出越来越丰富的毛细血管，传递着我们在经济和社会生活中愈来愈细微的信息。千万不要天真地以为，这个数据银行是一个不偏不倚的“事实收集者”，只会悄然无息、毫无意图地躺在那里。“数据本身没有好坏之分，关键在于你如何使用这些数据”，这种想法完全是一派胡言。保存如此宽泛、大量的数据，就像是维持一支庞大的“中立”维和部队：你可以确定，这支部队迟早会有所行动。这些士兵绝非因偶然因素才变得如此强大，也不可能永远都不犯错误：在某个时间和某个地点，某个人会让他们投入战斗。

这支军队带给我们的好消息是：这些关于你的信息可能以某种方式减少你的影子工作。比如，我们可以利用传感器和电子数据收集器记录个人信息，并传输到某个档案中，让你无须亲力亲为。但也并非没有坏消息。如果你无意识地提交个人数据，却不考虑这些数据会泄漏何种信息以及这些信息最终落脚何处，那么影子工作或许会不期而至。毕竟，这些信息是在你毫不知情的状态下输出的。

信息收集者建立这张信息大网的动机太过强烈，以至于他们根本不可能完全中立。因此，我们要有意识地抵制这种无休止的需求。比如，美国政府试图要求每个公民均携带智能电话，或随身携带GPS信号发射器。如果你能选择的话，拒绝会比较好。这种政策不一定会强制实施，有可能只是在公民日常行为上有所体现，比如政府会通过修订石油化工公司相关政策，拒绝使用信用卡的消费者在加油时将会遇到诸多不便。

组织机构行事时有其轻重缓急，个人也有个人的轻重缓急。哲学家约翰·洛克曾指出，劳动创造财富。按照这个观点，如果你从事的影子工作创造了某些信息，这些信息就应该属于你的财产。**到底应该由谁来拥有你的数据，或者说你的“信息身体”？或许有一天，你的数据也会像石油、水或其他自然资源那样，引发一场关于所有权的大辩论。**

在人类的大部分历史中，约会这件事情是不存在的。千百年来，即使是那些相貌出众，并且拥有巨额财富的人，也可以接受没有约会的星期六夜晚。

他们以其他方式完成男女之事。对史前人类来说，一夫一妻制最多也只是一个经不起推敲的命题，但他们并不缺乏繁殖后代的方法，尽管这些方法可能缺乏愉悦感。随着文明的演进和婚姻的出现，父母成为子女婚姻的控制者，男女之间的结合由父母安排。这是实用主义的必然产物。对上层阶级而言，婚姻意味着金钱、地位，甚至是政治上的权势。对底层阶级或是被推翻的统治阶级来说，选择伴侣的标准是身心健康，有健全的人格。当然，如果能选择，那么美丽的外表也很重要。

我们所说的浪漫，实际上是在中世纪之后才出现的。在公元1 100

年左右，行吟诗人[①]杜撰出“宫廷之爱”这个词：这是一种存在于男女之间的特殊情感，将肉体的欲望和精神上的情感升华融为一体。这些游走四方的诗人，在法国南部图画般的田园美景中赋诗吟曲，歌颂宫廷之爱的高雅和美妙。

宫廷之爱只是一厢情愿的爱，不涉及爱的对象。爱和婚姻绝不像一首歌描述的那样，“马和马鞍永不分离”。它们完全独立，甚至在现实生活中互不相容。婚姻体现的是一种责任和义务，爱则专指对某个人的好感，因此两者并不兼容。12 世纪，作家安德烈亚斯·卡普里纳斯在其著作《宫廷爱情艺术》（*The Art of Courtly Love*）一书中写道：“夫妻之间或许没有给真爱留下空间。”

几个世纪以来，宫廷之爱逐渐演变为浪漫之爱，追求这种被诗歌赞颂的情感逐渐上升为社会的主流价值观。启蒙运动和 18 世纪的政治革命播下了民主主义的种子，大大削弱了社会上层阶级以及父母的权威。在西方社会，不管是男性还是女性，都开始寻求自主权，其中包括对配偶的选择权。社会氛围逐渐趋于开明，年轻人可以不受约束地相互联系。换言之，他们可以自由约会。

在传统意义上，男女约会的机缘来自父母或朋友的介绍、工作上的联系，或是个人爱好和社交活动的接触。如今，形形色色的商业活动为约会创造了便利条件。婚姻介绍人也会以收费的形式向客户推荐约会对象。此外，还有大量的平面或在线征婚广告、单身组织和单身聚会，甚至是“速配”活动，帮助单身男女寻找伴侣。这些方式足以说明，传统的约会方式已不能满足人们的需求了。

---

① 行吟诗人是欧洲 11 ～ 14 世纪的一种诗人，最初出现于法国南部普罗旺斯，主要写作抒情诗，包括情歌、感兴诗、晨歌、暮歌、小夜曲等，多描写爱情。

寻找伴侣变得越来越复杂。1960 ~ 1980 年，美国人的离婚率不仅居高不下，还提高了 2 倍，这让单身男女开始质疑“婚姻”这种组合是否不堪一击，尽管他们还在寻找另一半，并且屡屡无疾而终。如今，女性已经成为职场中的重要力量，经济的独立使她们可以彻底放弃 20 世纪 70 年代之前走进婚姻殿堂的重要动机——生存。如果工作需要人们长时间地出差，那他们陪伴意中人的时间就会大打折扣。传统的男女“结合”方式已经过时，这会加大造成误解的概率。尽管传统的求爱和结婚仪式限制了我们的选择范围，但这些仪式始终是男女最终结合过程中约定俗成的标志：我们迷失方向时，一幅清晰的“地图”或许很重要。

随着约会方式的演变，单身人士开始尝试通过各种新工具寻找对象。我读大学时，哈佛大学的校园里到处都是兜售“匹配系统”的海报，该系统通过电脑计算程序寻找约会对象。你只需填写 1 份问卷，并将这份问卷附上 3 美元寄给“匹配系统”开发者，就会在 6 个星期后收到一份关于匹配对象名单的回信。1965 年，2 名哈佛大学的学生在宿舍闲聊时想出了这个主意。此后，“匹配系统”大受欢迎，甚至成为《外表》杂志 1966 年情人节专刊的封面，其中一位创始人还受邀参加了《实话实说》电视真人秀节目。据奈尔·波特·布朗在《哈佛杂志》上发表的文章称，1968 年出售其公司时，这 2 名“匹配系统”所有者已收集了 100 万人的数据。

2014 年，网上约会已经成为一个价值数十亿美元的产业。由亲朋好友介绍或在工作场所、学校等地寻找的传统择偶路径依旧占据上风，但伦敦《自立者》杂志在 2013 年发表的一份报告指出，在所有寻找约会对象的方式中，在线择偶的受欢迎程度名列第三。在线择偶极大地扩展了潜在伴侣的选择范围，单身男女得以摆脱现实生活对他们的束缚。实际上，他们就像在大海中寻找鱼儿的捕鱼者，在线服务让他们的搜索范围从家乡的小湖泊变成了太平洋。默契网（Match）创建于 1995 年，除这个官方网站外，它还拥有其他 30 家约会子网站。2004 年，《吉尼斯世界大全》认定该网站为世界上最大的婚恋交友网站，其工作人员超过 1 500 万，并且遍布全球。目前，该网站已进入 25 个国家，使用 8 种语言。

2004 年，哈佛大学的 4 名数学系学生创办了择偶网站 OkCupid。7 年之后，他们将这家网站卖给了 Match。尼克·鲍姆加登在《纽约客》发表的文章中指出，OkCupid 会制作被称为“小测验”的调查问卷，还会邀请用户提交自己设计的测验；截至 2011 年，他们收到了超过 4 300 份问卷。鲍姆加登指出，OkCupid 的普通用户需要回答 300 个问题，他们回复的答案最终形成了一个拥有 8 亿个答案的档案库。这绝对是一个庞大的数据库，而且其中大部分数据是高度隐私甚至不可外传的个人信息。OkCupid 完全有可能将这些信息出售。

这些择偶网站的工作原理，就是通过对大量数据进行统计分析，从中识别出合适的约会对象，这种择偶方式显然与传统做法相去甚远。归根到底，它只是以某种方式用软件替代湿件[①]，或者说人的大脑。通常情况下，有关财富、社会地位、教育背景和家庭出身的数据都是择偶过程中需要考虑的因素。传统的择偶方式与网上择偶相比，最大的差异在于，你的家人和朋友知道你的想法，而且对你非常了解，因此他们无需再让你回答 300 个问题。在决定是否安排

① 湿件，计算机专用术语，指软件、硬件以外的其他“件”，即人脑，也通常指人脑和机器连接起来的设备。

你与某个人约会时，他们会动用自己的直觉“计算程序”。相比之下，OkCupid 对你一无所知，因此它必须利用小测验构建出信息库。这就给用户带来了影子工作，因为他们必须为网站的算法提供输入变量。此外，这些小测验还给 OkCupid 带来了宝贵的副产品，让它收获了丰富的数字信息。

Match 和 eHarmony①通常会要求会员按月付费，但 OkCupid 免费提供服务，依赖广告商的资金，而不是会员的会费。这里适用的准则是：如果你不为某种服务付费，那么你就是这种产品。无论收费与否，择偶网站都需要顾客为它们的计算程序提供数据。所有关于浪漫的理论都隐藏在这些算法中。“性格互补的人们更容易相互吸引”，这种传统说法很难找到“支持者”：算法找到的匹配对象倾向于具有相似的观点、价值和信仰的人，而非在这些方面相互对立的人。择偶网站的问卷通过了解其用户的观点和偏好，勾勒出他们的性格特征。从事影子工作的顾客免费创建的这些数据档案，成为网站创造财富所依赖的最有价值的资本，比如脸书上的内容。一方面，提供个人数据是用户需要付出的最重要成本：只有提交了个人信息，他们才有资格参与这场“游戏”；另一方面，提供数据这项任务在真实的社交环境中是不会出现的，仅存在于虚拟的社交网络中。当然，只有在择偶网站设定的这种模式下，提供信息才能成为影子工作。

当择偶成为一项“规划”时，它就从一种游戏转变成了一种工作。很多成年人都希望找到一个性感的对象，当然也包括潜在的配偶。不要忘记，工作是我们为实现目标所做的事，而游戏的初衷仅仅是玩耍。32 岁的卡拉是马萨诸塞州西部的营销顾问，她说：“我想找到一个可

① Match 和 eHarmony 都是美国著名的婚恋交友网站。

以与我共度余生的人。于是，我接受了几次计算机配对服务。我对这件事的态度和对待其他工作没有任何区别。”卡拉从事的这种“工作”，其实就是现代版的影子工作。

对只想找个临时伴侣的人来说，当然没有必要在这件事情上浪费大量时间。Hinge 和 Tinder 等应用软件的用户只需输入脸书的现有信息，简化了描绘个人特征的过程，降低了影子工作的精细程度。由此可见，脸书带给电子商务的一个好处是，它能帮助人们避免在不同网站输入相同数据造成的影子工作。从这个角度看，脸书就是一个信息清算中心。Tinder 的用户可以浏览其他用户智能电话上的个人照片，并迅速决定是否追求对方。这些应用软件的用户中，很多人的态度是认真的，他们想建立一种严肃的异性关系，但不愿意暴露更多的个人信息。来自巴尔地摩的设计师贾妮思说：“这有点像在酒吧遇到一个心仪的人，然后凭着一面之缘决定是否和他继续交往。”

事实上，这些软件最有可能让你和“朋友的好友”实现匹配。不难理解，如果某个人是你朋友的好友，你们友好相处的可能性就比较大。这听起来的确很有道理，但问题的关键在于，脸书上的“朋友”不一定是真实世界中的朋友，如果你需要的是一个可以在生活中手牵手的朋友，那么你对他设定的标准肯定与对这些在线“朋友”的要求截然不同。28 岁的拉切尔生活在华盛顿特区，接受过几次在线择偶服务的她认为：“我不觉得脸书上那些不靠谱的‘朋友’对我有帮助。比如，我的朋友瓦妮莎在参加课外学习班时认识了一个人，并在脸书上与他互相关注，但他们 8 年以来根本没有说过话。”

瓦妮莎是拉切尔的校友，他们交友的目的显然是不一样的。拉切尔希望构建一种正式的恋人关系，而不是一夜情。与很多年轻的单身人士一样，她也喜欢在手机上使用择偶软件。因此，如果用一个词来描述她所做的事情，这个词应该是“在线约会”，而不是“计算机约会”。生活在纽约时，拉切尔会利用等地铁的时间在择偶软件上发布信息。她认为，这样做的危险是，“每次，选择的最终决定权都掌握在你的指尖，如果限制在网上的交往人数或交往频率，你就有可能错失良机，这是一个危险的信号”。

拉切尔说：“知晓更多信息显然对择偶有益，比如你应该尽可能多地了解别人如何介绍自己。”她从未在软件中发送过“你好吗？”这种没有任何意义的信息；每次聊天时，她都可能提到其他用户“喜欢”的某本书。对此，她解释道：“我很认真地看待聊天内容。”如果某位异性在回答问题时表示自己赞成同性恋婚姻，那么拉切尔不会反驳，但会马上屏蔽这个人。在她看来，这是别人的权力，她无权干涉。她在 OkCupid 等网站上完成了大量影子工作，即回答了很多问题，这些网站会对回答问题的用户给予奖励。“你回答的问题越多，网站提供给你的信息就越丰富，”拉切尔说，“如果回答了某个问题，我就能看到别人在这个问题上的答案。在这方面多付出一点，你就可以了解到其他人更多的信息。这确实有点像干活了。”

管理收集的信息也是一种影子工作。尽管大多数用户对接收到的绝大部分信息置之不理，但在删除之前，他们还是会打开这些信息，甚至会看一遍。“如果不看，你就永远不知道会发生什么。”会员都是通过网站内部聊天工具交流，这让他们在相互了解的最初阶段隐藏自己的真实信息，而使用私人邮箱沟通则会暴露身份，如果对未来继续交往还心存疑虑，那这显然会给他们带来影响。

信息每时每刻都在涌入。拉切尔经常加班，每天外出工作或玩要回家后，她经常要打开软件，回复信息。如果双方聊得很投机，发展到可以约会的地步，他们之间的交流就会转换为实时信息。按照惯例，接到对方的实时信息后，你应该马上回复，这就要求你暂时放下手头的工作。每天晚上在 OkCupid 上聊得很晚，就意味着你会减少睡眠时间。然后，你会发现，网上约会这份影子工作让你越来越疲惫。“通常情况下，在我或对方提出交换电话号码、安排约会之前，我至少要在网上和他有过 3 次以上的对话。”拉切尔说，“取得对方的电话号码后，可能还要和他再沟通 3 次，然后才确定约会的时间和地点，并作出最终确认。”

就这样，第一次约会的时机成熟了。拉切尔说：“我觉得自己在这方面是个怪人。第一次见面时，我通常要和对方交谈 2 个小时左右。之所以要花这么长时间，是因为我想尽可能地了解对方的真实性格，但也有另外一种可能：也许这位男士不是那么吸引我，但和他聊天特别有趣。很多人给初次约会设定了很多条条框框，即使双方有进一步沟通的意愿，也要限制第一次约会的时间，比如用 45 分钟喝咖啡和聊天，然后约会就必须结束。实际上，不管印象如何，我确实喜欢和别人沟通交流。如果不到 1 个小时便草草了事，我就会觉得这样有点过于敏感或不礼貌。通常情况下，我需要作出一个基本判断——初次约会后，我是否还想见对方？我可能还会再安排 1 次约会，以便确认第一印象。”

网站的运行模式确实能帮助拉切尔，比如提前筛选掉那些没有希望继续发展的异性。她说：“我至少可以判断想不想和他们交往，而且他们是不是也对我感兴趣。网站确实能做到这些。”当然，还有很多因素会导致某个潜在的约会对象被你彻底否定。拉切尔解释道：“举个例子，如果有位男士明确表示自己以后不想要孩子，那我在回复他之前，就要三思而行了。很明显，这是一个十分重要的问题，三言两语绝对说不清。不管是在哪里见面，只要有机会和这位男士坐到一起，我们就必须认真讨论这个话题。不过，如果连讨论的兴趣都没有，那两个人之间的交往恐怕就要遭遇红灯了。”

有时，时间可能很晚了，在线用户却急于见面，以确定他们是否喜欢对方。见面之后，你或许会发现这个人“说话确实很烦人，或是有点怪癖，或是有不良习惯，又或者是居心不良”，拉切尔表示，“只要有可能，我还是喜欢在真实世界里与人当面沟通”。

通过电话、电子邮件或短信与潜在伴侣进行交流，是约会的一个组成部分，而且通常占用大量时间。“浏览和回复信息、安排约会都会花费时间，再加上 2 个小时左右的约会时间，每周加起来可能需要花费 10 个小时。”拉切尔估算道，“当然，这个数字是否精确并不重要，但事实若真是这样，那的确让人有点沮丧！所以说，我还是试着不去考虑这些。”在某种程度上，现实生活中的约会恰恰是倒叙版的网络约会。在真实的世界里，你先与对方见面，如果这次约会能擦出爱情的火花，你们就可以交换电话号码或邮箱地址，而后再通过电话或邮件继续沟通。因此，约会对象说话的声音或是不良习惯乃至其他问题，从一开始便“昭然若揭”。一旦发现这些问题，你就可以马上放弃，无需再投入更多的时间和精力，避免在经历了无休止的虚拟交流后才发现不合适。这显然可以让你摆脱很多影子工作。

大多数单身人士可能都赞同拉切尔的想法：真实世界的约会比虚拟世界更可取。由于在线约会要占用大量时间和精力，而且会让人们沉迷于网络，因此网上择偶还有可能让他们坠入数字的筒仓。具有讽刺意味的是，虽然登录网站的目的是为了择偶，但沉迷网络却有可能让他们远离现实世界，与真人的沟通越来越少。

建立用户数据库才是最大赢家

首先，企业及组织不再只是出售产品或提供服务：它们都在力争收集顾客数据。20 世纪，企业还只是想着赚你的钱，但是了今天，他们还想知道你是谁。

人们为什么“走进你的店铺”？这个问题的答案已经不那么重要了：他们可能会购物，也可能只是想了解某些事情，或是为了交往，或是为了预定一项服务，又或者只是为了打发时间……甚至有可能是为约会而来。OkCupid 心甘情愿地帮助单身人士寻找约会对象，而且完全免费？这是因为它更看重的是掌握每一位用户的个人信息。OkCupid 巨大的信息库源于用户的影子工作，既是该网站最宝贵的资产，也是它向收费客户，或者说广告商兜售的主要产品。广告商会根据网站用户的具体情况量身定做广告，并将广告直接推送给他们的目标顾客。面对贪心商人的骚扰，这些用户还要再做一些影子工作。

其次，由于提供个人信息需要耗费时间，因此，脸书这种能为其他网站提供信息的网站便可以在竞争中占据上风。显然，所有人都不愿意在登录网站时反复输入个人信息。如果只需点击一下鼠标就可以略过这项影子工作，用户何乐而不为呢？于是，他们会选择将脸书的数据直接转移给其他网站。人们在大多数情况下都会这样做。因此，你只是点击了一下鼠标，凭借“通过脸书登录”这个选项，脸书就可以向其他网站收费了。

第三，尽管网络一直试图让自己变得越来越好，但是在某些方面，数字世界永远不可能与现实世界相媲美。比如，人们可以轻轻松松地在脸书增加好友，但在现实中就不那么容易了。通过网络结交“朋友的好友”，自然要比现实中简单得多。其结果可想而知：择偶网站的大多数用户会发现，他们被带进了一个虚拟的世界，而且最终只有死路一条。

最后，从理论上说，在数字世界里，我们面对的是一条狭窄的信息通道，这条通道只包含可以用字节编码的东西。但现实生活中很多事物是字节无法描绘的，这就需要我们以大量的影子工作来填补这幅“图画”的空白。众所周知，数字世界遗漏了很多现实中存在的事物，而且这些被遗漏的事物可能非常重要，比如一个人的音色或语速。因此，在约会或者只是一般的社交场合，我们还需要拿出一部分时间去了解这些被遗漏的事物，以便让电脑屏幕上的图景更接近现实生活。

第6章

时代困境

该如何对无偿劳动说不?

数字技术没有为普罗大众减少琐事，相反，得不到酬劳的影子工作占领了他们的每一天。即使是衣食无忧的富裕阶层也没有闲暇时间，因为“永远比你忙”成了精英阶层的标志。这个技术与数据革命开启的畸形时代中，我们该如何对无偿劳动说不?

SHADOW WORK

The Unpaid, Unseen Jobs That Fill Your Day

随着影子工作日益渗透到我们的日常生活中，这必将给社会习惯、经济模式和生活方式带来影响。

游荡是一切文明的基石。

——法国著名导演让·雷诺阿

改写传统的商业契约

影子工作只会越来越多，因为企业和组织无法抗拒这种诱惑——大量削减人力成本，将一部分工作转嫁到甘愿免费劳动的顾客身上。随着影子工作日益渗透到我们的日常生活中，这必将给社会习惯、经济模式和生活方式带来影响。

例如，影子工作可能会改写顾客与企业之间的传统契约。在过去，企业的责任就是生产和提供社会公众所需购买和消费的产品或服务。比如，只要付钱，你就可以品尝冰淇淋。一个完整的销售过程包括两个阶段，即制造和配送。从事影子工作的顾客逐渐渗透到这两个阶段中。

在配送方面，如今的消费者已经开始独立领取购买的商品。在加油站，顾客可以自己加油；在餐厅，顾客给自己加啤酒；在超市，顾客可以自己称量印度香米，贴价格标签；在快餐店，顾客给自己加沙拉、盛汤、捞面、添加苹果酱和奶油；在粥店、酒吧餐厅、早餐店、数以千计的食品市场及熟食店，顾客都要亲自剥鸡蛋。

此外，顾客还开始参与到商品的制造阶段。比如，利用 3D 打印机，他们只需下载设计图，就可以“打印”出不久前仅在商店出售的东西，这就是所谓的家庭制造业。顾客组装宜家家具或其他生活用品时，就是在承担制造过程中的“组装”工作。在新百伦专卖店，顾客沿着生产线又向前走了一步，直达生产流程的设计阶段：直接勾画出自己心目中独一无二的跑鞋。

顾客和企业或许可以构建出一种新型的关系。当顾客在商业中承担起更多的角色时，他们就会成为企业的合作伙伴。企业必须更认真地倾听影子工作者的心声，因为后者就是这些企业的顾客。从技术上来说，企业当然希望顾客积极地反馈，尤其是创新性的数字通讯手段为这种反馈创造了条件。在某种程度上，定向广告做到了这一点。顾客可以通过脸书与企业进行信息交流；在图片社交应用 Instagram 上发送产品的图片或视频，以指出产品的不足或是对产品的期望；通过短信与客户服务部进行互动式交流；与企业的客服代表进行“实时聊天”。在某种程度上，这种信息交换正是那张永不知足的“信息网”的猎物。更亲密的纽带有助于企业建立一个忠于自己的顾客群，这样企业和顾客就会形成一种非正式的伙伴关系。

在宜家，顾客亲自参与产品的设计和组装，这种“宜家效应”强化了他们对产品的品牌忠诚度。在很多领域，顾客都会寻求更多的个性化商品和服务，以体现他们的个人品味和偏好。他们不仅会组装餐桌，自行给咖啡加奶油，还会将自己的设计理念引入服装、家具和自行车的创作中，这些影子工作必然会带来越来越多的个性化商品。发掘群体创造力的“众包”[1]或将成为平民参与的平台。例如，通过网络，众包允许消费者对T恤衫的设计方案进行“投票”。这种形式的影子工作为企业提供了一种货真价实的市场研究，而且这可以从根本上保证销量，因为消费者肯定会购买他们亲自参与设计或根据自身偏好量身定做的产品。

此外，随着生产商加大对消费者的直销行为，淘汰产品从农贸市场转送到仓储式超市这个过程中的中介人（如好市多的会员连锁店），脱媒[2]现象将愈演愈烈。一旦产品进入商场，消费者就可以使用智能电话，直接寻找自己所需的产品和价格，而无需向店员咨询，这就相当于他们把自己变成了售货员。在这种情况下，零售环节的售货员就会从销售链中消失。实际上，这在大型综合超市里已经成为现实。互联网商业模式让脱媒化变得轻而易举：消费者直接在网上购物，这让商家的实体店变得毫无意义。如今，通过多角度且高像素的图片，网站为消费者提供了大量商品信息，实现了“远程购物”。年轻的消费者往往将逛商店购物看作是对时间的浪费，在他们看来，“只有老年人才去商店”：这些年轻人只需点击几下鼠标就能完成交易。他们在网上购买服装或鞋子，如果衣服不合身或鞋子不合脚，只要退货即可；即使需要退货，网购也远比在实体店购物方便得多，快捷得多。

随着知识的获得变得越来越容易，专业知识的“民主化”让很多普通人或多或少地取代专家。随着社会阶层不断扁平化，这种趋势

① 众包是指一个公司或机构把过去由员工执行的工作任务，以自由和自愿的形式外包给非特定的（而且通常是大型的）大众网络的做法。

② 脱媒一般是指跳过所有中间人，直接在供需双方间进行交易。

必将造就更有合作和平等精神的社会。普通民众将越来越有底气抵制医生或律师们盛气凌人的行为。这种扁平化首先会在社会层面得到普及，但不一定会影响经济。尽管知识可以成为力量，但未必总能带来金钱：知识日益普及的同时，收入分配却越来越不公平。

这种明显的失衡受到诸多复杂经济因素的影响。即使不运用严格的经济学理论进行分析，影子工作的实例也足以让我们略知一二。患者可以独立研究自己的病症，甚至可以通过浏览维基网站尝试着给自己诊断。实际上，这些患者就是在充分利用专业金字塔结构的扁平化。看医生时，患者可能已经非常了解自己的病情和治疗方案，因此他可以积极参与到诊断和治疗过程中。简而言之，这种发展趋势带来了经济效应，因为患者以自我诊断形式进行的影子工作，大大减少了他们对专业医生的需求。多年以后,随着这种现象在全社会逐渐普及，医疗从业者的经济地位或将受到影响。按照经济学的传统理论，如果执业医师这一社会资源不再稀缺，其价值以及收入就会下降。

不过，我们不妨假设这些患者的职业是市场调查员。这种影子工作及其不断积累的医疗知识，是否会让患者的经济地位优于执业医师？每天终了，他们还是市场调查员。影子工作给社会和个人的心理带来的影响是立竿见影的；即使影子工作有经济价值，但这种价值也需要经历漫长的岁月才能体现。

机器人或将令人类进入“原子化”时代

美国国立药物滥用研究所资助过一个研究项目，我的职责就是采访海洛因吸食者及其他毒品依赖症患者。研究结果当然在意料之中：

所有被采访者几乎都表现出明显的精神病症状。很多人甚至患有抑郁症或其他精神病综合征。即便如此，相当多吸毒者对他们的生活方式还是感到非常满意。他们既不烦恼，也不觉得压抑。他们认为，眼下的生活很有意义。唯一的问题就是，他们和正常人的交集越来越少。

这种与大脑以外的“真实世界”联系的重要性，无论我们怎样强调都不为过。相互关联性是人类生存的基本要素。在一个健康的自然栖息地里，所有生命体相互依存，每一个生命都在其中扮演着重要角色。无论植物还是动物，确保其生存的最可靠方式，就是为周围的其他生物提供生存条件。当一个生物体逐渐被它所处的生存环境边缘化，对周围其他生物的生存可有可无时，它就失去了在环境中应有的位置，并将逐渐走向灭亡。作家爱德华·摩根·福斯特对此作出了最精辟的总结：唯有联系才是最重要的。

如同我们周围的氧气一样，沟通是不可或缺的。一旦丧失了沟通能力，你就无法了解他人，也无法让其他人了解你，这或许是所有人类悲剧的根源。在监狱里，最难熬的惩罚未必是肉体的折磨，被关进禁闭室才是最残酷的惩罚。一个与社会切断一切联系的人，必将变得越来越危险。我们曾听说过很多这样的新闻：有些疯狂的人仿佛中了杀人魔咒，在校园里肆意开枪射击，或是实施其他耸人听闻的暴行。这些悲剧背后的某些因素似乎不难揣测，至少可以肯定，这些暴徒都是孤僻的人。

只要沟通出了问题，社会组织就无法正常运行，比如家庭、球队、营销部门或学生团体。那些把自己封闭起来的人，不可能与其他人或某个集体合作。与外界失去联系的团队，无论是球队的后卫线，还是董事会，最终都无法运转和破裂。

当然，我们不能把独处与孤立混为一谈。我们大量的时间都是一个人度过的，静静地思考问题，为自己的家安装窗户，绘制水彩画，吹萨克斯，或是读书。这种独处是一种难得的休闲，常常能带给我们无限的收获。独处会提高心灵的境界，因此，我们经常会选择独处。但孤立不是我们可以选择的，而是外界的拒绝、丧失联系、对自己的失望或是某种制度强加给我们的。很多事物可以把我们孤立起来，它们并非全部源自我们自身或社会群体。**任何经济模式和技术，只要在本质上减少了沟通，就有可能把人孤立起来，其中就包括影子工作。**

作为群居动物，人类经历了数百万年的进化。从狩猎群居的部落，发展到农业社会，再到封建社会，人类曾经生活在部落、宗族和各种大家庭的环境下。直到 18 世纪，人类都不曾孤独过。按照历史标准，即便是由母亲、父亲和孩子组成，而且生活在独立住宅中的当代核心家庭，也是与社会相割裂的，因为这些家庭成员与他们的祖父母、叔叔、姨妈、表兄妹及其他亲属是分开的。就个人来说，我还算幸运，因为我生活在一个传统的家庭中，我父亲的所有兄弟姐妹及其家人都居住在几英里的范围内。

这种传统的社区概念逐渐淡化了。近几十年，独自生活的老年人数量已达到历史的最高峰，尤其是在美国的城市，这种现象更加明显。在亚特兰大、丹佛、西雅图、旧金山和明尼阿波利斯等城市，至少有 40% 的家庭只有一名家庭成员，在曼哈顿和华盛顿特区，这个比例已接近 50%。在其他国家，这个比例甚至更高：巴黎已超过 50%，斯德哥尔摩甚至超过 60%。

尽管这种现象对房地产市场有益，但它也意味着，人们与其他人联系的时间正在减少。在出版于 2012 年的《群体性孤单》（*Alone*

Together）一书中，作者雪莉·特克尔描述了这样一种社会现象：人们过度沉迷于社交媒体和数字娱乐，以至于彼此不相往来。佛罗里达州塔拉哈西的社会工作者艾利斯提到："我曾看见3个小女孩肩并肩地沿着马路走过来，她们彼此之间一句话都不说，甚至根本不关注其他人的存在。每个人手里都拿着一部智能电话。对我这一代人来说，这种做法显然是不礼貌的。"

如今，人们的耳朵里始终塞着耳机，听到的只有音乐世界的声音，对周围的声音却充耳不闻。这种现象说明，娱乐技术已经将耳塞使用者与周围社会隔离开来。因为技术的普及，音乐和电影的个体化体验正在取代那些由大量观众共同观看的演出。比如，我曾参加了伍迪·艾伦的喜剧电影《安妮·霍尔》在波士顿的首映式。那天，影院爆满，座无虚席。在一个半小时的时间里，艾伦的台词令电影院充满了笑声，明星演员在剧中妙语连珠，让在场的观众始终沉浸在愉悦的氛围里。我实在太喜欢这部电影了，几天后的一个周末，我又在影院午场重温了这部电影。遗憾的是，午场只有稀稀拉拉的7个人，分别坐在座位席的各处。尽管播放的是同一部电影，影片中包含着同样精彩的笑话，但整个放映过程中，几乎很难听到一次笑声。"笑"是观众最基本的体验，而且它可以相互传染。当你和周围几百个人分享一个幽默时，笑出来就不再那么困难了。

现在，人们不再聚到电影院里，而是更多地选择只属于自己的"家庭影院"，对着平板电视观看自己喜欢的节目。每个家庭都有自己的家庭娱乐中心。人们无需再购买电影票、检票或是与电影院的爆米花机打交道，而是到Netflix直接下载，用VISA卡付费，并在自己的厨房里用微波炉制作爆米花。我们通过从事影子工作搭建起一个舞台，把自己变成了影院老板（获得电影资源和放映电影）、电影售票员（为电影收费）、放映员（让电影在电视上放映）和服务台的员工（自制爆米花），那种观众共同分享观影乐趣的体验却荡然无存了。

远程办公和计算机的普及意味着，人们在工作中通过电脑屏幕和电子邮件进行的沟通要远多于当面交流，电话与当面沟通已被大大减少。直接对话成为一件十分奢侈的事情。2005 年，来自加利福尼亚州桑塔亚那的公共演说及沟通咨询师切里·科尔接受采访时对《芝加哥论坛》的斯蒂文森·斯万森说，那么多顾客宁愿使用电子邮件，也不愿意通过电话进行沟通，这让她感到不可思议。“人们不再像以前那样沟通，甚至不按常理进行联系，”她说，“很多人根本不想和任何人说话。”

在这种情况下，顾客和机器人代替超市收银员和加油站加油员承担起服务性工作，进一步减少了人们之间的沟通。影子工作让我们习惯于享受孤芳自赏的满足感，但这种所谓的自立是有代价的。正是每天的交换行为、彼此带来的快乐以及与服务人员的闲聊，让我们的邻里之间、我们所在的社区和城镇凝聚到一起。在 2009 年出版的《发现潜在的贵人：开发和用好陌生贵人的秘诀》（*Consequential Strangers: The Power of People Who Don't Seem to Matter ...but Really Do*）一书中，作者梅琳达·布劳和卡伦·菲格曼阐述了人际交往的重要性：这种联系已经不再强大，但对我们的身心健康、家庭生活、在学校里的成功乃至集体生活中在社交上获得的满足感来说，仍然非常重要。斯坦福大学的社会学家马克·格兰诺维特在 1973 年发表了具有里程碑意义的文章《弱纽带的力量》，进一步重申了这一点。他在文中指出，与朋友或亲戚等关系亲密的人相比，我们在找工作时反倒会更依赖于关系较为疏远的其他人，即那些“联接程度”较弱的人。当然，“弱联接”的一个优势就是数量众多。

机器人正在摧毁人类的这种生存结构。这些具备“互动”能力的机器人无法真正地互动：它们永远不会顶嘴。使用自动售货机时，从事影子工作的顾客可以控制自己的交易节奏，无须适应其他生命体发出的反馈。这些影子工作者被封锁在“自给自足”的世界里，在自动售货机面前，他们可以一言不发，几乎完全规避与真人的交流。

此外，自动售货机需要的只是信息，这就彻底消除了交流的情绪和情感，至于精神层面的体验就更加谈不上了。自动售货机的使用者可能会变得像机器人一样：没有感情和情绪，甘当数据的奴隶。这种互动方式逐渐被人们所接受，甚至演变成一种模式，让人们习惯于像对待机器人那样去对待人。机器人或许也能形成某种行为模式，导致所谓的“阿斯伯格综合征”[①]，并最终造就自动化社会。几十年来，人们一直在完善机器人技术。在人类面前，今天的机器人已在很多方面占据优势，而且成功地接管了制造业，将人类变成了它们的奴隶。

在社会学领域，人类沟通纽带的断裂现象被称为“原子化”。这是一个采用化学术语的比喻：以前依靠“分子”凝聚在一起的人类，正在分裂为相互游离的更小单位，或者说“原子”。社会原子化为社会状态的异化提供了舞台，比如社会失范[②]，这个词来自法国社会学家爱米尔·杜尔凯姆出版于 1897 年的经典著作《论自杀》（*Suicide*）。

归根到底，社会失范的内涵在于社会规范与共同价值观的崩溃，使得社会秩序失去了支撑。社会失范有可能导致社会道德异常，或

① 阿斯伯格综合征是一种泛自闭症障碍，其重要特征是社交困难，伴随着兴趣狭隘及重复特定行为。

② 社会失范主要是指人们对“什么是适当的社会规范”的理解存在本质上的分歧。

比尔·盖茨的时间安排以 5 分钟为一个单位，全部需要精确计算。

——新华社专访

者说，道德规范和行为规范的退化。一旦人类失去了共同的生存前提和价值观，这些新的“原子化”个体就会接受“人不为己，天诛地灭”的伦理思维，采取以自我为中心、以个人利益为终极目标的行为。

这听起来或许有点像企业家的创业精神，甚至近似于所谓“极致个人主义”的范本，但它们之间有着天壤之别。从定义上说，企业家必须了解市场，而且真正的个人主义者同样需要与社会联系，比如爱默生所说的新教徒，如果不知道什么是天主教徒，他们就不可能去反对天主教徒。相比之下，原子化和社会失范的内涵是通过切断联系的方式忽略集体的客观性。这就有可能带来普遍存在的社会病态行为。有些社会学家甚至媒体界人士都认为，这种社会病态行为或许已经出现。很多社会现象就是这种疾病的表征：频繁爆发的校园凶杀案；恐怖分子实施的暴行；被社交媒体不断激化的青少年欺凌事件；少数精英人士占据绝大部分的社会财富，其他人收入停滞，但我们对这种收入分配失衡问题束手无策；少数富豪控制工业化民主国家的政权等。

具有讽刺意味的是，在这样一种社会崩溃的状态下，唯一行为正常的参与者或许就是机器人。

“永远比你忙”成了精英的标志

“休闲”概念的消失是21世纪人类生活的一件怪事，它完全违背了一个最基本的常识：财富的增加应该带来更多的休闲。在过去的80年里，全球经济的快速发展，使国民生产总值的总额扩大了6倍。与此同时，自1930年以来，世界人口数量则从20亿增加到了70亿，增长了3.5倍左右。在工业化国家，每小时的人均产值也达到了新的最高点，这离不开技术的进步。

不可否认，财富的分配格局与平等主义理念相去甚远：精英阶层占有绝大部分财富。在高速发展的经济体内，尤其是在富有的发达国家中，人们依旧发现，时间总是不够用，这的确令人费解。

史无前例的是，如今最富有的人似乎最缺乏休闲思维。

2006年，经济学家马克·阿吉亚尔和埃里克·赫斯特发表了一篇论文，研究了美国人在50年内的时间利用情况。他们发现，1965～2003年，美国人的工作时间变化不大。[①]这两位学者指出，由于市场交易时间的缩短，男性每周的休闲时间增加了6～8个小时，而女性因干家务活时间的减少，增加了4～6个小时。阿吉亚尔和赫斯特计算了每年额外增加的休闲时间，得出的结论是：如果每周按40个小时的工作时间计算，那么美国人平均每年多出了5～10周的休息时间。他们发现，教育程度较低的成年人增加的休闲时间较多。此外，他们还着重提到，“休闲时间分配上的‘不平等’折射出收入和支出的不平等”。

尽管财富持续增加，但很多美国人似乎总会发现，自己的时间根本不够用。1970年，瑞典经济学家斯戴芬·伯伦斯坦·林德曾试图在《受折磨的有闲阶级》一书中解释这种悖论。他认为，时间的稀缺性已成为发达经济体进一步发展的瓶颈，它会带来这样一种结局：

> 在富裕国家，所有不珍惜时间的人都会被淘汰。归根究

① 该研究结果完全不同于前文中提到的波士顿大学的朱莉叶·施尔和《纽约时报》的斯蒂芬·格林豪斯的观点。

底，这种对时间的态度来自于时间的极度稀缺。懒散的时代一去不复返了。“时间管理”变得越来越重要。尽管我们极其不善于利用时间，但我们都知道，这是当下亟需具备的能力。

口袋日历逐渐成为我们手里最重要的东西，一旦丢失，我们就会手足无措。准时已经成为我们希望身边每个人都拥有的最好美德。因等待而浪费时间，会让发达国家的人们感到义愤填膺。只有时间管理不善或是其他人极不礼貌的行为，才会带来短暂的而且是非自愿的无所事事，但即便是这种短暂的懒散行为也让人无法忍受。人们开始受制于意识中的那个时钟。只要想到无端浪费了原本可以用来做些事情的宝贵时间，他们就会坐立不安。

在林德看来，经济学家们忽略了一个最关键的事实：消费也需要时间。他指出，传统的经济学理论假设消费是瞬间完成的，但事实却并非如此。观看一部戏剧，在餐厅里品尝一顿美味，或是来一次欧洲度假，都需要时间。和金钱一样，时间也是一种稀缺资源。林德指出，随着财富的增加，人们会迫不得已地用增加的收入去购买更多的商品或服务，这当然要占用更多的时间。因此，富裕阶层会感受到自由支配时间，或者说休闲时间的不足。这种逻辑同样适用于有闲阶级。

林德的观点在某些方面似乎有点自相矛盾：对戏剧、美食和假期的消费，难道不就是休闲活动吗？这些消费活动确实属于休闲活动。如果的确是你自己主动去做的这些事情，它们当然就是休闲。“可自由支配时间”的含义是指你用在自己喜欢做的事情上的时间。英语中“休闲”这个词的本源是拉丁语中的“licere”，意为“被允许做”。今天的媒体杜撰出一种令人费解的说法：你可以把休闲时间用来做消费商品或服务以外的事情。我们没有必要将全部非工作时间用于消费性的经济活动中，无论这种消费采取何种形式。在休闲时间里，我们可以散步、和孩子一起玩耍、品味园艺、沉思、阅读、欣赏夜空的壮美或是小酌一杯。你甚至可以什么都不做。

1928 年，约翰·梅纳德·凯恩斯发表了一篇名为《我们子孙的经济前景》的杂文。在文中，他作出了如下预测：到 2028 年，技术的进步将极大地提高劳动生产率，以至于人们每天只需工作 3 个小时，每周仅需工作 15 个小时，这就留出了大量的休闲时间。那时，人们每天面对的最大问题，就是如何打发这么多的自由时间。你可能会想到闲逛，但这种消磨时光的方式肯定无法解决这个问题。在此，不妨想想闲散富人的烦恼。凯恩斯认为，懂得“生活艺术的人，应该是那些在财富到来时会适时享乐的人”。他的确拥有非凡的预见力，精确地预测到，全球经济产量会在未来 1 个世纪内增加 6 倍；但他所预言的休闲时代并没有到来。2014 年，伊丽莎白·科尔伯特在《纽约客》上发表了一篇意义深刻的文章，在对布利基德·舒尔特《不堪重负：没人有时间工作、相爱和玩乐》（*Overwhelmed: Work, Love, and Play When No One Has the Time*）一书的评论中，分析了凯恩斯的预测。她认为，凯恩斯的这篇文章“探索了 21 世纪美国人为何总是如此忙碌的原因”。

对于休闲时代的消失，舒尔特提出了若干种解释，其中之一认为，休闲失去了“声望”。在 1899 年出版的《有闲阶级论》一书中，社会学家托斯丹·凡勃伦指出，炫耀性消费这种显而易见的休闲，使特权阶级得以建立、确认并夸耀其精英地位。就像草坪最初能够彰显个人身份，显示出主人非常富有，以至于能把大量的土地用于种植观赏性植物一样。同样，炫耀性休闲也公开了一个事实：富人可以把更多的时间，几天或者几个星期，花费到打猎等非生产性活动中。

如今，身份象征似乎出现了逆转。精英阶层的标志变成了“永远比你忙”。利亚是布鲁克林一家小画廊的老板，生活在曼哈顿的上东区。他说：“我问萨曼瑟下周是否有时间一起吃午餐，她却告诉我，最早可以安排的时间在三周半以后。天啊，我猜想她肯定比我忙很多，而且比我还抢手。随她吧！”

即使是那些对金钱没有概念的富人，似乎也在没日没夜地奔波忙碌。或许，他们觉得有必要在心理上证明自己的特权地位，而且认为只有无休止地工作才能证明这一点。从个人幸福感的角度来说，享受财富带来的愉悦应该比每天满负荷地应酬更有价值。但对每天步履匆忙的精英人士来说，维护公众形象更能创造快乐。他们验证了凡勃伦提出的一个假设：追求社会地位的动机往往比理性的自我利益更加重要。

此外，凡勃伦也预见到林德关于消费必然与收入同步增长的观点。“偶尔也会出现这样的情况，虽然增加炫耀性消费的条件已经具备，但事实上却没有增加，这在一般人的认识中是很难解释的，当然需要作出解释。对于具备这种消费条件的人来说，他们难免会被人嘲笑为‘小气鬼’，”凡勃伦在《有闲阶级论》一书中写道，“在经济条件改善时，对外界刺激迅速作出反应，这才是人们所接受的正常现象……通常情况下，引导我们消费行为的支出标准，不是我们已经达到且丝毫感觉不到刺激的经济状况，而是尚未达到、理想的经济水平。”

这恰好刺中了凯恩斯的痛处。科尔伯特引用了《不堪重负：没人有时间工作、相爱和玩乐》一书的观点："凯恩斯的错误在于错误地判断了人的本性。他认为，人类工作的目的是为了赚更多的钱，以购买他们需要的物品。因此，他得出结论——随着收入的增加，这些需求可以在更短的时间内得到满足。于是，人们可以不断减少工作时间，直到有一天，他们可以下班吃午饭。”然而，就像凡勃伦和林德所阐述的那样，一旦拥有更多财富，人们就会发现自己有更多需要购买的东西，这意味着他们要赚更多的钱。这样一来，他们不会去兑现休闲这种“红利”，而是发现时间变得越来越少。

在不久的将来，人类的行为将会越来越多地受制于大型机构，促使他们将更多的时间花费在追求生产和消费的经济活动上。公司、政府、工会、非营利组织和学术界无不接受这种观点：未来的人们将越来越多地参与经济活动，或者说，做更多能赚钱的事情。工作、赚钱、购物、创造经济增长奇迹成了永无止境的轮回，似乎只有经济发展和积累金钱才是一件好事。

相比之下，享受休闲时间，或者说享受至少在形式上的可自由支配的时间，绝对不会成为大型机构游说的目标。就其本质而言，休闲活动是一种无组织的行为。当然，“无组织”恰恰是人们追求休闲时光的根源。在华盛顿，永远都不会有一个组织，说服其利益群体到公园里去闲聊、读书或散步。“休闲”这个词本身就带有天真和浪漫的意味，在团体组织的攻击下，它必然会不堪一击。况且，这样的团体组织还不在少数，它们早已对人们的休闲时间作出了安排。在它们看来，休闲时间无疑是可供其占用的自然资源。

时间与金钱的置换游戏

1961 年，美国社会学家厄文·高夫曼出版了其代表著作《精神病医院：论精神病患者与其他被收容者的社会处境》（*Asylums: Essays on the social situation of mental patients and other inmates*）。书中提到，1955 ~ 1956 年，他实地考察了华盛顿特区的圣伊丽莎白医院，该医院创建于一个世纪以前，是美国第一家由联邦政府兴建的精神病医院。高夫曼进行此次调查时，医院接纳了 7 000 多名患者。

高夫曼这本书的开篇是讨论“全控机构的特征”。他使用了“全控机构”这个词，代指那些对生活于其中的所有人实施完全控制的机构；他还归纳了这种机构的某些特征。在书中，高夫曼首先总结了全控机构的定义，即“大量境况相同的人居住和工作在这里，他们在相当长的一段时间内被切断与外界的联系，共同过着一种封闭并接受监督的生活”。随后，他指出：“监狱显然就是全控机构的范例，后者的特征可以理解为监狱一般的环境，但居住在这里的人并没有违法。”这种机构包括军营、寺庙、修道院、精神病医院和其他有精神病患者居住的处所，甚至还包括某些寄宿学校。

生活在全控机构里的受控者确实是存在的，我们或许可以把他们称为“完全被控制的人”。他们的行为在很大程度上受全控机构的支配，后者可以决定他们的很多事情：什么时候睡觉，什么时候醒来；何时吃饭，吃什么；需要做什么工作；进行何种形式的练习；接受哪些治疗；穿什么衣服。受控者可能只有少许的自由时间，但即使是这点属于他们的时间，也要受到各种规章制度的约束。

21 世纪，我们或许还要问，除了军队、修道院和精神病医院等机构外，其他机构是否已经开始将社会变成一个没有高墙的全控机构？跨国公司、大政府、教育机构、工会、大型医疗机构、非营利组织、大药厂、大数据还有它们的“随从”，当然也少不了无所不在的新闻媒体，这些机构都在水滴石穿般地侵蚀着我们的闲暇时间。它们的目标很简单，就是为了赚取利润，尽管这背后也有可能包含政治目标，甚至包括资源再生之类的社会目标。

如今，影子工作已经和工作与消费紧密结合在一起，成为这些大型机构占用我们个人时间的第三种力量。**在当下这个忙碌、充斥着压力和刺激的生活舞台上，影子工作已经登堂入室，给我们带来了更多的工作**。这是一只新的猎食者，面对我们这些在时间上早已捉襟见肘的猎物，它会毫不留情地再撕掉一块“时间肌肉”。

本章归纳出两种截然相反的困境。在第一种情况下，社会碾碎成数百万个隔离的“原子化”个体，每个人各司其职，无怨无悔地承担起影子工作，在网络上满足自己的需求，在尽情享受数字娱乐的同时，让自己与社会脱节，并最终为社会的失序乃至崩溃作铺垫。在另一种情况下，个体与社会高度一体化。确切地说，个人与社会机构相互结合，使得社会偏好完全覆盖了个体自身的偏好，就像这些大公司和大型机构占据了我们每天的生活，几乎将人类的全部能量都导入经济隧道，并最终服务于制度所决定的目标。

为了更好地阐述这两种困境，我们不妨回忆一下伍迪·艾伦的一句电影台词：“比起历史上任何一个时刻，人类从未像现在这样站在十字路口，并面临如此艰难的选择，一条通往绝望的深渊，另一条则通往毁灭，让我们一起来祈祷，希望我们拥有作出明智决定的智慧。”更糟糕的是，这两种未来可能是兼容的，它们或许会同时出现。

我绝对不相信这两种令人不安的未来是不可避免的，但也确实不知道该如何应对。不过，我仍然坚信，总有一种标准能帮我们为当下及未来作好准备。寻找这种标准的起点就在于，我们对时间的利用方式揭示了我们是谁，也决定了我们到底是谁。

归根到底，对影子工作的研究就是对时间利用方式的探讨。人类还从未面对过如此有意义的选择。在 1746 年出版的《穷理查德年鉴》（*Poor Richard's Almanac*）一书中，40 岁的本杰明·富兰克林问道：“你热爱生命吗？如果热爱，就不要浪费时间，因为时间是组成生命的元素。”

当然，无论浪费的是时间还是金钱，就其本质而言，都是一种主观的看法；一个人“挥霍时间”的做法，对另一个人来说，可能就是对时间最有效的投资。1974 年，美国职业棒球联盟的投手塔格·麦克劳与费城人队签署了一笔大合同，此后不久，一位体育作家问麦克劳打算用这笔钱做什么。后者回答道：“我会把 90% 的钱花在娱乐、女人和爱尔兰威士忌上。至于剩下的 10%……可能就浪费了。”

显然，与塔格·麦克劳的观点相比，本杰明·富兰克林的名言“时间就是金钱”更符合美国人的价值观。21 世纪，金钱仍是美国人追求的首要目标。不幸的是，我们对利益的痴迷已经超越了理性的界限。我们已经忘记追逐金钱的首要目的：购买自己需要或希望拥有的东西。货币是一种交换媒介，只有能为你及你关爱的人带来更优质的商品和服务时，它才有价值。在本质上，货币不过是一种符号而已，其价值体现在它所能买到的东西。

我们失去了很多最基本的东西。回想一下前文提到的心理学实验，为了拿到当时或是以后都未必能吃到的巧克力，那些实验对象竟然愿意戴上耳机，忍受刺耳的噪音。可以说，相比于消费，他们更善于生产。通过“积攒一文不值的财宝”，他们进行着所谓的“无意识积累”，这如同毫无目的地去赚取永远都不会花的钱财。在华尔街，年轻的投资银行家每周工作 100 个小时，赚取大把大把的钞票，但却没有时间或精力去花钱。他们经常计划着“还这笔欠自己的债”，而一旦有机会这样做，他们又会马上将节奏调回工作模式，享受工作和赚钱带来的快感。

遗憾的是，现实很少会像人们设想的那样发展。年轻的企业巨头们似乎都接受了典型美国工作狂的目标：只要再赚多一点，我就可以放弃工作，拥有去做自己想做之事的“自由”。但实际上，这些人中很少有人能实现这种目标，倒是那些早有计划而且衣食无忧的退休者，虽然不再积累财富，但能享受到无忧无虑的自由时光。不过，不要忘记 68 岁的威廉姆·格罗斯，他每年可以赚 2 亿美元，但仍然无法让自己摆脱办公桌，甚至连打 1 个小时高尔夫球的时间都没有。无休止的工作安排，再加上心理习惯，往往让我们难以掏出口袋里的钱去享受自由时光。如果说时间就是金钱，那么这种交换也是单向的，因为我们永远都无法把金钱换成时间。

我们已经习惯于把时间看作是和石油或小麦一样的商品，但实际上根本就不存在“时间”这种商品。商品具有替代性。商人之所以能在全球范围内买卖商品，是因为硬质小麦就是硬质小麦：消费者知道自己拿到手里的是什么。但时间与感受不可分割，每个人的时间都是独一无二的。我们可以按计时收费的方式售卖时间，但就像旧金山的卖淫组织凯奥特所宣称的那样，应召女郎没有出售她们的身体，而是在出租自己的身体。我们获取的工资，也只是出租时间换来的租金而已。

时间似乎就是从过去到现在，再通往未来的一个连续统一体，我们可以从这个连续统一体中切下一段，比如几个小时或几天。影子工作就寄生在这些片段上。它可以通过加速某些交易“节省”时间，或是干脆化身为时间盗贼，从这个连续统一体上盗取几分钟或几个小时，却不支付任何报酬。然而，这只是钟表上的时间：可度量且能在市场上交易的单位。

个人感受的时间却是无法分割的，它既不属于过去，也不属于未来。“生活”只存在于当下。不管是为赚取工资而从事工作的时间，还是花在影子工作、游戏或睡觉上的时间，这些“真正”的时间都是不可转移的。时间真的是金钱吗？货币的价值是真实的，但毋庸置疑又是有限的。工作会带来很多回报，既有精神层面的回报，又有物质层面的收获。相比之下，时间却是不可言喻的，其价值是无限的。时间就是生命。在我们的生活中，工作、金钱和时间缺一不可，但唯有时间最重要。

致 谢

SHADOW WORK

本书是我送给父母的礼物，他们曾给予我每个孩子都渴望的那种爱。他们始终竭尽所能，让我的人生旅程更加丰富多彩，而且从未给我设定过任何不切实际的目标。他们想让我去决定自己的人生和未来。他们慷慨地将幸福赐予我，从未附加任何条件。

我父母说：你可以选择朋友，但无法选择亲属。不过，我相信，即使能选择，我也会选择上苍送给我的这个妹妹——纳尼特·祖卡尔。几十年以来，她的幽默、自信、稳重和始终如一的乐观态度，给予了我勇气和力量。此外，她的网球技术也让我心服口服。当然，还有我的表弟丹尼尔·祖卡尔，实际上，他早就成了我的亲兄弟。和他一起谈天说地，一起打网球，总能激励和启发我。

杰弗里·兰伯特让我学会了很多东西，而且他的教导大多是言传身教，比如作为父亲，他在处理父子关系上的技巧绝对让我信服。作为波士顿红袜队的球迷，杰弗里和我曾经拥有很多共同的快乐和悲伤，这份感情只有红袜队的铁杆球迷才能理解。

从读大学至今，汤姆·蒂法尼一直是我的好友。作为第一本书[①]的主题，我在赛艇方面的知识，至少有一半是来自于他的指导。作为“射手座”舵手国际联合会仅有的两名会员以及“芝麻面”划船俱乐部的两位创始人，我们曾分享过无数的快乐与很多耐人寻味的经历，尽管它们或许是世界上最具排他性、最不为人知的两个划船组织。

彼得·戴斯蒙德也是我大学以来的挚友。与我一样，他也是一名作家。他的诙谐和幽默，以及他在深奥的语言学上的天赋，带给我很多欢笑。这些年来，如果没有他在纳税方面的忠告，天知道我现在是什么情况。

另一位同行查尔斯·科，在文学和体育方面总能给我提出独到的见解，这足以彰显其学识渊博。曾有人问科，作为一名非洲裔美国人，他在20世纪80年代的前苏联到底做了些什么？他回答：“去旅游啊，而且是作为一支爵士乐乐队的领唱歌手。”他确实唱得不错。不过，你还能联系到其他吗？

无论外出游玩还是聚餐，只要和菲利斯·巴拉加斯在一起，就少不了快乐。几年前，她指定自己为“克雷格·兰伯特迷俱乐部”主席，此后，她对这个职位似乎很满意。不过，她是这家俱乐部的唯一正式会员。所以说，巴拉加斯的工作压力不会很大。

和我一样，奈尔·波特·布朗也是《哈佛杂志》的编辑。多年以来，她以其对事物的理解能力和倾听能力始终支持着我进行创作。正是有了她在各个方面给予我的帮助，我的事业才能达到今天的高度。

斯蒂夫·波特是我另一位大学以来的朋友。从我萌发创作此书的

---

① 这里的“第一本书”是指本书作者克雷格·兰伯特撰写的第一本书，即《碧波上的心境：赛艇艺术的人生启迪》（*Mind Over Water: Lessons on Life from the Art of Rowing*）。

想法那天起，他就对我充满信心。波特及其妻子凯西·德雷克一直是我最强大的后盾，他们的鼓励和支持贯穿这本书的创作过程。

我和布拉德·艾迪森的友谊始于哈佛大学校园“拉弗莱特”楼的餐厅，那里经常被我们亲切地称之为“列夫餐厅”。在我构思、创作和推广这本书的几年时间里，艾迪森始终与上述几位朋友一样，为我提供了取之不尽的、独立和强大的支持，成为我可靠的参谋。更有价值的，还是他给予我的鼓励、观点、批评和充满智慧的建议。在我们无所不谈的聊天中，总是不乏笑声、启发和思考。我认为，这才是友谊的最高境界。

莱尼·辛格尔和我虽然不是亲戚，但胜似亲兄弟。他对体育有着特殊的激情，绝对属于那种典型的波士顿和哈佛球迷。据我所知，只要有条件，他就会不分场合、不分时间地拾起这份爱好。此外，我还知道，他是唯一在世的、拥有哈佛大学学位的犹太裔美国商业航空公司的飞行员。

当然，这里不能不提我的老朋友汤姆·文奇盖拉，如果没有他的支持，就不可能有《无偿》这本书的问世。作为一名很有成就的作家和老牌的《纽约时报》撰稿人，文奇盖拉将我介绍给《纽约时报》的一位专栏编辑，正是在后者的帮助下，我才有机会在该报上发表一些有关影子工作的文章，而且本书就是在这些文章的基础上形成的。

杰西·考恩布鲁斯在大学里比我高一年级，但我们直到走上事业高峰时才有机会结识。当时，他在自己的网站上，为我出版的第一本书《碧波上的心境：赛艇艺术的人生启迪》撰写了一篇热情洋溢的书评。我们很快就成为朋友。几年前，我“任命”考恩布鲁斯做我在文学领域的“老师”。他在所有专业问题上都会有问必答，而且事实也总能证明，他是一个富有远见、精明且幽默的人，更关键的是，他总能给出正确的建议。此外，“老K杰西”的慷慨也是数一数二的，无论是出主意、想办法、提建议还是介绍朋友，他都从不推辞。值得一提的是，他的电子邮件居然也像文学作品一样，用词考究，讲究韵律，区区几句话就能带来出人意料的效果。

在推广《无偿》一书的过程中，我的发行代理人朱莉亚·罗德显示出惊人的毅力，她最终成功地将本书推荐给大名鼎鼎的Counterpoint出版社。她是一名出色的团队成员，在本书发行过程中发挥了重要作用。罗德从不接受发行代理人必须高高在上、让人可望而不可及之类的陈词滥调。她是一辆人类版的越野车：无论路途多么艰险，只要有必要，她就会欣然前往。

从一开始，我的编辑丹·斯麦唐卡就认为，“影子工作”是一个重要的概念。他认真阅读了这本书。无论是赞成还是否定，他的建议都彰显出一位老编辑的智慧。实际上，他的肯定和否定同样重要。

我的网站上有很多《哈佛杂志》王牌摄影师吉姆·哈里森的摄影作品。当然，这些照片的获得还要归功于我的老朋友贝斯·威泰克，这位波士顿的顶级建筑师甘愿做了一次模特。任何一位和威泰克一样美丽的女士，都会经常受到模特经纪人的骚扰。当她第一次同意为我网站上的摄影作品担任模特时，我真有点受宠若惊。最令人不可思议的是，她在镜头前的举手投足不乏专业模特的风范。

吉恩·麦克加里不仅是我的老朋友，也是一位杰出的小说家。在逐字逐句地阅读我的手稿后，他不仅对我大加鼓励，还提出了很多宝贵的建议，这些建议再次验证了一个毋庸置疑的事实：麦克加里有资格成为约翰霍普金斯大学创造性协作项目的负责人。

作为我的朋友，达尼·克莱恩也是一位出类拔萃的作家和畅销书作者。在这本书创作的过程中，他不断为我加油打气。他阅读了初稿，并最终给出一条让我感动的评语：“太神了”。当然，他为本书的初稿作出了极大的贡献，这些建议足以体现他在文学方面的造诣。与我相比，克莱恩的妻子弗里克·维基斯特对影子工作的怒气有时甚至有过之而无不及。她是一位有智慧、有能力的荷兰裔美国记者，为本书提供了很多来自欧洲的影子工作案例，这让我更加坚信，影子工作是一种全球现象。

罗伯特·贝尔和伊洛纳·贝尔夫妇均在威廉姆斯学院教授英语，他们花费大量时间通读了本书，并对全书提出了很多修改意见。最初，考虑到他们对文学作品有着很高的要求，我认为，只要他们能基本认可我的书，我就心满意足了。有一次，在看到罗伯特·贝尔对《碧波上的心境：赛艇艺术的人生启迪》一书的评论后，我告诉他，在看到他给出的解释之前，我还真没有意识到自己的书有那么好。伊洛纳·贝尔是一个非常认真的读者，更是一名优秀的编辑；我几乎全部接受了她的每一条建议，甚至包括她在最后阶段让我重新组织手稿文字的意见。值得一提的是，与他们共度的时光本来就很愉快。

最后，不能不提的是我的爱人安妮·安德兰德，她一直用自己的方式带给我启发。她的爱、理解、朴实无华的常识和忘我的精神，贯穿于本书创作的每一个阶段，她就像我的护身符。有了她，再加上幽默，我就会觉得自己什么都不缺。书中部分插画来源于网络，版权归作者所有。

“iHappy书友会”会员申请表

姓　名（以身份证为准）：__________；性　别：__________________；

年　龄：__________________；职　业：__________________；

手机号码：________________；E-mail：__________________；

邮寄地址：________________；邮政编码：________________；

微信账号：__________________（选填）

请严格按上述格式将相关信息发邮件至中资海派“iHappy 书友会”会员服务部。

邮　箱：zzhpHYFW@126.com

微信联系方式：请扫描二维码或查找 zzhpszpublishing 关注“中资海派图书”

<table>
<tr><td rowspan="8">优
惠
订
购</td><td colspan="2">订 阅 人</td><td></td><td>部　门</td><td></td><td>单位名称</td><td colspan="2"></td></tr>
<tr><td colspan="2">地　址</td><td colspan="6"></td></tr>
<tr><td colspan="2">电　话</td><td colspan="3"></td><td>传　真</td><td colspan="2"></td></tr>
<tr><td colspan="2">电子邮箱</td><td></td><td>公司网址</td><td></td><td>邮　编</td><td colspan="2"></td></tr>
<tr><td>订购书目</td><td colspan="7"></td></tr>
<tr><td rowspan="2">付款方式</td><td>邮局汇款</td><td colspan="6">中资海派商务管理（深圳）有限公司
中国深圳银湖路中国脑库 A 栋四楼　　邮编：518029</td></tr>
<tr><td>银行电汇
或 转 账</td><td colspan="6">户　名：中资海派商务管理（深圳）有限公司
开户行：招行深圳科苑支行
账　号：81 5781 4257 1000 1
交通银行卡户名：桂林　　卡　号：622260 1310006 765820</td></tr>
<tr><td>附注</td><td colspan="7">1. 请将订阅单连同汇款单影印件传真或邮寄，以凭办理。
2. 订阅单请用正楷填写清楚，以便以最快方式送达。
3. 咨询热线：0755-25970306 转 158、168　传　真：0755-25970309 转 825
E-mail: szmiss@126.com</td></tr>
</table>

→利用本订购单订购一律享受九折特价优惠。

→团购30本以上八五折优惠。